DU PRINCIPE

DE L'ART

ET

DE SA DESTINATION SOCIALE

EN VENTE CHEZ LES MÊMES ÉDITEURS
A. LACROIX ET Cie,
13, FAUBOURG MONTMARTRE.

ŒUVRES COMPLÈTES DE P.-J. PROUDHON

I. — ŒUVRES ANCIENNES.

26 volumes grand in-18 jésus à 3 fr. 50.

Tome 1. Qu'est-ce que la propriété? 1er Mémoire. Recherches sur le principe du droit et du gouvernement; 2e Mémoire. Lettre à M. Blanqui sur la propriété........ 1 vol.

Tome 2. 1° Avertissement aux propriétaires; 2° Plaidoyer de l'auteur devant la cour d'assises de Besançon; 3° Célébration du dimanche; 4° De la concurrence entre les chemins de fer et les voies navigables; 5° Le Miserere........ 1 —

Tome 3. De la création de l'ordre dans l'humanité ou principes d'organisation politique........ 1 —

Tomes 4 et 5. Système des Contradictions économiques ou philosophie de la misère........ 2 —

Tome 6. Solution du problème social. Organisation du crédit et de la circulation. Banque d'échange. Banque du peuple........ 1 —

Tome 7. La Révolution sociale. — Le droit au travail et le droit de propriété — L'impôt sur le revenu........ 1 —

Tome 8. Du principe fédératif. — Si les traités de 1815 ont cessé d'exister........ 1 —

Tome 9. Les Confessions d'un révolutionnaire, pour servir à l'histoire de la Révolution de Février........ 1 —

Tome 10. Idée générale de la révolution au XIXe siècle. (Choix d'études sur la pratique révolutionnaire et industrielle.)........ 1 —

Tome 11. Manuel du spéculateur à la Bourse........ 1 —

Tome 12. Des réformes à opérer dans l'exploitation des chemins de fer et des conséquences qui peuvent en résulter soit pour l'augmentation du revenu des compagnies, soit pour l'abaissement du prix de transport, l'organisation de l'industrie voiturière, et la constitution économique de la société........ 1 —

Tomes 13 et 14. La Guerre et la Paix, recherches sur le principe et la constitution du droit des gens........ 2 —

Tome 15. Théorie de l'impôt, question mise au concours par le conseil d'État du canton de Vaud en 1860........ 1 —

Tome 16. 1° Majorats littéraires; 2° Fédération et unité en Italie; 3° Nouvelles Observations sur l'unité italienne; 3° Les Démocrates assermentés........ 1 —

Tomes 17, 18 et 19. Brochures et articles de journaux, lettres, etc., depuis février 1848 jusqu'à 1852 (réunis pour la première fois). — Articles du *Représentant du Peuple*, du *Peuple*, de la *Voix du Peuple*, du *Peuple* de 1850........ 3 —

Tome 20. Philosophie du progrès. La Justice poursuivie par l'Eglise. 1 —

Tomes 21, 22, 23, 24, 25 et 26. De la Justice dans la Révolution et dans l'Eglise........ 6 —

II. — ŒUVRES POSTHUMES.

En format grand in-18 jésus.

Théorie de la propriété, suivie d'un plan d'exposition universelle. 1 vol. gr. in-18 jésus........ 3 fr. 50

De la capacité politique des classes ouvrières. 1 vol. in-18 jésus........ 3 50

France et Rhin, 2e édition, augmentée d'un Appendice. 1 vol. grand in-18 jésus........ 2 50

Contradictions politiques. Théorie du mouvement constitutionnel au XIXe siècle. 1 vol........ 3 50

La Bible annotée. Les Evangiles. 1 fort vol. gr. in-18 jésus........ 4 »

— — Les Actes des Apôtres. — Les Epîtres. — L'Apocalypse. 1 fort vol. gr. in-18 jésus........ 5

Imp. Eugène HEUTTE et Cie, à Saint-Germain.

ŒUVRES POSTHUMES DE P. J. PROUDHON

DU PRINCIPE
DE L'ART
ET
DE SA DESTINATION SOCIALE

PAR

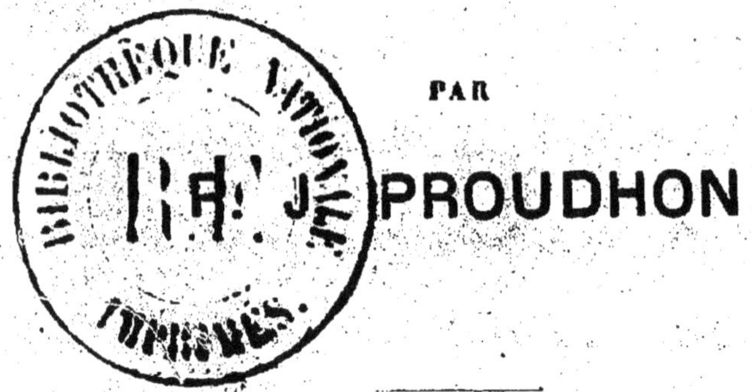

P. J. PROUDHON

NOUVELLE ÉDITION

PARIS
LIBRAIRIE INTERNATIONALE
A. LACROIX ET Cᵉ, ÉDITEURS
13, RUE DU FAUBOURG MONTMARTRE

1875

AVERTISSEMENT AU LECTEUR

Deux jours avant sa mort, en présence de sa femme, Proudhon dictait à l'aînée de ses filles un écrit par lequel, après avoir désigné un certain nombre d'amis pour veiller, tant aux intérêts de sa famille qu'à la publication de ses œuvres, il nous chargeait spécialement et collectivement de ce dernier soin.

La première fois que nous avons pu nous réunir tous les six, nous avons reconnu, pour ceux d'entre nous que leur position tient éloignés de Paris, l'impossibilité de travailler activement à la mise en ordre des manuscrits laissés par Proudhon. Leur concours se bornera donc, le plus souvent, à une simple constatation d'authenticité.

Responsables envers la grande mémoire de notre ami, nous ne manquerons jamais, en faisant paraître un de ses ouvrages posthumes, de dire quelles parties ont été terminées par l'auteur, quelles autres ont été seulement préparées par lui.

Le livre que nous publions aujourd'hui se divise en vingt-cinq chapitres, dont quinze ont été complétement rédigés par Proudhon; ce sont ceux qui portent les numéros I, II, III, IV, V, VI, — VIII, IX, X, XI, XII, XIII, XIV, XV, — XVII. Les autres, c'est-à-dire les chapitres VII, — XVI, — XVIII, XIX, XX, XXI, XXII, XXIII, XXIV et XXV ont été agencés par nous et mis en ordre d'après les indications laissées par Proudhon.

En prenant connaissance des nombreux manuscrits de ce grand travailleur, nous avons trouvé la note suivante, écrite de sa propre main, à une époque où il n'avait pas encore livré à l'éditeur le manuscrit sur la *Capacité politique des classes ouvrières.*

OUVRAGES COMMENCÉS OU PRÉPARÉS, A TERMINER :

1. Les Classes ouvrières.
2. De l'Art (à propos de Courbet).
3. Théorie de la Propriété.
4. Géographie politique et Nationalité.
5. La France et le Rhin (réfutation d'Amédée Thierry).
6. Théorie du mouvement constitutionnel en Europe ou : Qu'est-ce enfin que la République?
7. Histoire de Jéhovah.
8. Conclusions sur les Évangiles et la Vie de Jésus.
9. Histoire de Pologne.
10. Parallèle entre Napoléon Ier et Wellington (réfutation de Thiers).

11. De la Pornocratie ou les femmes.

12. Les Normaliens.

13. Histoire condensée de Napoléon Ier, d'après Thiers.

14. Critique littéraire (Revue) : V. Hugo, Renan, Lamartine, etc.

15. Cours d'Économie politique.

16. Suite du Spéculateur à la Bourse, nouveau Manuel.

17. Mélanges, articles sur divers sujets.

L'étude (n° 16) indiquée sous ce titre : *Suite du Spéculateur à la Bourse*, devait être faite, comme le *Manuel* même, en collaboration avec G. Duchêne, à qui Proudhon remettait, à fur et mesure, tous les éléments de ce travail. Les matériaux se composent : 1° d'un plan dont la division par chapitres a été faite, et les sommaires écrits par Proudhon; 2° d'une brochure de 214 pages, entièrement de lui, restée complétement inédite, bien qu'elle ait été tirée en épreuves (Bruxelles, 1859); 3° des lettres et notes explicatives adressées par l'auteur à G. Duchêne, de 1858 à 1864; 4° de toutes les notes recueillies sur ce sujet pendant sept ans.

L'ouvrage se compose de cinq études, réunies sous ce titre général indiqué par Proudhon : *la Féodalité industrielle*. Les sous-titres, suffisamment indicatifs du sujet et de ses divisions, sont :

1re étude : Fondateurs et Actionnaires.
2e — Les grandes Compagnies et le Public.
3e — La Finance et le Salariat.
4e — La haute Banque et l'État.
5e — Théorie de la Force collective : Conclusion sur les quatre études précédentes.

L'ouvrage, achevé par Duchêne, sans que Proudhon ait pu le revoir, paraîtra, en raison de cette circonstance, avec cette mention : Rédigé, sur le plan et les notes de P. J. PROUDHON, par GEORGES DUCHÊNE.

Les matériaux préparés pour l'*Histoire de Jéhovah* et pour la *Vie de Jésus* se trouvant presque tous en notes marginales sur une Bible en latin, imprimée par Proudhon lui-même, nous avons pensé que le texte biblique français (et, en cas de besoin, le texte latin), mis en regard des notes, suffirait pour en donner l'intelligence à tous les lecteurs. Au lieu d'une *Histoire de Jéhovah* et d'une *Vie de Jésus*, nous publierons, le plus tôt que nous pourrons, en plusieurs volumes ou livraisons, la *Bible annotée par* PROUDHON.

Nous mettrons toute la diligence possible à la publication des manuscrits laissés par Proudhon. On peut compter que nous ne ferons pas défaut à la tâche que nous impose la mémoire du grand écrivain, du grand honnête homme, qui nous a investis de sa confiance après nous avoir honorés de son amitié.

J. A. LANGLOIS. A. A. ROLLAND.
G. DUCHÊNE. F. G. BERGMANN.
G. CHAUDEY. F. DELHASSE.

DU PRINCIPE DE L'ART ET DE SA DESTINATION SOCIALE

CHAPITRE PREMIER

Question générale soulevée par les essais de M. Courbet. — Contradiction des écoles : Nécessité d'une solution.

Gustave COURBET, l'artiste aux violents paradoxes, vient de produire une œuvre dont le scandale aurait effacé tous ceux dont il s'est depuis quinze ans rendu coupable, si le gouvernement n'avait pris soin d'y mettre ordre en excluant purement et simplement de l'exposition (1863) cette peinture téméraire. Par ordre supérieur, le *Retour de la conférence* n'a figuré au palais de l'Industrie ni parmi les admis, ni parmi les exclus. A cette occasion, les adversaires de l'auteur n'ont pas manqué de s'écrier que cette petite persécution était justement ce qu'il cherchait. — « Courbet, disent-ils, est à sa dernière *ficelle*. Après avoir agacé le public de ses laideurs recherchées, le voilà qui a recours à l'inconvenance des sujets. A force de cynisme, il ne pouvait manquer de s'attirer un coup d'État : seul moyen qui lui restât de faire encore une fois parler de lui. Maintenant, que les étrangers chez lesquels il va colporter son chef-d'œuvre lui témoignent en florins, guinées et dollars leur indiscrète curiosité, c'est tout ce qu'il demande. Qu'ils sachent seulement que ce prétendu *maître peintre*, fondateur équivoque d'une école sans élèves, qui n'a jamais su formuler son principe, cet insulteur de l'art, est jugé; il n'a plus rien à montrer aux badauds; il est à bout de surprises et de charlatanisme... » Et le public,—qui n'entend rien à ces disputes d'artistes,—d'ouvrir de grands yeux, médiocre amateur de peinture, mais très-affriandé de scandale.

Qu'on se figure, sur un grand chemin, au pied d'un chêne bénit, en face d'une sainte image, sous le regard sardonique du paysan moderne, une scène d'ivrognes appartenant tous à la classe la plus respectable de la société, au sacerdoce : là, le sacrilége se joignant à la soûlerie, le blasphème tombant sur le sacrilége; les sept péchés capitaux, l'hypocrisie en tête, défilant en costume ecclésiastique; une vapeur libidineuse circulant à travers les groupes; enfin, par un dernier et vigoureux contraste, cette petite orgie de la vie cléricale se passant au sein d'un paysage à la fois charmant et grandiose, comme si l'homme, dans sa plus haute dignité, n'existait que pour souiller de son indélébile corruption l'innocente nature : voilà, en quelques lignes, ce que s'est avisé de représenter Courbet. Encore s'il s'était contenté, pour épancher sa verve, de quelques pieds carrés de toile ! Mais non, il a bâti une immense machine, une vaste composition, comme s'il se fût agi du Christ sur le Calvaire, d'Alexandre le Grand à son entrée en Babylone, ou du Serment du Jeu de paume.

Aussi, lorsque cette joyeuseté picturale parut devant le jury, il y eut clameur de haro ; l'autorité décida l'exclusion. Mais Courbet récrimine : plus que jamais il accuse ses confrères, en masse, de méconnaître la pensée intime et la haute mission de l'art, de le dépraver, de le prostituer avec leur *idéalisme;* et il faut avouer que la décadence aujourd'hui signalée par tous les amateurs et critiques n'est pas peu faite pour donner au proscrit au moins une apparence de raison. Qui a tort, du soi-disant *réaliste* Courbet, ou de ses détracteurs, champions de l'idéal ? Qui jugera ce procès, où l'art lui-même, avec tout ce qui le constitue et qui en dépend, est mis en question ?

Je n'entends nullement me faire ici le prôneur ou garant des fantaisies de M. Courbet. Qu'il soit estimé à sa juste valeur, conformément aux principes et aux règles de l'art, c'est tout ce que je souhaite à cet artiste, et dont je laisse volontiers le soin au public. Mais encore faut-il qu'on le comprenne, surtout que ses antagonistes se comprennent eux-mêmes. Qu'est-ce que cet ART, que tous cultivent avec plus ou moins d'éclat? quel en est le principe, quelle en est la fin, quelles en sont les règles? Chose étrange, il n'y a personne, ni à l'Académie ni ailleurs, qui soit peut-être en état de le dire. L'art est un indéfinissable, quelque chose de mystique, la poésie, la fantaisie, tout ce que vous voudrez, qui échappe à l'analyse, n'existe que pour lui-même, et ne connaît pas de règles. Recueillez les discours, rassemblez les écrits, faites le dépouillement des critiques : je suis fort trompé si vous obtenez rien de plus. Ce qui n'empêche pas les artistes de se disputer ni plus ni moins que des théologiens et des avocats, qui, eux du moins, reconnaissent des principes et des règles, et de se condamner les uns les autres, comme si ce n'était pas chose convenue qu'ils ne se peuvent entendre.

Ne demandez pas quelle est l'*utilité* de l'art et à quoi servent dans la société les artistes. Il est des professeurs qui vous répondraient que le caractère essentiel de l'art, que sa gloire est précisément d'être affranchi de toute condition utilitaire, servile. L'art est libre, disent-ils; il fait ce qui lui plaît, travaille pour son plaisir, et nul n'a le droit de lui dire : Voyons ton produit. Quoi donc! Platon chassait de la république les poëtes et les artistes ; Rousseau les accusait de la corruption des mœurs et de la décadence des États. Faut-il croire, d'après ces illustres philosophes, grands écrivains eux-mêmes, grands artistes, que l'art, étant rêverie, caprice et paresse, ne peut engendrer rien de bon ? J'avoue qu'il me répugne d'admettre une pareille conséquence, et, bon gré mal gré, puisque l'art est évidemment une faculté de l'esprit humain, je me demande quelle est la fonction ou le fonctionnement, de cette faculté, partant, quelle en est la destination, domestique et sociale.

Que M. Courbet mette dans ses tableaux des prêtres en goguette, ou que M. Flandrin les représente à la messe ; qu'on nous fasse voir des paysans, des soldats, des chevaux, des arbres en peinture, quand il ne tient qu'à nous de les observer en nature ; qu'on nous montre, ce qui est bien plus fort, en toutes sortes de poses, les effigies supposées tantôt de personnages antiques dont on ne sait presque rien, tantôt de héros de roman, de fées, d'anges, de dieux, produit de la fantaisie et de la superstition, en quoi tout cela peut-il sérieusement nous intéresser ? Qu'importe à notre économie, à notre gouvernement, à nos mœurs ? Qu'est-ce que cela ajoute à notre bien-être, à notre perfectionnement ? Convient-il à de graves esprits de s'occuper de ces coûteuses bagatelles ? Avons-nous du temps et de l'argent de reste ?... Voilà, certes, ce que nous autres gens de pratique et de bon sens, qui ne sommes point initiés aux mystères de l'art, avons le droit de demander aux artistes, non pour les contredire, mais afin d'être édifiés sur ce qu'ils pensent d'eux-mêmes et sur ce qu'ils attendent de nous. Or c'est justement à quoi, depuis que ces messieurs se querellent, *genus irritabile*, personne ne paraît avoir clairement répondu.

Tous les deux ans, naguère c'était tous les ans, le gouvernement régale le public d'une grande *exposition* de peinture, statuaire, dessin, etc. Jamais l'industrie n'eut des exhibitions aussi fréquentes, et elle en jouit depuis beaucoup moins de temps. En fait, c'est une foire d'artistes, mettant leurs produits en vente, et attendant avec anxiété les chalands. Pour ces solennités exceptionnelles, le gouvernement nomme un jury, chargé de vérifier les ouvrages qu'on lui envoie, et de désigner les meilleurs. Sur le rapport de ce jury, le gouvernement décerne des médailles d'or et d'argent, des décorations, des mentions honorables, des récompenses pécuniaires, des pensions ; il y a pour les artistes distingués, selon le talent reconnu et l'âge, des places à Rome, à l'Académie, au sénat. Tous ces frais sont acquittés par nous autres profanes, comme ceux de l'armée et des chemins vicinaux ; ce qui établit une analogie de plus entre les industriels et les artistes. Cependant personne, ni dans le jury, ni à l'Académie, ni au sénat, ni à Rome, ne serait peut-être en état de justifier cet article du budget par une définition intelligible de l'art et de sa fonction, soit dans les familles, soit dans la cité et dans le pouvoir. Pourquoi ne pas laisser les artistes à leurs affaires et ne s'occuper d'eux non plus que des bateleurs et danseurs de corde? Peut-être serait-ce le meilleur moyen de savoir au juste ce qu'ils sont et ce qu'ils valent.

Plus on réfléchit sur cette question de l'art et des artistes, plus on rencontre de sujets d'étonnement. M. Ingres, — maître peintre comme M. Courbet, — est devenu, par la vente de ses ouvrages, riche et célèbre. Il est clair que celui-là au moins n'a pas rien travaillé que pour la fantaisie. Tout récemment il a été admis au sénat comme une des grandes notabilités du pays; au signal donné par le gouvernement, les citoyens de Montauban, compatriotes de M. Ingres, lui ont décerné une couronne d'or. Voilà donc la peinture mise de pair avec la guerre, la religion, la science et l'industrie. Mais pourquoi M. Ingres, actuellement sénateur, a-t-il été réputé le premier parmi ses pairs? Si vous consultez les hommes spéciaux, gens de lettres, artistes et critiques, sur la valeur artistique de M. Ingres, la plupart, sinon tous, vous répondront naïvement que M. Ingres, habile dessinateur, est le chef, très-discuté, d'une école tombée depuis plus de trente ans en discrédit, l'école *classique;* qu'à cette école il en a succédé une autre qui, à son tour, a obtenu la vogue, l'école romantique, dont le chef, M. Eugène Delacroix, vient de mourir ; que celle-ci a succombé elle-même, et qu'elle est en partie remplacée par l'école *réaliste*, laquelle n'a pas mieux su se définir que ses devancières, et dont le principal représentant est M. Courbet. En sorte que, sur la gloire de M. Ingres, vénérable chef du classicisme, se sont superposées deux écoles plus jeunes, deux nouvelles générations d'artistes, comme sur les animaux contemporains du dernier déluge se sont superposées deux et même trois couches de terrain. Or remarquez que dans le train ordinaire des affaires humaines, ce ne sont pas les antiquités que l'on recherche, ce sont les nouveautés. Ainsi le veut la grande loi de la civilisation, le progrès. Pourquoi le gouvernement a-t-il choisi M. Ingres, un antédiluvien, plutôt que M. Delacroix, plutôt que Courbet? Notez qu'à ne considérer que le talent d'exécution ou la différence des goûts, dont il est de précepte de ne disputer pas, les trois se valent, ou peu s'en faut. Comment donc, encore une fois, le gouvernement préfère-t-il, en fait d'art, la décrépitude à la jeunesse, les antiquailles aux inventions nouvelles? L'art est-il un élément de civilisation ou de décadence? Se mesure-t-il, comme la valeur de certains tableaux, par l'accumulation des années? Est-ce affaire d'archéologie? ou bien en serait-il de lui comme de la politique, qui, de tout temps, eut horreur des idées nouvelles, et dont la marche est à rebours de l'histoire? De la sorte, les derniers venus en peinture seraient les plus mauvais. A quoi bon alors les encouragements et les récompenses? Laissons aller les choses, si mieux n'aimons suivre le conseil de Platon et de Rousseau, et frapper ce soi-disant monde de l'art, tourbe de parasites et de corrompus, d'ostracisme.

Et, en effet, si les novateurs en fait d'art, de même qu'en matière de religion et de politique, doivent être condamnés, ce n'est pas le seul Courbet qu'il faut proscrire, c'est tout le monde. Chose certaine, depuis que l'art est devenu une profession, une espèce d'industrie, une spécialité dans la société, soit instinct, soit imitation de ce qui se passait autour de lui, il a constamment tourné le dos à sa tradition. L'école hollandaise rompt avec l'italienne; celle-ci a répudié le moyen âge, qui, de son côté, avait énergiquement protesté contre le paganisme. Parmi les Grecs et les Romains eux-mêmes, l'école qui produisit le *Laocoon* et le *Gladiateur* n'est plus la même que celle qui faisait *Hercule au repos* ou *Apollon vainqueur du serpent*. Entre ces deux écoles, il y a la même distance qu'entre MM. Ingres et Delacroix. On a beaucoup reproché à M. Courbet de n'avoir pas su formuler son système; mais quelle est donc l'école d'art qui ait jamais su ce qu'elle faisait, ce qu'elle pensait, en vertu de quel principe elle marchait, elle agissait? Cette ignorance de soi et de sa destinée est même, au dire des plus profonds critiques, ce qui distingue essentiellement le génie des arts ; à telles enseignes qu'en devenant penseur, on cesse, selon eux, d'être artiste, et que, si l'on veut se faire une idée théorique de l'art, en déterminer la fonction, en juger les œuvres et le ramener lui-même au sens commun, on approchera d'autant plus de la vérité qu'on aura l'imagination moins troublée par les illusions de l'art. Telle est aussi mon opinion ; et si vous prenez la peine de lire ce qui suit, ami lecteur, j'ose espérer, sans trop présumer de vous ni vous faire injure, que vous vous joindrez à mon sentiment.

C'est donc à nous profanes, gens de travail servile et de sèche analyse, à faire le décompte de l'art et à régler la position des artistes : il le faut bien, puisque l'art les jette sans cesse hors la raison pratique, puisque, malgré la richesse de leur imagination et le luxe de leur faconde, malgré leur colossale vanité, ils sont hors d'état de répondre pour eux-mêmes et de justifier leurs œuvres.

Je ne sais rien, par étude ou apprentissage, de la peinture, pas plus que de la sculpture et de la musique. J'en ai toujours aimé les productions, comme tout barbare aime ce qui lui semble beau, ce qui brille, qui flatte son imagination, son cœur et ses sens, comme les enfants aiment les estampes. Je les aime davantage depuis que je me suis avisé, il n'y a pas longtemps de cela, d'en raisonner. On voit déjà que les artistes n'ont rien à redouter, pour leur considération personnelle et pour l'intérêt que méritent leurs ouvrages, des conclusions que je pourrai prendre.

Mais, me direz-vous, cette bienveillance générale ne saurait justifier votre présomption. Possible que celui qui n'est qu'artiste soit du tout inhabile à s'expliquer sur les choses qu'il est censé connaître le mieux; mais tel pourrait joindre à la pratique de l'art les habitudes de l'esprit philosophique : c'est à celui-là qu'il appartient de prendre la parole. Quant à vous, vous manquez déjà à la première règle du sens commun, qui défend de parler de ce que l'on ignore. Étranger aux arts, n'ayant pas même lu ce qu'en ont écrit les Winckelmann, les Lessing, les Gœthe, vous êtes sans titre, incompétent.

J'avoue que l'apparence m'est défavorable. J'insiste cependant, et je proteste, tant en mon nom qu'en celui de l'immense majorité du public, qui me ressemble, contre cette fin de non-recevoir, pour deux motifs.

Je suis, il est vrai, de cette innombrable multitude qui ne sait rien de l'art, quant à l'exécution, et de ses secrets; qui, loin de jurer par une école, est incapable d'apprécier l'habileté de main, la difficulté vaincue, la science des moyens et des procédés; mais dont le suffrage est le seul, en définitive, qu'ambitionnent les artistes; pour qui seule l'art s'ingénie et crée. Cette multitude a le droit de déclarer ce qu'elle rejette ou préfère, de signifier ses goûts, d'imposer sa volonté aux artistes, sans que personne, chef d'État ou expert, puisse parler pour elle et se porter son interprète. Elle est sujette à se tromper, même sur ce qu'elle recherche et qu'elle aime le mieux ; son goût, tel quel, a souvent besoin qu'on l'éveille et qu'on l'exerce : somme toute, elle est juge et prononce souverainement. Elle peut dire, et nul ne saurait lui répliquer : Je commande ; à vous, artistes, d'obéir. Car si votre art repousse mon inspiration ; s'il prétend s'imposer à ma fantaisie, au lieu de la suivre ; s'il ose récuser mes jugements ; en un mot, s'il n'est pas fait pour moi, je le méprise avec toutes ses merveilles ; je le nie.

Puis j'ai remarqué que tous tant que nous sommes, la nature nous a faits, quant à l'idée et au sentiment, à peu près également artistes ; qu'autant le progrès de la connaissance chez nous est lent, exige d'études et d'efforts, autant l'éducation esthétique est rapide ; que là tout se fait par réflexion, ici par spontanéité ; que, semblables par la faculté intellectuelle, nous ne sommes originaux, nous n'attestons notre liberté et notre personnalité que par notre faculté d'art ; que l'autorité en pareille matière est donc inadmissible ; et pour le surplus, que tous les arts relevant du même principe, ayant même destination, étant régis par les mêmes règles ; ces règles elles-mêmes étant aussi simples que peu nombreuses, il suffisait à chacun de nous de se consulter lui-même pour être en mesure, après une courte information, d'émettre sur n'importe quelle œuvre d'art un jugement. C'est ainsi que je me suis constitué critique d'art ; et j'engage véhémentement tous mes lecteurs, dans l'intérêt de l'art lui-même, à suivre mon exemple.

Je juge des œuvres d'art par le goût naturel à l'homme pour les belles choses, et surtout par ce que j'ai appris en littérature. A l'exemple de MM. Thiers, Guizot et autres, qui ne sont, j'imagine, guère plus artistes que moi-même, j'ai cru que je pouvais me permettre d'exposer ma façon de voir et de sentir, non pour faire autorité, mais afin que les artistes connaissent leur public et agissent ensuite en conséquence. Je n'ai pas l'intuition esthétique ; je manque de ce sentiment primesautier du goût qui fait juger d'emblée si une chose est belle ou non ; et ce n'est toujours que par réflexion et analyse que j'arrive à l'appréciation du beau. Mais il me semble que les facultés du goût et celles de l'entendement ne sont pas tellement distinctes qu'elles ne se puissent suppléer l'une l'autre : à ce titre, on verra peut-être avec quelque intérêt les efforts que j'ai faits pour me rendre compte des chefs-d'œuvre de l'art, et me faire en conséquence des règles pour moi-même.

Ma qualité de juge établie, je n'hésite point à en

produire les actes. En ce qui touche Courbet, je dis que ceux qui ont jeté le mépris sur les œuvres plus ou moins excentriques de cet artiste, et ceux qui en ont essayé l'apologie, admirateurs et détracteurs, ont fait preuve d'une médiocre judiciaire. Ils n'ont pas su analyser leur homme et le classer; ils n'ont pas compris qu'en peinture, ni plus ni moins qu'en littérature et en toute chose, la pensée est la chose principale, la dominante; que la question du fond prime toujours celle de la forme, et qu'en toute création de l'art, avant de juger la chose de goût, il faut vider le débat sur l'idée. Or, quelle est l'idée de Courbet, non-seulement dans tel de ses tableaux, mais dans l'ensemble de son œuvre? Voilà ce qu'il convenait tout d'abord d'expliquer. Au lieu de répondre, on s'est hâté d'arborer un drapeau sur lequel on a écrit, sans savoir ce que l'on faisait, RÉALISME; la critique a battu la campagne, et voilà Courbet, grâce à ce sobriquet métaphysique, devenu une sorte de sphinx, auquel depuis dix ans le progrès de l'art français semble accroché.

Je puis à mon tour me tromper : c'est ce dont le lecteur jugera; mais il me semble que rien n'était plus aisé, après avoir examiné une demi-douzaine de tableaux du célèbre novateur, les plus significatifs, que d'en dégager la pensée fondamentale; cela fait, de juger la portée de l'innovation, de lui assigner son rang dans la série des écoles; de préciser les règles d'après lesquelles Courbet et tous les artistes doivent être jugés, et de leur donner à tous ce qui paraît leur manquer encore, la pleine, entière et philosophique conscience de leur mission. Non, Courbet n'est pas un sphinx, et ses tableaux ne sont pas des monstres. Je crains d'abaisser à une question de personne un sujet qui intéresse l'art tout entier ; mais je croirai avoir bien mérité du public et des artistes, et servir le progrès, si, à propos d'un homme, je parviens à jeter les fondements d'une critique d'art rationnelle et sérieuse.

Il est, dans la peinture comme dans les beaux-arts, des règles générales, des principes supérieurs qui relèvent de la raison, et auxquels ni artiste ni philosophe ne se peut dérober. Si l'on peut manquer de goût en ayant raison, il n'y a pas de goût contre la raison. Or ce sont ces principes généraux de critique que je me propose d'établir, à l'aide desquels on pourra juger et classer, non-seulement le peintre Courbet, mais tous les artistes quels qu'ils soient, et marquer la voie. Je veux donner les règles du jugement : le public jugera.

CHAPITRE II

Du principe de l'art, ou de la faculté esthétique de l'homme.

Le premier qui, en dehors de ses attractions physiques et de ses besoins matériels, sut apercevoir dans la nature un objet agréable, intéressant, singulier, magnifique ou terrible ; qui s'y attacha, s'en fit un amusement, une parure, un souvenir; qui, communiquant à son hôte, à son frère, à sa maîtresse, son admiration, leur en fit agréer l'objet comme un témoignage précieux d'estime, d'amitié ou d'amour, celui-là fut le premier artiste. La petite fille qui se fait une couronne de bluets, la femme qui se compose un collier de coquillages, de pierreries ou de perles, le guerrier qui, pour se rendre plus terrible, s'affuble d'une peau d'ours ou de lion, sont des artistes.

Cette faculté est propre à notre espèce; l'animal, comme le philosophe d'Horace, n'admire rien, ne montre de *goût* en rien, ne distingue point entre le *beau* et le *laid*, pas plus qu'entre le juste et l'injuste. Il est sans amour-propre et sans délicatesse, sans bassesse comme sans orgueil, insensible à tout ce que nous appelons beautés et harmonies de la nature. Il se trouve bien comme il est, n'aspire point à la gloire, ne songe point à rehausser sa mine d'un ornement emprunté, à festonner son gîte ; il vit sans cérémonie et sans gêne, à l'abri de l'envie comme du ridicule. Il garde le souvenir de ceux qu'il aime, qu'il hait ou qu'il craint; privé de son petit, de sa compagne, on le verra mourir de regret; mais il ne se fera pas une relique de leur dépouille, et de leur souvenir une sorte de culte. Libre, il consomme ses provisions en nature; on ne l'a jamais vu les faire cuire au soleil, les macérer dans le sel et les épices, ou les combiner entre elles de manière à multiplier ses jouissances. En fait d'art culinaire, il peut en revendre à la sagesse de Pythagore.

J'appelle donc *esthétique* la faculté que l'homme a en propre d'apercevoir ou découvrir le beau et le laid, l'agréable et le disgracieux, le sublime et le trivial, en sa personne et dans les choses, et de se faire de cette perception un nouveau moyen de jouissance, un raffinement de volupté.

Ainsi déterminé dans son principe et dans son objet, l'art se fait de tout un instrument ou une matière, depuis la plus simple figure de géométrie jusqu'aux fleurs les plus splendides, depuis la feuille d'acanthe sculptée sur le chapiteau corinthien, jusqu'à la personne humaine taillée en marbre, coulée en bronze et érigée en divinité. Toute la vie va s'envelopper d'art : naissance, mariage, funérailles, moissons, vendanges, combats, départ, absence, retour, rien n'arrivera, rien ne se fera sans cérémonie, poésie, danse ou musique. L'amant fait le portrait de sa maîtresse; le mari couvre sa femme de bijoux, de tissus précieux; le chasseur ne se contente pas de manger son gibier; il s'entoure d'images de chevaux, de chiens, d'oiseaux et de bêtes fauves; le chef de clan élève son toit sur des colonnes pareilles aux pins et aux chênes qui soutiennent la voûte sombre des forêts; la table sur laquelle il prend son repas a des pieds de bélier ou de chèvre; le vase qui contient sa boisson figure un oiseau dont le cou sert de goulot et le bec d'orifice. Sans cesse occupé de se relever à ses propres yeux et aux yeux des autres, il soigne sa démarche, son vêtement et son langage, scandant ses discours, faisant des comparaisons et des paraboles, inventant un refrain, un couplet, une complainte, formulant ses sentences et parlant par apophthegmes. S'abstenir des façons grossières, des gestes choquants, des paroles de mauvais augure, est le premier devoir d'un homme bien appris. L'urbanité ou la politesse est le premier et jusqu'à présent le plus positif et le plus précieux des effets de l'art. Tout lui devient occasion ou prétexte : une colombe fugitive, un moineau mort, une mouche écrasée lui inspirent un chef-d'œuvre. Une fois lancée, l'imagination ne s'arrête plus : l'Océan en furie, le désert profond lui révèlent des beautés sans égales; les objets les plus dégoûtants se transforment en monuments de luxe et d'orgueil : nos paysans savent ce qu'un fumier bien troussé devant une ferme indique chez les demoiselles de la maison de coquetterie et de bravoure. Tel est le fait dans sa nudité; il s'agit de savoir ce qu'il contient. Essayons-en l'analyse.

Je trouve dans cette faculté d'art, dans ce soin continuel qu'a l'homme de relever sa personne et tout ce qui s'y rapporte par des ornements tantôt empruntés à la nature, tantôt fabriqués de ses mains, trois choses. La première est un certain *sentiment*, une vibration ou résonnance de l'âme, à l'aspect de certaines choses ou plutôt de certaines apparences réputées par elle belles ou horribles, sublimes ou ignobles. C'est ce qu'indique le mot *esthétique*, du grec *aïsthêsis*, féminin, qui veut dire sensibilité ou sentiment. La faculté de *sentir* donc (sous-entendez la beauté ou la laideur, le sublime ou le bas, l'heur ou le malheur), de saisir une pensée, un sentiment dans une forme, d'être joyeux ou triste sans cause réelle, à la simple vue d'une image, voilà quel est en nous le principe ou la cause première de l'art. En cela consiste ce que j'appellerai la puissance d'*invention* de l'artiste; son talent (d'exécution) consistera à faire passer dans l'âme des autres le sentiment qu'il éprouve.

Cette cause première, fondamentale de l'art en engendre une seconde, de laquelle l'art tirera tout son développement. Doué de cette faculté esthétique, l'homme se l'applique à lui-même : il veut être beau, se faire beau, noble, glorieux, sublime, et le devenir de plus en plus. Lui dénier ce mérite, combattre cette prétention, c'est l'*outrager*. Si l'art a son principe dans la faculté esthétique, sens poétique, ou comme on voudra l'appeler, il reçoit l'impulsion de l'*estime de soi* ou de l'*amour-propre*. La première de ces deux facultés donne le germe; la seconde est la force motrice, qui produit l'accroissement. Enfin, de l'action combinée de ces deux causes, la faculté esthétique et l'amour-propre, naît une troisième faculté, appelée à jouer dans l'art un grand rôle, mais qui cependant ne lui est pas absolument indispensable, et dans tous les cas demeure secondaire, la faculté d'*imitation*. Reproduire, en effet, par la peinture, la statuaire, ou de toute autre manière, un objet qui plaît, c'est en jouir de nouveau, c'est suppléer à son absence et à sa perte, c'est bien souvent l'embellir encore. La poésie, le chant, la musique, la danse, les pompes ou processions, vont au même but.

Retenons donc ceci, à l'encontre de ce qu'ont prétendu quelques auteurs, qui ont vu dans la faculté d'imitation le principe de l'art, qu'elle n'est pas du tout, si éminente qu'on la suppose, non plus que l'estime de soi, ce qui constitue l'artiste. De même qu'on peut être un habile versificateur sans être poëte, de même il peut se rencontrer dans un individu une grande aptitude de reproduction ou d'imitation, sans que cet individu puisse se dire artiste. Là où manque l'âme, la sensibilité, il n'y a point d'art, il n'y a que du métier. Sur ce point, le public et les critiques, même les plus clairvoyants, sont exposés à se tromper, prenant, sur la foi de leur propre idéal, les illusions du dessin, du modelé, qui sont en eux, pour des signes de génie chez les autres. Dans une époque de charlatanisme comme la nôtre, cette espèce abonde : il n'est pas rare de la voir usurper les honneurs et la réputation dus aux vrais artistes.

Tout cela et ce qui va suivre a été dit par d'autres, je suppose, et je demande pardon au lecteur de le traîner sur ces lieux communs. Mais peut-être les mêmes choses n'ont-elles pas été exprimées comme je les exprime, ni dans l'ordre où je les exprime ; en tout cas, comme nous ne pouvons raisonner de l'art contemporain sans remonter à l'art antique, ni parler de l'art antique sans nous référer aux principes, force était pour moi de ressasser un peu ces éléments. Je hais les idées mal suivies ; je ne comprends que ce qui est clairement exprimé par la parole, formulé par la logique et fixé par l'écriture.

Ce que nous venons de dire, que l'art repose sur une triple base, savoir, faculté esthétique, ou sens poétique, culte de soi, ou amour-propre, et puissance d'imitation, fournit matière à quelques réflexions qu'il est indispensable de consigner ici le plus sommairement possible.

a) En premier lieu, de ce que notre âme a la faculté de sentir, à première vue et avant toute réflexion, indépendamment de tout intérêt, les belles choses, il s'ensuit, au rebours de ce qu'enseignent de grands philosophes, que l'idée du beau n'est pas en nous une pure conception de l'esprit, mais qu'elle a son objectivité propre; en autres termes, cette beauté qui nous attire n'est point chose imaginaire, mais réelle. En sorte que l'art n'est pas simplement l'expression de notre *esthésie* [1], qu'on me passe ce néologisme ; il correspond à une qualité positive des choses. Je ne ferai pas là-dessus de longs raisonnements. Il serait inconcevable que l'idée du beau fût une création de toutes pièces de l'esprit humain, sans réalité dans la nature. Qu'est-ce donc que l'esprit, sinon la nature ayant conscience d'elle-même? Ce qui constitue la beauté, n'est-ce pas l'ordonnance, la symétrie, la proportion, l'harmonie des tons, des couleurs, des mouvements, la richesse, l'éclat, la pureté, toutes choses qui se peuvent mesurer au compas, calculer par chiffres, paraître ou disparaître par une simple addition ou soustraction de matière? Dans le cheval, les conditions de la beauté se confondent avec la vigueur, la solidité, la vitesse,

1. *An-esthésie*, insensibilité, terme de médecine, ne s'emploie qu'au sens physiologique.

la membrure, qualités essentiellement physiologiques, positives. Là-dessus, le vétérinaire, l'officier de cavalerie en savent autant que l'artiste le plus consommé. Lorsque le premier homme, tendant les bras à Ève, la proclama la plus belle des créatures, il n'embrassa pas un fantôme, mais la beauté en chair et en os. Ce qui a fait divaguer ici les métaphysiciens, c'est d'avoir pris une faculté d'aperception pour une faculté de création; de ce que nous avons, par privilége, la faculté d'apercevoir la beauté en nous-mêmes et dans la nature, ils ont conclu que la beauté n'existait qu'en notre esprit; ce qui revient à dire que la lumière, n'existant pas pour les aveugles, est une conception des clairvoyants.

b) Sans doute le beau n'existe pas pour qui est incapable de le voir; bien plus, les mêmes objets, quelle que soit leur beauté intrinsèque, n'excitent pas chez tous les hommes la même vivacité de sentiment. C'est un fait que je ne nie point et qu'il importe de relever. Que s'ensuit-il? Que dans l'œuvre d'art, l'artiste met du sien autant qu'il emprunte à la nature; en conséquence, que l'art, sans jamais pouvoir se dépouiller entièrement de toute objectivité, demeure néanmoins personnel, libre, mobile; enfin, qu'autant l'artiste montre de spontanéité et d'originalité dans son œuvre, autant le spectateur conserve à son égard d'indépendance; d'où le précepte si connu : *De gustibus et coloribus non disputandum.* Certes, il est des choses sur la beauté desquelles tout le monde est d'accord; mais il en est un beaucoup plus grand nombre à l'égard desquelles les sentiments sont divisés, sans que pour cela leur beauté doive être tenue pour douteuse. Cette divergence provient de ce qu'il en est de notre faculté esthétique comme de notre mémoire, de notre intelligence, de nos sens : elle n'a pas chez tous la même puissance, la même pénétration; sans compter que les mêmes objets ou les mêmes aspects ne nous offrent pas à tous un égal intérêt. Souvent le goût est lent à se former; on aime dans un temps ce que l'on rejette dans un autre; *on se rectifie soi-même.* Souvent la personne qu'on doit aimer est celle qui commence par déplaire; on a vu des amants passionnés se prendre en aversion et déclarer toute leur incompatibilité. Alceste, s'imaginant qu'il aime Célimène, et persistant à l'aimer encore après qu'il a reconnu sa coquetterie, est un homme qui s'ignore lui-même : ce qu'il lui fallait n'était ni la légère Célimène, ni la sage Éliante; c'était un composé des deux, une personne gaie, spirituelle, séduisante, en apparence légère, au fond raisonnable : telle était la femme d'Orgon, Elmire.

Il n'est pas un homme qui n'ait aimé dans sa vie au moins une jolie femme, ce qui suppose que toutes les femmes sont belles; et j'abonde dans ce sentiment. Mais, de toutes ces créatures charmantes, il n'y en a ordinairement qu'une qui vous plaise : ce qui veut dire que les habitudes de notre vie, notre éducation, nos idées acquises, notre tempérament, modifient notre clairvoyance esthétique, et réduisent pour chacun de nous à d'étroites limites le monde de la beauté.

c) Voici qui est plus triste encore : quelle que soit la vivacité première du sentiment, il ne se soutient pas. L'impression est fugitive ; avec l'habitude, l'admiration faiblit ; l'objet adoré devient vulgaire, insipide, déplaisant. Les manifestations de l'art sont comme des feux d'artifice, qu'on admire le temps d'une étoile filante, mais qu'on n'irait pas voir trois jours de suite, et auxquels beaucoup de gens se contentent d'avoir assisté une fois. De là refroidissement de l'âme, inconstance du cœur et versatilité. De là, après avoir exalté la dignité humaine par l'image du beau, nécessité de la fortifier contre la défection et les aberrations de l'idéal. L'homme en qui la faculté esthétique est déréglée, obligé de chercher sans cesse une nouvelle idole, change de goût, de modes, d'amis, de maîtresses, sans pouvoir se fixer jamais. Tel est le type de don Juan. Détestable travers, qui fait prendre en dégoût le travail, l'étude, la famille, le droit et le devoir, qui produit les vices les plus hideux et les grands scélérats.

d) Dernière observation : la beauté d'un objet peut être en général considérée comme le témoignage de l'excellence de cet objet, de sa puissance et de sa bonne constitution. Le beau est le resplendissement du vrai, a dit Platon. Mais il n'en résulte nullement que la sensibilité esthétique chez l'artiste témoigne de la profondeur de sa connaissance ou de la pénétration de son esprit; loin de là, on peut dire qu'elle est en raison inverse de l'esprit philosophique. Ce n'est guère qu'à cette condition qu'un artiste atteint aux sommités de sa profession. Sans doute l'art ne repousse pas la science; il lui est même défendu, à peine de ridicule, de se mettre en contradiction avec elle; il est condamné à s'y référer à mesure qu'elle se produit. Mais il ne l'attend pas; il la prévient dans son éclosion, la dépasse dans sa marche, la préjuge par ses inspirations, et va même, dans les siècles d'ignorance et chez la multitude des esprits faibles, jusqu'à la suppléer. Il en est de même du droit et de la morale : il s'en faut de beaucoup que la puissance esthétique d'un poëte, d'un artiste destiné à célébrer les grands hommes, soit une garantie de la fermeté de sa conscience et un certificat de sa moralité. Je pourrais citer des exemples de vertu sévère parmi nos plus éminents artistes : malgré cela, il n'est que trop vrai que les poursuivants de l'idéal, artistes ou non de profession, sont les plus fragiles des humains. Assurément l'art, par sa nature, ne répugne pas à la justice, non plus qu'à la philosophie; il lui est même interdit, à peine de déchéance.

de se mettre en opposition avec le droit et les mœurs. Mais l'art, dans son fougueux élan, n'attend pas plus le droit et la loi qu'il n'attend le savoir; son évolution est beaucoup plus rapide : il prend le devant, et souvent, jusque dans les sociétés avancées, c'est lui dont le culte mystique et vague supplée, dans les âmes admiratives et amoureuses, la loi sévère, précise et impérative de la morale.

De ces considérations générales sur le principe et les conditions organiques de l'art, il résulte que, si la faculté esthétique, de même que la faculté philosophique, a sa base tout à la fois dans l'esprit et dans les choses, je dirai même dans l'observation, puisqu'il s'agit ici d'une certaine espèce d'apparences; si, de même encore que la philosophie, elle a devant elle l'infini de la nature et de l'humanité, elle ne marche cependant pas son égale, elle ne tient pas le haut rang, pas plus dans l'opinion que dans l'histoire. Son rôle est celui d'un auxiliaire; c'est une faculté plus féminine que virile, prédestinée à l'obéissance, et dont l'essor doit en dernière analyse se régler sur le développement juridique et scientifique de l'espèce. Le progrès de l'art, s'il y a progrès, n'aura pas sa cause en lui-même : il recevra son accroissement du dehors. Abandonné à ses propres forces, l'art, fantaisiste par nature, ne peut que tourner sur lui-même : il est condamné à l'immobilité.

CHAPITRE III

De l'idéal. — But et définition de l'art.

Nous avons reconnu le principe de l'art ; nous avons constaté dans quelles circonstances et de quelle manière se manifeste en nous cette faculté dont le jeu doit tenir une si grande place dans notre vie et dans la civilisation tout entière. Nous savons enfin ce qui distingue spécifiquement l'artiste des autres hommes, et ce que nous pouvons attendre de lui. Qu'est-ce maintenant que cet invisible, ce je ne sais quoi qui nous plaît dans les choses, qui nous touche, qui nous inspire de la joie, de la tendresse, de la mélancolie, quelquefois de l'horreur ou du dégoût, et dont l'artiste, par ses reproductions, est appelé à augmenter encore l'effet ? Pouvons-nous nous en rendre compte, le nommer, le définir ? Les faits nous ont démontré qu'il existe positivement en nous une faculté particulière, différente de la perception sensible, de la mémoire, du jugement, de l'imagination, de la conscience et de la logique, et que nous avons nommée faculté esthétique ou puissance d'art. Or une faculté ne se conçoit pas sans un objet : quel est donc l'objet propre de celle-ci, l'objet de l'art, par conséquent ? Il importe de l'étudier en lui-même, de l'analyser, de le définir, s'il est possible.

Cet objet de l'art, encore si peu compris, est ce que tout le monde appelle l'*idéal.*

Réalisme, idéalisme, termes mal expliqués et devenus presque inintelligibles, même aux artistes. J'en étonnerai plus d'un en affirmant que l'art est, comme la nature elle-même, tout à la fois réaliste et idéaliste; que Courbet et ses imitateurs ne font nullement exception à la règle; qu'il est également impossible à un peintre, à un statuaire, à un poëte, d'éliminer de son œuvre soit le réel, soit l'idéal, et que, s'il l'essayait, il cesserait par là même d'être artiste.

Prouvons d'abord l'inséparabilité des deux termes.

Prenez chez le boucher voisin un quartier d'animal tué, bœuf, porc ou mouton; placez-le devant une lunette, de manière à en recevoir l'image renversée derrière la lunette, dans une chambre obscure, sur une plaque de métal iodurée : cette image tracée par la lumière est évidemment, en tant qu'image et au point de vue de l'art, tout ce que vous pouvez imaginer de plus réaliste. Il s'agit d'un corps mort, dépecé, bloc de viande informe; quant à l'image obtenue, elle est le fait d'un agent naturel, que le photographe a su mettre en jeu, mais dans l'action duquel il n'entre lui-même pour rien. Qui peut ici éveiller le sentiment esthétique? où est l'idéal?

Pourtant il est certain que ce réalisme n'est pas dépourvu de tout idéal, ni impuissant à éveiller en nous la moindre étincelle esthétique : car, sans compter le boucher et la cuisinière, qui savent fort bien dire : Voilà de *belle* ou de *vilaine* viande, et qui s'y connaissent; sans compter le gastronome, qui n'est pas non plus insensible à la chose, il y a ici le fait même de l'œuvre photographique, l'un des phénomènes les plus merveilleux qu'il nous soit donné d'observer dans l'univers. Dites, si vous voulez, que le sentiment esthétique éveillé par cette représentation d'un quartier de bœuf est le plus bas degré que nous puissions observer de l'idéal, celui qui est immédiatement au-dessus de zéro; mais ne dites pas que l'idéal fait ici absolument défaut : vous seriez démenti par le sentiment universel.

Au lieu d'une cuisse de bœuf, d'un gigot de mouton ou d'un jambon placé sur étal, mettez un oranger dans sa caisse, une gerbe de fleurs dans un vase de porcelaine, un enfant jouant sur un canapé : toutes ces images, espèces de calques créés par un artiste sans conscience, absolument insensible à la beauté et à la laideur, mais avec une perfection de détails dont aucun artiste vivant ne saurait approcher, seront des images réalistes, si vous voulez, en ce sens que l'auteur, à savoir la lumière, n'y a rien mis du sien et ne s'est pas occupé de vous; mais, pour peu que vous lui donniez d'attention, ces mêmes images ne vous en causeront pas moins une sensation de plaisir; elles vous paraîtront même d'autant plus agréables, partant moins réalistes, plus idéales, que les objets représentés s'éloigneront par eux-mêmes de la matérialité pure, qu'ils participeront de votre vie, de votre âme, de votre intelligence [1].

La séparation du réel et de l'idéal est donc impossible, d'abord dans la nature, qui nous donne l'un et nous suggère au moins l'autre; à plus forte raison dans l'art, cet art se réduisît-il à une simple photographie. Elle est impossible, dis-je, cette séparation, d'abord parce que la beauté, plus ou moins cachée, est partout dans l'univers, *opera Dei perfecta;* puis parce que nous avons des yeux et un cœur qui savent la découvrir; Platon affirme cette séparation, lorsqu'il dit que les *Idées*, c'est-à-dire les types éternels de toutes les choses créées, existaient avant la création dans la pensée de Dieu. Mais qui admet aujourd'hui cette théosophie de Platon? Les idées des choses sont

1. L'homme se cherche dans toutes ses œuvres d'art; son but est toujours son moi, sa personnalité. Il se retrouve aussi bien dans le paysage que dans sa propre effigie. Le sentiment de la nature est faible dans les commencements où les villes sont petites; il devient plus vif au sein des grandes capitales : voyez Virgile qui pleure ses campagnes au milieu de Rome.

inhérentes aux choses qui les expriment, et toutes ensemble, indissolublement unies, constituent la vie et l'intelligence, la beauté et la réalité de la nature.

Ce qui est vrai, c'est que l'idéal est plus ou moins apparent; qu'il nous intéresse plus ou moins; que l'artiste peut être plus ou moins habile à le faire sentir; je dis plus, il y a des cas où l'art ne peut que faire disparaître l'idéal, en essayant de l'imiter; d'après cela, la question de l'art, de son objet et de sa fin ne laisse plus d'incertitude. Le but de l'artiste est-il de reproduire simplement les objets, sans s'occuper d'autre chose, de ne songer qu'à la réalité visible, et de laisser l'idéal à la volonté du spectateur? En autres termes, la tendance de l'art est-elle au développement de l'idéal ou bien à une imitation purement matérielle, dont la photographie serait le dernier effort? Il suffit de poser ainsi la question pour que tout le monde la résolve : l'art n'est rien que par l'idéal, ne vaut que par l'idéal; s'il se borne à une simple imitation, copie ou contrefaçon de la nature, il fera mieux de s'abstenir; il ne ferait qu'étaler sa propre insignifiance, en déshonorant les objets mêmes qu'il aurait imités. Le plus grand artiste sera donc le plus grand idéalisateur; soutenir le contraire serait renverser toutes les notions, mentir à notre nature, nier la beauté, et ramener la civilisation à la sauvagerie.

On proposait à un Grec, Lysandre, je crois, de venir

écouter un homme qui imitait, à s'y tromper, le chant du rossignol. — Grand merci, dit-il; j'ai entendu souvent le rossignol lui-même. Ce Grec avait vraiment le sens esthétique. Remarquez qu'il ne médisait pas du rossignol; tout au contraire, c'était le souvenir touchant, délicieux, qu'il avait gardé du chantre des nuits, qui le faisait se refuser à en entendre une imitation. Que lui importait un baladin, contrefaisant, pour quelques drachmes, et gâtant une des harmonies les plus vives de la nature? J'en ai vu de ces siffleurs de merles et de rossignols, et je puis dire que jamais tour de force ou de gosier ne m'a paru plus déplaisant. Le renouvellement de la vie au printemps, la beauté des nuits, l'amour universel, je ne sais quelle mélancolie douce, s'insinuant dans l'âme à l'aspect de toutes ces choses, et dont le solo de Philomèle se fait tout à coup l'interprète; voilà ce qui rend si poétiques les accents du rossignol. Là est l'idéal; le malheureux mendiant qui, sans nul sentiment de l'art et de la nature, contrefait ce chant divin, est un affreux réaliste.

Nous venons de nommer l'idéal: analysons maintenant cette notion.

Idéal, *idealis*, adjectif dérivé de *idea*, idée, est ce qui est conforme à l'idee ou qui y a rapport. Mais qu'est-ce que l'idée elle-même? *L'idée,* d'après l'étymologie grecque du mot, est la notion typique, spécifique, générique, que l'esprit se forme d'une chose.

abstraction faite de toute matérialité. Idéal se dit donc, étymologiquement, d'un objet considéré dans la pureté et la généralité de son essence, en dehors de toute réalisation, variété et accident empiriques.

Un Français idéal, par exemple, de même qu'un Français en général, n'est pas autre chose que la notion ou type purement intelligible de l'homme français; ce n'est ni Pierre, ni Paul, ni Jacques, né en Provence, en Gascogne ou en Bretagne; c'est un être fictif, réunissant en sa personne, au degré le plus éminent, toutes les qualités bonnes et mauvaises du sujet français, tel qu'il se présente sur toute l'étendue du territoire de France. Il en sera de même d'un bœuf idéal, qui ne sera ni durham, ni normand, ni suisse; d'un animal, d'un arbre ou de toute autre chose idéale: ce sont des conceptions de l'espèce bovine, du règne animal ou végétal, d'après leurs caractères généraux élevés à leur plus haute puissance, mais qui n'existent nulle part. Idéal, en un mot, indique une généralisation, non une réalité, le contraire de l'individu observable, par conséquent une antithèse du réel.

De cette première acception du mot idéal découle cette autre : puisque l'idée est le type pur, exact, immuable des choses, elle en est la perfection, l'absolu. Une chose idéale, conforme à son idée, à son archétype, est une chose parfaite en son genre, comme serait une sphère dont tous les rayons seraient parfaitement égaux. Mais une telle sphère n'existe pas dans la nature, et il n'est pas moins impossible à l'industrie de la produire, rien de ce qui se réalise dans la matière ne pouvant être adéquat à son idée; ce qui n'empêche pas le géomètre de supposer une semblable sphère et d'y ramener autant que possible ses applications. Nous ferions de mauvaise géométrie, de mauvaise mécanique, de mauvaise industrie, si, dans ces sortes d'affaires, nous négligions de nous rapprocher le plus possible de notre idéal.

D'après cette déduction, à la fois logique et étymologique, le mot idéal se dit donc de tout objet réunissant au plus haut degré toutes les perfections, plus beau que tous les modèles offerts par la nature : *beauté idéale*, *figure idéale*. On en a fait un substantif, l'IDÉAL, c'est-à-dire la forme parfaite qui se révèle à nous en tout objet, et dont cet objet n'est qu'une réalisation plus ou moins approchée.

De cette explication il ressort que l'idéal, n'existant pas, ne peut pas davantage se représenter et se peindre : une pareille représentation est contradictoire. Une figure ne saurait réunir toutes les variétés du Français, être en même temps le portrait du Lyonnais, de l'Alsacien, du Béarnais; bon gré mal gré, il faut que ce soit l'un ou l'autre, à moins que ce ne soit personne. Pareillement, l'art ne fera pas un animal idéal, à la fois quadrupède, oiseau, poisson, reptile; en ce genre, il ne peut produire que des monstres. Il en est de même de la beauté idéale : une femme, une déesse ne saurait être à la fois blonde et brune, grande et petite, forte et délicate. Quoi que fasse l'artiste, la beauté qu'il représentera sera toujours plus ou moins un portrait, une réalisation particulière.

Il y a même ici une chose qui distingue profondément l'art de l'industrie : c'est que, comme nous aurons lieu plus tard de le faire voir, tandis que l'industriel est forcé d'obéir scrupuleusement aux lois de la géométrie, de la mécanique et du calcul, c'est-à-dire à l'absolu, à peine de se constituer en perte, l'artiste, selon le but qu'il se propose d'atteindre et l'effet qu'il veut produire, peut s'écarter plus ou moins de son archétype : c'est cet écart facultatif qui produit dans l'art la variété et la vie. Mais revenons.

Puisque l'idéal est une pure conception de l'esprit, qu'il ne peut s'exprimer physiquement, si ce n'est d'une manière approximative, ni par conséquent se peindre ; et que cependant c'est la vision et l'impression de l'idéal qui fait tout l'objet de l'art, on se demande quel est, dans l'art, l'emploi de cet idéal, de quelle manière il peut être conçu, dans quelle mesure manifesté par l'artiste. Telle est la question capitale, et, à ce qu'il paraît, non encore résolue, de l'esthétique. Et c'est ce que je veux essayer d'expliquer, autant du moins que j'ai pu acquérir le droit, par mon *esthésie* propre, par le raisonnement, et un peu aussi, en ma qualité d'écrivain, par pratique, de parler de ces choses.

En vertu de l'idéal que les objets nous révèlent, sans qu'il nous soit possible de jamais le reproduire, nous avons la faculté de redresser, corriger, embellir, agrandir les choses ; de les diminuer, amoindrir, déformer ; d'en changer les proportions ; en un mot, de faire tout ce que fait la nature, qui, tout en créant d'après les types ou idéaux qui sont en elle, ne donne cependant que des réalisations particulières, plus ou moins inexactes et imparfaites. C'est donc l'œuvre de la nature que CONTINUE l'artiste, en produisant à son tour des images d'après certaines idées à lui, qu'il désire nous communiquer. Ces figures de l'artiste sont plus ou moins belles, significatives, expressives, selon la pensée qui l'anime : je fais ici abstraction de l'exécution. A cet effet, on peut dire que l'artiste dispose d'une échelle infinie de tons, de figures, allant depuis l'idéal jusqu'au point où le type cesse d'être reconnaissable.

En se faisant ainsi, pour ce qui lui compète, le continuateur de la nature, l'artiste est dans le plein courant de l'activité humaine, dont le développement sous tous les rapports, par la science, par l'industrie, par l'économie, par la politique, peut se définir une continuation de l'œuvre créatrice.

Si nous n'avions d'autres idées que celles dont nous

dote la nature par le spectacle de ses créations ; si tout notre savoir était inscrit d'avance dans les choses et dans leurs rapports, nous n'aurions que faire de l'art et des artistes. La contemplation de l'univers suffirait à notre âme ; notre langage, s'y conformant, pourrait augmenter indéfiniment son dictionnaire ; mais, quant à sa constitution, à ses formes, à sa poésie, il s'immobiliserait ; notre idéalisme ne se distinguerait pas de notre philosophie, et notre art se bornerait à des reproductions photographiques.

Mais la nature ne nous a pas tout dit ; elle n'a pas tout pensé, elle ne sait pas tout ; elle ne sait rien de notre vie sociale, qui est à elle seule un monde nouveau, une seconde nature ; elle ne peut rien nous apprendre de nos rapports, de nos sentiments, du mouvement de nos âmes, de l'influence changeante qu'elle exerce sur nous, des aspects nouveaux sous lesquels nous la voyons, des changements que nous lui faisons subir à elle-même. Tout cela nous suggère incessamment de nouvelles idées, de nouvelles idéalités, pour lesquelles il nous faut des expressions nouvelles, un langage nouveau, langage non-seulement philosophique, mais esthétique. Tâchons de rendre ceci clair.

Pour le philosophe ou savant, l'expression, formulée par la parole ou le signe, bien que naturellement imparfaite, doit être, autant que possible, adéquate à l'idée, précise, rigoureuse. La langue du droit, celle des mathématiques, la logique en sont des exemples. Là, de même que dans l'industrie et la mécanique, il n'est pas permis de s'écarter volontairement du type, d'y ajouter ou d'en ôter, de dire plus ou moins que ce qui est.

L'expression artistique, au contraire, qui a pour but d'exciter en nous une certaine sensibilité, est augmentative ou diminutive, laudative ou dépréciative; ce n'est jamais, ce ne peut pas être une expression adéquate, un calque, ce qui serait la mort même de l'art. En sorte que l'asservissement à l'idée pure, qui caractérise la philosophie, les sciences, l'industrie, est justement ce qui détruit l'impression esthétique, le sentiment de l'idéal; tandis que la licence artistique est au contraire ce qui le fait naître. Ce qu'on nomme *figures*, en poésie et éloquence, en est un exemple : ces figures, destinées à relever la pensée, à lui donner plus de force, de relief, d'intérêt, sont ce que j'appellerai des *idéalismes*.

Qu'il soit donc entendu que l'art n'a pas seulement pour objet de nous faire admirer les choses belles de forme, d'abord en les reproduisant, puis, en vertu de l'idéal, en ajoutant encore à leur beauté, ou, ce qui revient au même, en leur opposant le contraste de la laideur : tout cela n'est que le début de l'artiste dans la carrière. Notre vie morale se compose de bien autre chose que de cette superficielle et stérile contemplation : il y a l'immense variété des actions et passions humaines, les préjugés et les croyances, les conditions et les castes, la famille, la religion, la cité; la comédie domestique, la tragédie du forum, l'épopée nationale; il y a les révolutions. Tout cela est matière d'art aussi bien que de philosophie, et veut être exprimé non-seulement d'après les règles de l'observation scientifique, mais aussi d'après celles de l'*idéal.*

Ainsi l'art, plus encore que la science et l'industrie elle-même, est essentiellement concret, particulariste et déterminatif comme la nature; et c'est au moyen de ce particularisme, de cette détermination, de ces formes concrètes, qu'il inculque plus profondément le sentiment du beau et du sublime, l'amour de la perfection, l'idéal. Les fables de La Fontaine, les paraboles de l'Évangile, de même que les chefs-d'œuvre de la peinture et de la statuaire, le font comprendre [1].

1. Pris substantivement, l'*idéal* se distingue de l'IDÉE, en ce que celle-ci demeure abstraite comme type, tandis qu'il est le revêtement plus ou moins agréable, magnifique ou expressif, que l'imagination, que la poésie ou le sentiment lui donnent. Exemples :

IDÉE : Il est plus sûr de vivre dans une condition humble que dans une position élevée. — *Idéal* : Fable du Chêne et du Roseau; Combat des Rats et des Belettes, où les princes de l'armée des rats, avec leurs aigrettes, ne pouvant entrer dans les trous, sont tous massacrés.

IDÉE : Un artiste est chargé d'une statue de Napoléon Bonaparte, empereur des Français. — *Idéal :* Sera-t-il en costume de général, en empereur romain ou en redingote grise ?

IDÉE : La tendresse maternelle. — *Idéal :* Une poule et ses pous-

« L'idéal, disait Eugène Delacroix, est tout ce qui va à notre idée, imité ou inventé. Qu'est-ce donc qui va à l'idée et qui frappe l'âme? C'est ce je ne sais quoi, l'inspiration. » (*Les Artistes français*, par TH. SYLVESTRE, 1861.)

sins, le pélican, les sarigues; une femme allaitant un enfant; le lion de Florence.

IDÉE : Une vache est une vache; elle n'est guère susceptible d'idéal. — *Idéal :* Si cependant vous peignez sur la montagne un troupeau de vaches, la porte-sonnette en tête, les veaux bondissant autour d'elle, un chalet dans le fond, vous aurez un ensemble plus ou moins poétique où la vache sera idéalisée.

IDÉE : On demande une tête de Christ. — *Idéal :* Christ souffrant, Christ triomphant; le plus beau des enfants des hommes, ou le plus désolé des prophètes.

Cette explication donnée, on comprendra ce que j'entends par *idéalisme*.

Pris dans un sens général, comme matérialisme, sensualisme, communisme, l'idéalisme est le système de l'idéal, le système où l'idéal est principe et fin de tout.

Pris dans un sens particulier, comme archaïsme, sophisme, solécisme, théologisme, l'idéalisme est un trait, une figure, un geste, une scène, conçu en dehors de la réalité, mais non pas de la nature, et servant à exprimer ou à faire naître chez les autres un sentiment. L'idéalisme n'ajoute rien à l'idée, et ne sert qu'à déterminer et renforcer l'expression.

Ainsi, la beauté grecque, réputée absolue, ou géométrique, ou canonique, est un idéalisme; les figures de Satyres, de Faunes, de Priapes, de Furies, en sont d'autres. La figure de saint Michel et celle donnée à Satan; celle de Jésus-Christ dans la *Transfiguration* de Raphaël, la *Cène* de Léonard de Vinci; celle de la Vierge, sont des idéalismes. Demandez à un peintre qu'il vous peigne Harpagon, M. Jourdain ou Tartuffe, il vous donnera des idéalismes. Par la même raison, le serpent qui se mord la queue, symbolisant l'éternité, est un idéalisme : toute figure allégorique ou emblématique vient de l'idéal. Il en est de même dans la poésie et l'éloquence : la mesure, la rime, les consonnances, les figures, les descriptions,

Cette définition, prise en elle-même, ne présente aucune espèce de sens. L'*inspiration*, le *je ne sais quoi*, ce qui *va à l'idée* et qui *frappe l'âme*, sont des mots écrits en caractères noirs sur des nuages bleus. Après l'analyse un peu longue dans laquelle nous sommes entrés, on voit ce que sentait Eugène Delacroix, sans pouvoir l'exprimer : c'est qu'il existe en nous une faculté distincte que l'art est appelé à desservir ; que cette faculté consiste dans l'aperception des idées pures, archétypes des choses, — par suite du beau et du sublime, ou de l'idéal. — que la mission de l'artiste n'est pas de nous montrer, mais de nous faire *sentir*, au moyen de la parole ou des signes, et en se servant de *figures*, que nous avons appelées des idéalismes.

Nous pouvons maintenant donner la définition de l'art.

Nous avons observé précédemment (chap. II) que la faculté esthétique était en nous une faculté de second ordre ; que là où elle devenait prédominante, il y

les mouvements oratoires, sont des idéalismes : moyens employés par notre faculté esthétique pour idéaliser les objets et rendre plus vivement nos impressions. Dans un portrait, vous aimez à rencontrer d'abord la ressemblance, puis le caractère, la pensée habituelle et la passion du sujet : chose que l'art vous donnera mieux et plus sûrement que le daguerréotype, qui ne peut saisir une figure qu'instantanément, par conséquent avec le moins d'idéalité possible. Il n'est donc pas de peintre, d'artiste, de poëte, de romancier, d'orateur, qui n'ait à chaque instant recours à l'idéal : L'IDÉAL, C'EST TOUT L'ART.

avait abaissement du sujet, et que le rôle de l'artiste, ayant pour but d'exciter en nous la sensibilité morale, les sentiments de dignité et de délicatesse, par la vision de l'idéal, était un rôle auxiliaire. C'est par là, avons-nous ajouté dans ce chapitre, que l'artiste est appelé à concourir à la création du monde social, continuation du monde naturel. Ajoutons que le beau et le sublime ou l'idéal ne se voient pas seulement dans la forme extérieure de l'être; il existe aussi dans l'esprit et les mœurs. Partout il est identique à lui-même et adéquat.

Je définis donc l'art : *Une représentation idéaliste de la nature et de nous-mêmes, en vue du perfectionnement physique et moral de notre espèce.*

La revue que nous allons faire des principales manifestations de l'art démontrera la justesse de cette définition, donnée par la théorie.

CHAPITRE IV

ÉVOLUTION HISTORIQUE.—ÉGYPTE : Art typique, symbolique, allégorique ; liberté et force de collectivité dans l'art.

Il résulte de ce qui précède que l'art n'a pas sa raison supérieure ou sa fin en lui-même, pas plus que l'industrie ; qu'il n'est pas en nous faculté dominante, mais faculté subordonnée, la faculté dominatrice étant la justice et la vérité. *Justice* et *vérité*, *conscience* et *science*, *droit* et *savoir*, termes complémentaires, corrélatifs et adéquats, qui expriment les deux grandes fonctions de la vie humaine, au service desquelles je répète que sont soumis, *ex æquo*, l'art et l'industrie.

Mais si l'art est subordonné à la justice et à la science, comment peut-on dire qu'il est libre, l'expression la plus haute de la liberté ? Je crains fort de soulever ici la protestation des artistes, accoutumés à l'idée d'une complète indépendance de l'art, et la pratiquant de leur mieux, soit dit sans les offenser, dans leur vie comme dans leurs œuvres. L'art est libre, disent-ils ; donc l'artiste est maître de faire ce qu'il veut, de choisir ses sujets, de les traiter comme il l'entend · tant pis pour lui s'il n'est pas goûté, et tant pis pour les autres.

— A quoi sert l'art? demandez-vous. A rien : il n'a pas besoin de servir à quelque chose; c'est fantaisie : or, la fantaisie exclut l'idée de service, comme de principe, de logique et de règles. — Où va l'art? où bon lui semble : partout et nulle part. Où va le papillon, où va la brise, où va la nue ballottée, comme un flocon de laine, par les vents? — Le but, l'objet de l'art? Tout ce qu'il vous plaira, *quodlibet*. Pleurez, riez, amusez-vous, trémoussez-vous, et puis dormez, s'il vous en prend envie : voilà le tout de l'art. Hors de là, c'est mécanique, fabrique, métier, pis que cela, pédantisme et grimace...

Je regrette fort de ne pouvoir raisonner avec la légèreté de ces amis de l'art : peut-être réussirais-je mieux à m'en faire comprendre. — La logique a la main lourde, et la justice n'est pas toujours gaie. Essayons pourtant.

Je suppose et je mets en principe que l'art ne demande pas à être plus libre que ne l'est la liberté elle-même. Or, nous voyons, c'est l'expérience de tous les jours, le signe le moins équivoque du progrès, que la liberté, dont avec raison nous sommes fiers, ne consiste pas à nous affranchir des lois de la vérité et de la justice; tout au contraire, elle grandit à mesure que nous nous approchons davantage du juste et du vrai; elle déchoit, en revanche, à mesure que nous nous en éloignons; en sorte que la plénitude de la liberté coïncide avec la plénitude du droit et du savoir, et la plus profonde servitude avec l'extrême ignorance et corruption. Comment donc en serait-il autrement de l'art, que je regarde, moi aussi, comme l'expression propre et spécifique de la liberté? Comment se soutiendrait-il, se développerait-il, si, ne possédant en soi ni sa matière, ni sa raison, il ne s'appuyait pas sur ces deux colonnes de toute liberté, le juste et le vrai? *L'art pour l'art*, comme on l'a nommé, n'ayant pas en soi sa légitimité, ne reposant sur rien, n'est rien. C'est débauche de cœur et dissolution d'esprit. Séparé du droit et du devoir, cultivé et recherché comme la plus haute pensée de l'âme et la suprême manifestation de l'humanité, l'art ou l'idéal, dépouillé de la meilleure partie de lui-même, réduit à n'être plus qu'une excitation de la fantaisie et des sens, est le principe du péché, l'origine de toute servitude, la source empoisonnée d'où coulent, selon la Bible, toutes les fornications et abominations de la terre. C'est à ce point de vue que le culte des lettres et des arts a été signalé tant de fois par les historiens et les moralistes comme la cause de la corruption des mœurs et de la décadence des États; c'est pour le même motif que certaines religions, le magisme, le judaïsme, le protestantisme, l'ont proscrit de leurs temples. L'art pour l'art, dis-je, le vers pour le vers, le style pour le style, la forme pour la forme, la fantaisie pour la fantaisie, toutes ces vanités qui rongent, comme une maladie pédiculaire, notre époque, c'est le vice dans tout son raffinement, le mal dans sa quintessence. Transporté dans la religion et la morale, cela s'appelle encore mysticisme, idéalisme, quiétisme et romantisme : disposition contemplative où le plus subtil orgueil s'unit à la plus profonde impureté, et que combattirent de toute leur énergie les vrais praticiens de la morale, Voltaire aussi bien que Bossuet.

J'ai dit en quoi consiste la liberté de l'art, ou, pour mieux dire, la personnalité artistique : redisons-le encore une fois pour l'instruction de ceux qui, ayant fait de l'art leur profession, pourraient, à leur détriment et au risque de leur considération, s'y méprendre. L'artiste est l'homme doué à un degré éminent de la faculté de sentir l'idéal et de communiquer aux autres, par signes, gestes, figures, descriptions, mélodies, son impression. Or, autant la transmission de la pensée par le langage ordinaire peut être dite impersonnelle, autant les moyens employés par l'artiste sont empreints de sa personnalité. La collection du *Moniteur*, voilà du style impersonnel, officiel ; l'*Histoire de la Révolution* par Michelet, voilà de la personnalité, de l'idéal, de l'art. Par sa personnalité, l'artiste agit donc directement sur la nôtre; il a puissance sur nous, comme le magnétiseur sur le magnétisé ; et cette puissance est d'autant plus grande qu'elle s'exerce avec un idéalisme plus énergique, je veux dire, en me référant à mes observations antérieures, en un style plus original, à l'aide de figures ou formes plus frappantes; ce qui suppose dans l'artiste une plus grande faculté de création, une plus grande liberté. Jeune écrivain, jeune peintre, jeune statuaire, vous sentez-vous cette puissance? vous avez la liberté artistique; hors de là, souvenez-vous-en, vous n'êtes qu'un libertin et un impuissant.

Les faits, au surplus, achèveront peut-être de convaincre ceux sur lesquels le raisonnement n'a pas de prise. L'histoire de l'art est parallèle à celle de la religion : il naît avec elle, il partage sa destinée; avec elle il s'élève, s'abaisse, renaît et se transforme; dès qu'elle se généralise, qu'elle se formule en dogmes, qu'elle se constitue en sacerdoce, qu'elle s'élève des monuments, l'art est appelé pour lui servir de ministre. Or, qu'est-ce que la religion? La symbolique de la morale, la forme première du droit, la manifestation idéaliste de la conscience. L'homme, en pensant Dieu, se rêve lui-même : les figures sous lesquelles il se représente la Divinité ne sont, au fond, que des témoignages qu'il se rend de lui-même; et plus il a de piété, en d'autres termes de sens moral, plus il fait à l'objet de son culte l'hommage de ses meilleurs sentiments, plus il l'entoure de poésie et d'art. Trop souvent même, l'*esthésie*, dont le propre est de s'étendre sur tout ce qui touche à la vie humaine, de l'envelopper comme d'un manteau de gloire, s'absorbe, pour ainsi dire, dans la superstition ; le croyant reste misérable ; l'art est accaparé par le prêtre.

Dans l'antique Égypte, l'homme est immergé dans la nature ; il se distingue à peine, comme genre, de l'animalité qui l'entoure ; il n'est pas sûr que ses aïeux ne furent pas des animaux : en tout cas, il ne doute point que les dieux qui le protégent ne se révèlent à lui sous des formes bestiales. Sa religion est tout à la fois zoomorphique et anthropomorphique : son art procédera de la même inspiration. Sa langue, toute jeune, formée par analogie, essentiellement figurative ; son écriture, imaginée d'après sa langue, en partie idéographique et en partie alphabétique, comme nos *rébus*, achèveront d'imprimer à cet art leur caractère.

On trouve de tout dans la peinture et la statuaire égyptiennes : cérémonies religieuses, batailles, triomphes, travaux agricoles et industriels, chasse, pêche, navigation, supplices, scènes de la vie domestique, funérailles, et jusqu'à des caricatures, dérisions de l'ennemi. J'ignore s'ils faisaient des portraits ; il ne paraît pas qu'ils se soient occupés de paysages. L'histoire et la vie de l'Égypte, ses mœurs, ses pensées, sont représentées dans ses temples. Rien n'est oublié de ce que l'art peut entreprendre pour servir de monument et de glorification à une société : c'est tout à la fois une constatation historique embrassant un laps de six mille ans et une apothéose. Par le fond des choses et par le but, l'art égyptien a été fidèle à sa haute mission et n'est resté inférieur à aucune autre. Or comment a-t-il rendu son idéal? Voilà ce qui nous intéresse.

L'art égyptien est essentiellement métaphorique, comme les hiéroglyphes, emblématique, allégorique et symbolique, voilà pour les idées; il est surtout typique, amoureux de la symétrie, de la méthode, de certaines conventions, voilà pour les figures. Tous les visages de rois, de reines, de prêtres, de guerriers, de simples particuliers, qu'on est d'abord tenté de prendre pour des portraits, autant que j'ai pu en juger sur de simples gravures, se ressemblent : Darius, Cambyse, les Ptolémées, Tibère lui-même, représentés en costume et dans une attitude égyptienne, ne paraissent pas différer d'Aménophis et de Sésostris. Ce sont toujours les mêmes poses, la même physionomie, la même expression conventionnelle. On dirait que les artistes égyptiens ont cru faire honneur à leurs maîtres étrangers en leur donnant les traits de la race indigène, regardée par eux comme la race par excellence, le plus noble échantillon de l'humanité. C'était une espèce de titre de nationalisation qu'ils leur délivraient.

Si les Égyptiens ont parfaitement rendu leur propre type, ils n'ont pas exprimé avec moins de fidélité et d'exactitude les types des nations à eux connues par la guerre et par la victoire : du premier coup d'œil on reconnaît dans leurs peintures murales, non-seulement le nègre avec ses variétés, mais le Juif, l'Assyrien, le Persan, le Grec ou Ionien, le Scythe, Germain ou Gaulois; — mais, chose singulière, toutes ces figures, si bien caractérisées, se ressemblent, d'un côté, par l'exagération des épaules, l'amincissement de la taille et l'aspect un peu grêle et longuet des membres; — était-ce une beauté dans l'ancienne Égypte? — de l'autre, par la disposition des têtes, généralement représentées de profil, avec les yeux vus de face; et quand la figure est vue de face, les pieds maintenus de profil : ce qui, malgré la finesse de certains détails, traduit évidemment l'inexpérience de l'art. Or, comme les mêmes dispositions se rencontrent dans les monuments postérieurs à l'ère chrétienne et dans ceux dont la date est de plus de deux mille ans avant Jésus-Christ, n'y a-t-il pas lieu de croire que cette étrangeté a été conservée à dessein, par respect de la tradition, et qu'il faut y voir, non une preuve d'impuissance, mais un signe volontaire d'immobilisme?

Joignez à cela une recherche extrême de la symétrie, de la méthode, de certaines règles conventionnelles de pose et de geste que l'on retrouve jusque dans les scènes qui supposent le plus d'agitation, batailles, exercices gymnastiques, fantaisies même; enfin, la réalité et la symbolique, l'histoire et la mythologie pêle-mêle : et vous aurez une idée générale de l'art et de l'idéalisme égyptiens.

De ces observations générales je tire deux conséquences de la plus haute importance pour le développement de l'art. La première, c'est que l'art ne s'est pas plutôt manifesté dans une agglomération d'hommes tant soit peu régulière, qu'il reçoit une mission sociale, politique et religieuse ; en Égypte, ce n'est pas moins que l'écriture, l'histoire, la chronologie, le dogme, la métaphysique, la morale, exprimés par des représentations plus ou moins poétiques et artistement exécutées : instruction élémentaire et supérieure, excitation du patriotisme, attestation des dieux, tout ce qu'il y a de meilleur dans la société est de son ressort. La seconde conséquence, beaucoup moins remarquée que la première, c'est que l'art, devenant un moyen de civilisation, un instrument à la fois politique et religieux, dirigé par le sacerdoce, formant école enfin, acquiert peu à peu, par la communauté des pensées et la constance des traditions, une force de collectivité qui le porte fort au-dessus du niveau individuel. Il n'est pas douteux, par exemple, que c'est grâce à cette force de collectivité que l'art égyptien, malgré les étroites limites dans lesquelles il paraît s'être volontairement retenu, quant à son idéal, à son exécution et à ses moyens, a acquis une originalité et une vigueur de style que l'anarchie esthétique n'eût jamais su produire. Eh quoi ! nous savons quels efforts produisent, par le groupement des forces et le concours des idées, la science, l'industrie, la guerre et la politique, et nous ne paraissons pas nous douter qu'il en puisse être de même de l'idéal!...

L'efflorescence de l'art égyptien a été longue; elle a duré autant que les institutions, autant que la pensée collective qui l'inspirait. Champollion jeune a signalé sa décadence vers l'époque des Ptolémées; cette décadence était inévitable. Le contact des Grecs, des Perses, bientôt des Romains et des Juifs, devait amener une révolution des idées, qui n'aurait pas manqué d'aboutir à une rénovation de l'art égyptien, si l'Égypte avait continué de vivre. Mais l'État disloqué, le sacerdoce devenu philosophe, partant hypocrite, tandis que la multitude croupissait dans la plus abjecte superstition, l'autonomie nationale perdue, le génie esthétique de la vieille Égypte devait s'éteindre : cette triste fin ne sera pas la seule que nous aurons à constater dans l'histoire de l'art.

CHAPITRE V

Grèce : Culte de la forme, idéalisme idolâtrique. — Corruption de la société par l'art ; réaction iconoclaste.

L'Égypte, en s'attachant surtout aux types, à des généralisations, manquait à l'une des conditions essentielles de l'art, qui est la vérité concrète ; elle s'en éloignait davantage encore en poursuivant un vain idéal de symétrie, d'uniformité, de figures de convention, enfin de fictions. Ce n'était pas sa faute : au début de la civilisation, l'homme, pensant par comparaison, analogies et images, ne pouvait élever plus haut son idéal. Il n'avait pas encore songé à s'observer lui-même ; il n'avait pas fait ses dieux à sa propre image ; plongé dans une sorte de panthéisme organique, il ne sentait pas la nature à l'unisson de son âme. Traversons la Méditerranée et entrons dans l'Hellade, à peine sortie du berceau, alors que l'Égypte, grand'mère du genre humain, compte son âge par plus de cinquante siècles : nous ferons un pas de plus.

Ici nous trouvons une religion décidément anthropomorphique. Les dieux se sont localisés, individualisés ; toutes les dynasties, maintenant éteintes, en descendaient. Ces dieux immortels, affranchis de la misère et de la douleur, sont d'une beauté parfaite : on les appelle les *Bienheureux*. Mais personne ne les avait vus ; comment se représenter leur visage ? Où trouver des modèles pour ces divines effigies ? Ici nous allons voir l'art modifier son idéal, s'élever d'un degré, sans être pour cela plus vrai qu'on ne l'avait vu, depuis quelques milliers d'années, en Égypte.

C'est toujours sur la figure humaine que pivote l'art tout entier. En Égypte, où le type semble avoir été, dans ses individualités, à peu près uniforme, ainsi qu'on l'observe chez les nègres, la figure était censée belle dès que le type était atteint. Pour les Grecs, race plus mêlée apparemment, cette généralité de physionomie était insuffisante. Les dieux ne se ressemblaient pas ; tous cependant devaient être d'une beauté parfaite. Comment cela pouvait-il être, si le type de la figure humaine, de celle des dieux par conséquent, est un, absolu, invariable ? Signe certain de la supériorité de cette race, aussi bien au moral qu'au physique, qui conçoit la diversité dans la perfection. Jupiter ne sera pas le même que Neptune, son frère, ni qu'Hercule ou Apollon, ses enfants. De même, Minerve n'aura rien de commun avec Vénus, ni celle-ci avec Diane ou Junon. Une beauté multiple, toujours différente d'elle-même, et cela sans modèle : tel est le problème posé à l'artiste grec.

On sait comment ce singulier problème fut résolu. De même que les artistes égyptiens, les Grecs eurent recours à une généralisation. Seulement, au lieu de s'en tenir à un type générique, embrassant la race entière, ils observèrent les sujets selon leurs catégories : hommes et femmes d'abord ; enfants, jeunes gens et vieillards; plébéiens et nobles; paysans, pêcheurs, chasseurs, athlètes, guerriers et bergers, les plus beaux, les mieux faits que l'on put trouver; et de ces observations, relatives non-seulement au type ethnique, mais aux qualités individuelles, aux caractères de classes, à tout ce qu'il y a de plus difficilement saisissable dans la physionomie, on fit les dieux. Ces dieux n'étaient que des combinaisons imaginaires de traits empruntés à plusieurs sujets; des créations tout aussi impossibles que les types égyptiens : n'importe, ils devinrent types de beauté, règle de proportion, ou *canon* pour les artistes. Ainsi chaque dieu et déesse eut, avec sa figure, sa beauté propre et authentique, qui, une fois fixée, ne varia plus. Tout se modela sur les dieux : architecture, musique, etc., et l'art grec fut créé. Comme en Égypte, sous l'influence de la religion nationale, de la liberté et de ses institutions, il se forma un idéal commun, une esthétique générale, une tradition, une puissance de collectivité enfin, qui, pendant sept ou huit siècles, remplit de chefs-d'œuvre le monde gréco-romain. Telle fut l'origine de l'*idolâtrie* ou culte des idoles, c'est-à-dire de la beauté idéale.

En résumé, comme l'Égypte avait fait servir l'art à l'expression de l'idée, la Grèce, enchérissant sur cette donnée, le fit servir à l'expression de la beauté. L'art égyptien est plus dogmatique, plus métaphysique ; l'art grec est plus idéaliste. Il est incontestable qu'en passant de l'un à l'autre, l'influence de l'idéal augmente aux dépens de la notion proprement dite, et conséquemment du vrai, ou du moins de ce qui est réputé la vérité. Tendance redoutable qui a valu à la Grèce l'épithète de menteuse, *Græcia mendax*, et qui, après l'avoir élevée au plus haut degré de gloire, devait la précipiter dans l'abîme de toutes les corruptions. Mais contre la beauté, toute protestation de la pensée philosophique ou réaliste est vaine ; la plus judicieuse critique reste sans résultat. La dialectique n'a pas prise sur l'idéal ; et ni le cœur, ni l'imagination, ni les sens ne peuvent s'inscrire en faux contre la beauté. Quelques réserves que nous imposent la raison et la morale, la beauté nous attire, elle nous possède ; nous pouvons, par férocité de vertu, lui refuser notre hommage ; nous restons ses soupirants. Et quand le devoir et l'honneur nous arrachent à ses séductions, combien le sacrifice nous est amer !... L'idéal a reçu du génie grec une expression qu'on ne surpassera jamais. Tous les artistes venus plus tard se sont inspirés de ses œuvres ; ils s'en inspirent tous les jours; et chaque fois que notre humanité, éternellement progressive, voudra se faire une idée approchée du beau absolu, c'est à la Grèce qu'elle la demandera.

Ce qui caractérise l'art grec et qu'on ne saurait assez louer, après l'idéal de la forme, c'est la mesure, la sobriété, la simplicité des moyens. Là jamais de surcharges, jamais d'attitude forcée ou ambitieuse; nulle exagération, pas d'ornements superflus ; c'est la forme seule qui, dans la pureté de son dessin, l'élégance de sa ligne, se sert à elle-même d'ornement. La même règle qui gouverne la morale grecque : *rien de trop*, point de recherche, pas de pose, gouverne l'art; le moindre vase est conçu dans le même sentiment que les statues et les temples des dieux. L'architecture grecque repose sur deux éléments : deux poteaux surmontés d'une traverse, voilà la colonnade, les portiques, le fronton; voilà le temple. Le Romain y ajoutera le plein cintre, le Germain l'ogive; ils bâtiront l'un et l'autre des cirques immenses et des cathédrales prodigieuses : ils n'effaceront pas la beauté simple, la beauté essentielle des monuments grecs.

Mais tout a été dit sur l'art grec; les formules de l'admiration sont épuisées; il s'agit de le juger en lui-même, d'en apprécier les effets et d'en marquer la catastrophe.

Avant tout, il y eut ceci de vrai dans l'art grec,

malgré son idéalisme : c'est qu'il était tout à fait dans la donnée de son temps, et qu'il répondait à un besoin de la race, dont il attestait l'excellence. Jusque vers l'époque d'Alexandre, qui est l'époque philosophique, la nation grecque est éminemment religieuse, et peut-être encore plus amoureuse de la liberté. Autant elle témoignait de piété et de crainte envers les dieux, autant elle recherchait ce qui pouvait honorer l'homme. Le respect de la Divinité et celui de la dignité humaine se balancent continuellement dans les manifestations de ce petit peuple. De là ce culte de la forme qui résume tout son être moral. La statuaire servit merveilleusement cette disposition. Les Grecs disaient eux-mêmes que la statue de Jupiter de Phidias avait ajouté à la religion des mortels ; il en fut ainsi des statues de tous les dieux et de toutes les déesses : l'art imprima un nouvel élan à la religion, qui devint bientôt une véritable idolâtrie. L'esprit philosophique s'étant éveillé, la foi antique commença à faiblir : le moyen de parler sans rire des aventures des Immortels? Chose qui prouve combien le sentiment religieux est indépendant du dogme : jusqu'à ce qu'arrivent les sophistes, les Grecs ne paraissent pas se douter de l'absurdité de leurs fables, soutenues par la sincérité de leur conscience et ennoblies de toute la sublimité de leur idéal. La croyance ébranlée, l'art demeura ; l'antique modestie fit place à l'ostentation ; d'héroïque qu'elle avait été, la nation devint tout entière artiste et *dilettante*. Alors commença la corruption idéaliste, suivie bientôt d'une décadence irréparable. L'art grec avait enfanté ses merveilles dans la religion et la justice; il se réduisit de lui-même à l'impuissance dès qu'il les eut oubliées.

Une dernière observation : les Grecs, qui ont tant recherché la beauté de la forme, n'ont pas entièrement ignoré l'emploi du laid. La mythologie leur avait donné ses monstres : cyclopes, harpies, gorgones, sirènes, satyres, etc. Le théâtre avait ses masques; les campagnes étaient peuplées de hideux Priapes. Dans la poésie, Homère, le premier, avait introduit des personnages ignobles et burlesques; plus tard, il y eut la comédie et l'incomparable Aristophane. L'*ironie* est essentiellement grecque. Cependant il ne paraît pas que les Grecs aient développé dans cette direction les arts plastiques; ils auraient, ce semble, craint de se faire honte à eux-mêmes, d'offenser l'art et de blasphémer les dieux. Ce fut de leur part une inconséquence, mais qui achève de nous les faire connaître. Nous qui ne pouvons aujourd'hui avoir les mêmes scrupules, nous saurons, tout en négligeant cet idéalisme idolâtrique, tirer un immense parti des formes triviales et des sujets vulgaires. Aristote, contemporain d'Aristophane, disait que le drame avait pour objet de *purger les passions*. D'autres, reprenant cette même pensée d'Aristote, disent que la comédie nous châtie par le ridicule, *castigat ridendo mores*. Généralisons cette double définition, et disons que l'art, dans son universalité, poésie, statuaire, peinture, musique, roman, histoire, éloquence, aussi bien que comédie et tragédie, a pour mission de nous porter à la vertu et de nous relever du vice, tantôt en châtiant, tantôt en encourageant notre amour-propre par de fidèles et expressives représentations de nous-mêmes, *castigat pingendo mores, aut erigit*. L'échelle de l'idéal va du ciel aux enfers ; et tout ce que l'imagination y rencontre est du domaine de l'artiste.

L'art grec finit avec le polythéisme, avec l'idolâtrie. Cela ne pouvait manquer d'arriver. La civilisation avait été portée par lui à un degré auparavant inconnu ; le sens moral ayant faibli, elle trouva dans ce même art l'agent principal de sa dissolution. La fin des persécutions contre l'Évangile fut le signal de sa déchéance : la catastrophe arriva quatre siècles plus tard. En 726, sous le règne de Constantin Copronyme, un concile de plus de trois cents évêques fut assemblé à Constantinople, dans lequel le culte des images fut absolument condamné. Ainsi, non content de briser les antiques idoles, on brisait l'art, en défendant de faire des images même du Christ, des anges, des vierges et des saints. La haine de l'idolâtrie atteignit jusqu'à la peinture et à la statuaire ; le peuple qui s'était montré le plus fervent adorateur de la beauté fut aussi celui qui, sous l'influence de la régénération chrétienne, se montra le plus implacable destructeur d'images. L'hérésie iconoclaste date de haut : elle remonte par les Juifs jusqu'à Cambyse, Cyrus et Zoroastre. Mais elle fut épousée avec ferveur par les Grecs, qui ont toujours vu dans le Christ l'homme des douleurs, chargé des péchés du monde, jamais le Verbe triomphant et transfiguré. L'Église latine, moins susceptible, repoussa ce rigorisme, auquel se rallièrent toutefois d'innombrables sectaires, pétrobrusiens, albigeois, vaudois, wicléfites, hussites, zwingliens et calvinistes. C'était venir bien tard jeter la pierre aux idoles ; mais telle était la haine que le christianisme naissant avait vouée au prince du siècle, à ses pompes et à ses œuvres. Pas plus que le moraliste et l'homme d'État, l'artiste ne doit en perdre la mémoire. Victor Hugo disait un jour dans l'*Événement* : « Savez-vous ce que feraient les socialistes s'ils étaient les maîtres? Ils détruiraient Notre-Dame, et de la colonne Vendôme feraient des gros sous. » Ils eussent fait pis que cela : ils eussent jeté au feu toute la littérature romantique ! Les partis et les passions seront toujours les mêmes : ceux qui auront souffert des débordements de l'idéalisme le frapperont partout où ils pourront l'atteindre, et sous toutes les formes : c'est la loi de la guerre et des révolutions. Qu'étaient pour les chrétiens du troisième siècle les Vénus de Praxitèle, les Jupiter et les Pallas de Phidias, les Apollon et les Mercure? Des insignes d'exploitation et de misère. Jadis auxiliaire de la liberté et des mœurs, maintenant devenu l'instrument de la tyrannie et de la débauche, l'art grec avait mérité sa condamnation : ses œuvres devaient périr avec lui. Qu'étaient, en 1848, pour les socialistes, Notre-Dame, la colonne, et Chateaubriand, et Lamartine? Les monuments et les poëtes de la contre-révolution. Cherchons donc la vérité et la justice dans l'art aussi bien que dans la politique ; acceptons la loi de l'idéal et du capital, mais en la subordonnant au droit du travail, et nous ne verrons plus ni iconoclastes ni vandales.

CHAPITRE VI

Le moyen age : Idéalisme ascétique.

J'ai dit tout à l'heure que l'Église latine, admettant une certaine tolérance, sauva l'art, à condition qu'il se ferait dévot. Fit-elle preuve en cela d'une véritable intelligence du christianisme? C'est un point que je laisse à décider par d'autres; tout ce que je puis dire, et qu'il suffit ici que je rappelle, c'est qu'à l'idéalisme idolâtrique des Grecs succéda l'idéalisme spiritualiste et ascétique des chrétiens, qui donna naissance à l'art gothique. Platon, avec ses théories des idées et de l'idéal, avait été, pour ainsi dire, le théologien de l'art grec; saint Paul, avec sa distinction de l'homme animal et de l'homme spirituel, et sa théorie du péché originel, de la mortification et de la grâce, fut le véritable inspirateur du gothique.

Reprenons le fil de toute cette généalogie.

En Égypte, l'art procéda d'un idéal typique, emblématique et zoomorphique; cet art était vrai pour le milieu où il se produisait et pour tout le temps que devaient durer les institutions dont il était devenu l'auxiliaire ; il reçut en conséquence de la pensée générale qui le réclamait une vigoureuse impulsion. Mais, borné à des généralités ethnographiques et métaphysiques, abstrait et disciplinaire plutôt qu'esthétique, il n'était susceptible, malgré sa longue efflorescence, que d'un développement limité. Il convenait, je le répète, à un pays, à une race, à une période ; il ne pouvait devenir universel, perpétuel. Par son inflexible uniformité et sa tradition immobiliste, il était condamné à mourir.

L'art grec se donna pour mission de représenter les dieux, non plus seulement par des types intelligibles à l'esprit, mais en personne, sous des traits visibles et véritables : c'est-à-dire que les Grecs aspirèrent à représenter la beauté surnaturelle, absolue. On dit le type grec pour dire la forme la plus régulière, la plus noble, la plus idéale du visage humain. On devrait dire le type divin ; car s'il y eut en Grèce, peut-être plus qu'ailleurs, de beaux hommes et de belles femmes, à coup sûr ils étaient loin, en masse, de ressembler à leurs dieux, comme les Égyptiens ressemblaient, en masse, au type représenté par leurs artistes. Ce que la statuaire grecque contenait de vérité venait donc bien moins de la fidélité au type ethnique que d'un certain besoin des âmes, tourmentées par l'idéal, et qui voulaient dès cette vie contempler les dieux comme ils étaient, face à face, *sicuti erant*, *facie ad faciem*. Ce type divin une fois révélé par la comparaison des plus beaux modèles, par l'élimination scrupuleuse de tout ce que la figure humaine peut conserver de la physionomie animale, par le renforcement de tous les traits que l'on considérait comme exprimant l'intelligence, le caractère, la noblesse, la volonté, la majesté, la justice, l'œuvre était accomplie; il n'y avait plus qu'à en tirer des exemplaires : les dieux immortels devaient régner à jamais sur le genre humain. L'idéal, par nature, est aussi immobiliste que le dogme; son immortalité n'est pas la vie, le progrès; l'art grec, si faiblement soutenu par sa doctrine, devait disparaître plus rapidement que n'avait fait l'art égyptien.

Je juge de l'art chrétien, spiritualiste et ascétique, par les cathédrales et autres monuments de l'architecture gothique, par les statues qui jadis les peuplaient, et dont une partie a été conservée; par quelques peintures pieuses du quinzième et du seizième siècle; par les hymnes et la musique de plain-chant.

A première vue, il est aisé de se convaincre qu'il en a été de l'art gothique comme de l'art égyptien et de l'art grec : ce n'a point été, comme l'imagine le vulgaire, qui ne sait apercevoir, même dans une bataille, que des actions individuelles, le fait de quelques particuliers heureusement doués, et qui, sollicités par les villes, les pontifes et les princes, se sont mis à improviser de toutes pièces ces merveilles, auparavant inconnues. Le gothique est né, comme l'hellénique, d'un besoin des âmes ; il a été le produit d'une force de collectivité sociale. Quand donc reviendrons-nous de cette opinion absurde qui, dans certains artistes, poëtes et écrivains de l'antiquité, nous fait voir des génies prodigieux que la nature épuisée est aujourd'hui impuissante à produire, et dont les œuvres sont pour nous inimitables? Le génie ne se montre pas isolé, il n'est pas un homme, c'est une légion ; il a ses précédents, sa tradition, ses idées faites et lentement accumulées, ses facultés agrandies et rendues plus énergiques par la foi intense des générations ; il a son compagnonnage, ses courants d'opinion ; il ne pense pas seul, dans un égoïsme solitaire ; c'est une âme multiple, épurée et fortifiée pendant des siècles par la transmission héréditaire. Certainement, nous ne referons pas les œuvres du ciseau grec, pas même celles du ciseau gothique et égyptien ; nous ne pouvons plus en donner que des copies ou contre-façons, et pourquoi? Parce que l'âme grecque est morte, aussi bien que l'âme égyptienne ; parce que nous ne participons plus de sa pensée et de son sentiment ; parce que nous sommes animés d'un tout autre esprit, qui ne fait même que de naître et ne s'est pas encore manifesté, au point de vue esthétique, dans sa collectivité. A peine connaissons-nous nos principes, les principes de la Révolution ; quant à l'art, nous ne sommes que des *chauvins*.

L'homme des bords du Nil s'attachait, dans ses figures, à exprimer le type; il était plus concret, plus réaliste, et, sous ce rapport, plus vrai; — l'homme des îles (la Grèce) cherchait mieux que le type : il voulait la beauté pure, parfaite, absolue; il était donc plus idéaliste, moins concret, et, sous ce rapport, moins vrai. L'artiste chrétien se soucie médiocrement de la beauté, en tant qu'elle n'appartient qu'à la forme extérieure, au corps; ce qu'il veut, c'est la beauté de l'âme, telle du moins que la comprenait le chrétien. Cet idéalisme est plus raffiné que le précédent : il y a progrès dans les trois périodes. Nous voici montés au dixième ciel : c'est ce qu'indiquent assez clairement ces immenses cathédrales avec leurs flèches aiguës, leurs colonnes effilées et leurs voûtes mystérieuses. Tout a été dit à cet égard, et je m'abstiens de plus longs développements.

La foi, l'esprit de componction et de charité, le détachement des vanités (beautés) terrestres; la méditation de l'éternité, la pratique des vertus théologales et ascétiques, plus faites pour édifier que pour charmer, voilà ce que l'art du moyen âge s'efforce d'exprimer dans ses figures, peu curieux du reste de l'idéalité de la forme. On abandonne le nu, à l'exception toutefois de l'image du Crucifié, dans lequel la foi découvre d'ailleurs, non plus l'homme, mais l'agneau pascal, une hostie. Dès qu'on abandonne l'idéal de la figure pour ne suivre que celui de l'esprit, il est naturel que les personnages les plus saints redeviennent de simples types, voire des portraits : qu'importe la figure à qui ferme les yeux sur la forme et n'est occupé que du sentiment de religion? C'est ainsi que j'ai retrouvé dans les rues de Bruges les originaux qui servirent à Memling pour son fameux mariage mystique de sainte Catherine. Les peintres de cette époque ne se gênaient guère pour trouver leurs têtes de saintes; ils s'appliquaient à rendre l'invisible au moyen des traits visibles, et tout leur était bon pour cela. Ils copiaient le modèle qui posait devant eux, en attitude de vierge et de martyre, ajoutant seulement de leur invention, corrigeant et rectifiant ce qu'il pouvait y avoir de défectueux, au point de vue d'une piété vive, dans la mondanité du modèle. En un sens, l'art chrétien, en même temps qu'il s'attachait à l'idéal quintessencié de sa foi, fut un retour à la vérité concrète et positive, oubliée depuis les Grecs. Rubens, prenant ses modèles chez les beautés d'Anvers et de la Campine, fut, sous ce rapport, un vrai réaliste.

A ceux qui nient l'art chrétien, on peut se contenter de citer le *Dies iræ*. Chaque strophe se compose de trois vers de huit syllabes sur une seule rime. Les strophes sont couplées pour le chant de la manière suivante : les deux premières se chantent alternativement par les chantres et le chœur, sur une mélodie; les deux suivantes sur une seconde mélodie; les deux suivantes encore sur une troisième. Puis, après ces six strophes, les mêmes mélodies recommencent dans le même ordre jusqu'à trois fois. Cette variété dans la monotonie des rimes et du chant produit la mélodie la plus effrayante, la plus douloureuse qu'on ait jamais imaginée. Aussi, dans le *Dies iræ*, la musique ne doit pas se séparer des paroles. Les deux dernières strophes sont écourtées : elles n'ont chacune que deux vers, deux rimes, au lieu de trois; puis, après ces deux strophes, un dernier cri en trois paroles, sans rime, mesure rompue. Les derniers accents des chantres et des choristes et les derniers sons de l'orgue s'arrêtent ensemble, dans une note sombre dirigée sur la pensée de l'éternité; je ne connais vraiment rien, ni dans les psaumes, ni dans les Latins, ni dans les Grecs, ni dans les Français, qui soit de cette force : la description du jugement est effrayante; la prière du défunt, avec ses répétitions en mode hébraïque, encore plus lugubre; à la troisième strophe, on croit entendre le résonnement de la trompette finale *à travers les sépulcres des régions* (sans habitants); ce vers : *Per sepulcra regionum*, est le sublime de la désolation et de la mort.

Du reste, tous les dogmes principaux du christianisme se trouvent résumés dans cette ode unique, et c'est ce qui en fait le caractère extraordinaire :

La fin du monde,

Le jugement dernier,

L'enfer et la béatitude éternelle,
La résurrection,
La gratuité du salut,
La terreur des peines,
La miséricorde infinie,
Le salut par le Christ, sa vie, sa passion, sa mort,
La nécessité du repentir et son efficacité auprès de Dieu.

Cicéron, Virgile, revenant sur la terre, ne comprendraient mot à ces paroles, à ces rimes étranges ; ils diraient : *Voces quidem latinæ, sermo autem barbarus, ignotus.*

Pour moi, je l'avoue, me plaçant successivement à tous les points de vue, je trouve autant d'art dans le *Dies iræ*, le *Lauda Sion*, que dans les plus belles odes d'Horace ; dans la statuaire du moyen âge que dans la grecque.

Les mêmes causes qui, après avoir exalté l'art en Égypte et en Grèce, déterminèrent sa chute irrévocable, devaient le précipiter encore chez les chrétiens. L'humanité devait se lasser bientôt de ce régime de pénitence, qui n'eût pas duré âge d'homme, si à l'enseignement ecclésiastique n'était venue s'ajouter la constitution féodale ; si, tandis que la multitude assistait aux *mystères*, la noblesse n'avait cultivé dans ses châteaux la *gaie science ;* si, au moindre mouvement que faisaient les villes pour s'émanciper, barons et clercs n'étaient accourus, armés de la sainte inquisition, pour les réprimer. La Beauté était prisonnière; il ne pouvait manquer à la fin de chevaliers pour la délivrer. L'art chrétien finit à la Renaissance : chose singulière, la papauté, en maintenant contre l'hérésie de Constantinople le culte des images, lui avait, pour ainsi dire, donné le baptême; la papauté, en se faisant la patronne du nouveau mouvement, célébra ses funérailles.

CHAPITRE VII

LA RENAISSANCE : Réhabilitation de la beauté ; idéalisme ambigu Corruption nouvelle.

Qu'est-ce que la Renaissance? que signifie cette nouvelle transformation de l'art? quelle est son origine, sa filiation, sa légitimité? Ne faut-il y voir, comme l'ont prétendu de nombreux critiques, qu'une exhumation de l'antiquité, un pastiche des Grecs, une imitation, et, pour tout dire, une *rétrogradation?*

L'évolution artistique à laquelle nous sommes arrivés s'explique aussi complétement que ses aînées ; elle apparaît en premier lieu, ainsi que nous venons de le dire, comme une réaction contre l'ascétisme du moyen âge, en second lieu comme le développement du dogme catholique lui-même.

En effet, après l'Église souffrante et militante, conçue par le moyen âge et ses artistes, devait venir l'Église triomphante, donnée par la papauté souveraine, donnée par les cathédrales gothiques elles-mêmes. — L'époque de cette évolution, le pays où elle devait éclore sont indiqués par son explication même : c'est en Italie, à

Rome, lorsque le triomphe de la papauté est complet, qu'elle pouvait se produire, alors et là surtout.

L'affirmation de l'Église triomphante, voilà l'originalité propre de la Renaissance. Quant à ses moyens, elle les a empruntés à l'antiquité grecque. Cela devait être. Le paganisme s'est infiltré dans le christianisme; toutes les religions ont un fond commun, un même esprit, un même but; en somme, il n'y a qu'une religion. Ce que l'on reproche au catholicisme italien est arrivé plus ou moins partout; chaque peuple a retenu le plus qu'il a pu, en embrassant la religion nouvelle, de ses superstitions anciennes, de sa mythologie, de ses traditions et de ses dieux. On le reconnaît aux transformations, qui souvent se bornent à des changements de nom. Rome, par exemple, a dédié ses temples païens aux saints de la nouvelle religion; ses églises, ses palais, ses monuments, ses colonnes, ses arcs de triomphe sont du pur style grec; l'architecture et la sculpture gothiques n'ont pas pénétré au sud de l'Italie, restée plus païenne que les autres pays de l'Europe. Tandis que l'église du moyen âge pleure, gémit et fait pénitence dans ses tristes et anguleuses figures de saints, de réprouvés, de gargouilles, de démons, de danses macabres, l'ascétisme s'indique à peine dans l'Italie méridionale par quelques peintures.

Les artistes de la Renaissance, du moment où ils revenaient, par une réaction fatale contre l'époque antérieure, au culte de la forme et de la beauté, ne pouvaient échapper à cette influence. Est-ce à dire qu'ils n'ont été que païens, de simples imitateurs des Grecs? Ce jugement me paraît trop absolu. Est-ce que les anges de ces artistes sont la reproduction des Mercure, des Bacchus ou des Faunes, d'Apollon ou d'Adonis, de Bellérophon ou de Persée?

Je me suis mis en présence des Vierges des peintres de la Renaissance, dont je ne connais qu'un petit nombre; et, malgré tout ce qu'on a dit, je n'ai pas trouvé que la Vierge des fiançailles, celle à la chaise, celle à la sainte Famille, sainte Cécile, sainte Marguerite, si belles, eussent rien de commun avec les Vénus. Ce ne sont pas des déesses jouant une comédie chrétienne, comme dans la *Guerre des dieux* de Parny; déesses, si l'on veut, par la beauté, mais plus encore par la vertu et l'héroïsme; déesses transformées en vierges et martyres. — Ces belles saintes, avec leur expression chrétienne, me paraissent assurément plus belles, à moi, que les déesses impassibles des Grecs... Je suis amoureux des saintes de Raphaël, toutes saintes, vierges, martyres et vêtues qu'elles sont; je le suis même de la Vierge Marie jusqu'à son mariage. Oui, je suis amoureux de cette belle grande jeune fille, imitée de la Diane chasseresse, et donnée à un vieillard prédestiné au rôle d'ange gardien; je ne le suis pas des déesses antiques, bien que nues, ni de Diane, ni de Pallas, ni de Vénus même. La Madone n'échappe à mon amour que par l'enfant qu'elle porte dans ses bras : c'est le respect de la maternité qui la sauve...

C'est un dogme chrétien que les corps des bienheureux reprennent dans le ciel la clarté, la beauté, l'agilité et la subtilité. — Voilà l'idéal dans lequel se transportent par l'imagination les artistes de la Renaissance. Ils cherchent une autre expression pour les saints et les anges, figures qui certes ne sont pas de ce monde. Pas plus que Phidias ne pouvait donner à une déesse la figure d'une femme réelle et vivante, si belle qu'elle fût, Raphaël n'eût su donner à ses vierges, à ses martyres, à la Madone, des physionomies de personnes naturelles, comme faisait Memling. — Les amateurs admirent les chefs-d'œuvre de ce dernier ; je doute qu'ils plussent autant à ses contemporains brugeois, qui retrouvaient leurs connaissances dans ses tableaux les plus pieux. — Le peuple, encore aujourd'hui, sent cela. Il dit de certains visages de jeunes filles parfaitement purs : C'est une figure de vierge ; il veut dire d'une vierge idéale, telles qu'elles doivent être au ciel et que les ont imaginées les artistes de la Renaissance.

Je viens d'expliquer la Renaissance dans son évolution historique et religieuse, dans ses moyens ; je reconnais qu'elle a marqué dans les transformations de l'art une place dont il est impossible de contester l'importance. Mais combien n'a-t-on pas surfait sa valeur !...

Il n'est pas possible de refuser une originalité à Raphaël, à Michel-Ange, à Léonard de Vinci, au Titien, au Corrége. Aucune époque n'a produit un plus grand nombre d'individualités puissantes, ni élevé plus haut la science, le *faire* du métier. Quelle différence avec les artistes obscurs, la plupart anonymes, du moyen âge! Pourtant il manque à la Renaissance le cachet des grandes époques, la puissance de collectivité. Dans la période antérieure, il n'y a réellement qu'une école en Europe; en Italie, au seizième siècle, autant d'écoles que de cités.

Quoi qu'on pense de l'art ascétique, d'un art hostile au culte de la forme, d'une antithèse de l'art, si j'ose ainsi dire, cet art n'en est pas moins positif et spécifique; il a sa raison, son caractère, son idée, sa fin; il a produit ses monuments, tout autant marqués au coin du génie que ceux des Grecs. Avalé et pleurant dans ses figures, boiteux dans son architecture (regardez ces arcs-boutants, ces contre-forts, ces piles gigantesques servant comme de béquilles aux voûtes chancelantes), il s'est affirmé avec autant de puissance et plus de sublimité que ses devanciers. La Renaissance, comme génialité, originalité, idée artistique, reste inférieure: c'est que, dans son essor, dans l'immense majorité de ses productions, elle a eu pour but d'allier ensemble les deux choses les plus incompatibles, la spiritualité du sentiment chrétien et l'idéalité des figures grecques. Ce mélange de paganisme et de christianisme, outre qu'il était donné comme une réaction fatale contre l'ascétisme catholique, a eu son utilité, je le veux, ne fût-ce que pour nous remettre l'antiquité en mémoire, renouer la chaîne des temps, former la communion artistique du genre humain, et nous préparer à la Révolution. Mais ce n'en est pas moins une tâche toute secondaire.

Ce qui caractérise l'art et l'époque de la Renaissance, c'est le manque de principes, ou, si l'on aime mieux, une tolérance incompatible avec l'ardeur d'une conviction quelconque. L'Église triomphante est entrée dans son repos et dans sa gloire; il semble que l'ère purifiante de la souffrance ne doive plus se reproduire pour elle. Quiétisme ou indifférence, elle entoure de la même protection les œuvres franchement païennes et les conceptions mystiques. Elle ne se fâche ni des licences de l'Arétin, ni des grivoiseries de Boccace, ni des impiétés plus sérieuses de Rabelais. Dominante, elle se mire et s'admire dans tout ce qui est beau, serein, joyeux et heureux.

La Renaissance, comme but et fin de l'art, se manifeste dès le premier jour comme une dissolution générale. On dirait que l'art chrétien était, par nature, de même que le corps du Christ, à l'abri de la corruption, et que l'art grec ne sortit au quinzième siècle de son tombeau que pour se venger de son rival et l'entraîner avec lui.

Imaginez, s'il est possible, la volupté d'Épicure ou le quiétisme de Fénelon servis par les figures du moyen âge. Les croyances étaient ébranlées, Jean Huss et Luther le prouvèrent de reste; l'art tenait toujours : on ne pouvait cette fois l'accuser d'avoir corrompu les mœurs. Pour en finir, il ne fallait pas moins que cette exhumation de l'antiquité, un art vampire tombé sur l'Europe en même temps que la syphilis, qui ne disparaîtra qu'avec lui.

Les artistes de la Renaissance, d'un talent prodigieux tant qu'on voudra, mais ne servant plus ni un principe ni une institution, n'obéissant qu'à la fantaisie, disons mieux, à l'hypocrisie d'une société sans religion et sans morale, devenus de simples contrefacteurs, se hâtent de refaire un empyrée que n'attristent plus les malingres et les rechignés du moyen âge. Mélange de paganisme et de spiritualité, leur art aboutit, comme celui des Grecs, au culte idolâtrique de la forme. Les Vierges de Raphaël, si elles ne sont pas filles de Vénus, sont encore moins filles de la componction; l'air de spiritualité qui règne sur leur visage jure avec leur beauté, avec leur taille, leurs mains, leurs bras et leur gorge de nymphes. Moins divines, plus humaines que les déesses de l'Olympe, elles inspirent un sentiment moins pur que celui qu'on ressent à la vue d'une statue grecque. La Vénus de Milo, toute nue, est plus chaste que la plus respectable des Madones vêtue jusqu'au menton et tenant dans ses bras l'enfant Jésus. Il n'y a pas jusqu'à la figure du Christ, l'homme de toutes les tristesses et de toutes les amertumes, dont le corps, créé pour la souffrance, déformé par la torture, semblait un *ver de terre*, selon la parole d'Isaïe ; il n'y a pas, dis-je, jusqu'à cette sublime figure du Crucifié que les deux grands artistes de la Renaissance, Michel-Ange et Raphaël, n'aient profanée, en lui donnant un idéal renouvelé de Jupiter et d'Hercule. Et ce Christ est devenu typique : papes et jésuites l'ont adopté. Demandez aux femmes si elles ne sont pas toutes amoureuses de ce Christ, le plus beau des enfants des hommes, comme nous le sommes de sainte Marguerite, de sainte Catherine, de sainte Cécile et de toutes les Madones. Ceci, pour le dire en passant, démontre une chose : c'est que les artistes de la Renaissance eussent été capables de refaire la besogne des Grecs, tant était grande, à la sortie du moyen âge, la lassitude de l'ascétisme ; tant les cœurs soupiraient à l'unisson après la beauté ; tant ils éprouvaient le besoin de la ressaisir, ange ou démon, ou du moins de se créer un autre idéal. Malheureusement leur besogne est restée pour nous inutile : ce Christ de fantaisie, si tard imaginé, pas plus que l'*Ecce homo* du moyen âge, ne peut nous servir. Nous ne sommes plus dévots, et nous ne pouvons être des pourceaux d'Épicure. Que nous peut faire, à nous autres hommes du dix-neuvième siècle, démocrates socialistes, hommes de travail, de science et de progrès, ce dieu ambigu? Le droit de l'homme a été promulgué à la place des décrets de Trente et de Nicée; le Christ qu'il nous faut n'est point un Christ mystique, à la façon de Léonard de Vinci, de Raphaël ou de Michel-Ange, encore moins de M. Renan; c'est un Christ justicier, de la trempe de Danton et de Mirabeau, un Christ révolutionnaire.

CHAPITRE VIII

La Réforme : L'art s'humanise; prélude d'une rénovation esthétique.

Raphaël prétendait que le devoir et la règle du peintre étaient de représenter les choses, non pas telles que les fait la nature, mais telles qu'elle les devrait faire: *di fare le cose non como le fa la natura, ma como ella le dovrebbe fare*. J'ai lu ce précepte de Raphaël, il y a bien longtemps, je ne sais plus où; ces paroles me sont restées dans la mémoire. C'est une profession de foi idéaliste, au sens de Platon et des Grecs, la plus nette qu'on puisse faire.

Le précepte fut suivi : l'art redevint partout idolâtrique, ce dont il est aisé de juger à la seule énumération des œuvres des artistes, parmi lesquelles figurent, en quantité à peu près égale, d'un côté les christs, les madones, les vierges et les moines; de l'autre, les Vénus, les Bacchus, toutes joyeuses divinités de l'air, de la terre et des eaux. Impossible de se reconnaître dans ce pêle-mêle de catholicisme et de mythologie. Comme toutes ces peintures sont de la même date, de la même main, qu'elles sont censées exprimer la même pensée sociale, répondre au même besoin ; que toutes les figures, en raison de leur idéalité même, se ressemblent, on ne sait vraiment plus, quand on regarde un tableau mythologique, si ce sont les Bienheureux du Nouveau Testament qui font carnaval, ni, quand on reporte ses regards sur un tableau de sainteté, si ce sont les dieux de la Fable qui font pénitence. La corruption qui suivit la Renaissance fut en raison de cet idéalisme, et Rome, c'est-à-dire l'Église, redevint pour les nations scandalisées ce qu'elle avait été au premier siècle, la grande prostituée.

La Renaissance avait vaincu le gothique ; la Réforme, à son tour, fit échec à la nouvelle idolâtrie. Qu'est-ce que la Réforme ? En religion, c'est la liberté d'interprétation et de croyance, le culte en esprit et en vérité, partant la mort de toute peinture et sculpture surnaturaliste et symbolique ; en fait d'Église, la négation du sacerdoce, de l'épiscopat, de la papauté, *no popery !* en politique, l'égalité de tous devant la loi, l'abolition des castes, les mœurs citoyennes, la prééminence du principe fédératif sur le principe dynastique. Après une telle débâcle, que restait-il pour l'art ? La fatalité même de l'élimination, la logique des choses l'indiquent : il restait la roture, quoi donc ? la vie laïque, vulgaire et ses triviales occupations. Plus de symboles, plus d'idoles, plus de noblesse, plus de moinerie; à leur place, l'humanité industrieuse, savante, positive : voilà le nouveau domaine de l'art et sur quoi devra s'exercer l'idéal. Certes ceci est un peu plus difficile que tout l'art des Égyptiens, des Grecs, des chrétiens et de la Renaissance réunis : l'art qui prend pour sujet, matière et moyen, le train de la vie ordinaire est plus difficile que celui qui s'alimente d'allégories, de formes idéales et de pensées béatifiques. Mais telle est la loi : il n'y a pas à reculer. Ce qu'il nous faut, c'est un art pour ainsi dire pratique, qui nous suive dans toutes nos fortunes; qui, s'appuyant à la fois sur le fait et sur l'idée, ne puisse plus être débordé tout à coup et brisé par l'opinion; mais qui progresse comme la raison, comme l'humanité. A lui de nous montrer enfin dans sa dignité, trop longtemps méconnue, l'homme, le citoyen, le savant, le producteur; à lui de travailler désormais au perfectionnement physique et moral de l'espèce, non plus par d'obscurs hiéroglyphes, des figures érotiques ou d'inutiles spiritualités; mais par d'intelligentes et vives représentations de nous-mêmes; à lui, dis-je, de nous avertir, de nous louer, de nous reprendre, de nous faire rougir, en nous présentant le miroir de notre conscience. Infini dans sa donnée, infini dans son développement, un tel art sera à l'abri de toute corruption spontanée : il ne saurait déchoir ni périr.

Rien de nouveau dans l'art, pas plus que dans la

morale. Les vieux Égyptiens, malgré leur amour de la symbolique, se sont représentés dans toutes les conditions de leur activité domestique et sociale; Raphaël, l'idéaliste par excellence, eut une vision de l'art qui allait l'écarter, lui et tous ses contemporains, quand il peignit son célèbre tableau de l'*École d'Athènes*. Mais pourquoi, au lieu d'Athènes, n'avoir pas pris Rome, Florence, Paris, Bâle ou Amsterdam? au lieu d'Aristote, de Platon, d'Euclide, de Zénon, etc., Copernic, Képler, Galilée, Giordano Bruno? je cite ces noms au hasard de la chronologie. Raphaël aurait reculé devant ces actualités, qu'il eût désespéré peut-être de rendre idéales. C'était justement la difficulté que l'art avait à vaincre, et c'est pour l'avoir vaincue que la gloire de Rembrandt dépasse de cent coudées celle de Raphaël.

Rembrandt, le Luther de la peinture, fut, au dix-septième siècle, le réformateur de l'art. Tandis que la France, catholique et royaliste, se refaisait l'esprit, hélas! dans la fréquentation des Grecs et des Latins, la Hollande réformée, républicaine, inaugurait une nouvelle esthétique. Dans le tableau improprement appelé la *Ronde de nuit*, Rembrandt peint, d'après nature et sur figures originales, une scène de la vie municipale, et d'un seul coup, dans ce chef-d'œuvre des chefs-d'œuvre, il éclipse toute l'ostentation pontificale, les couronnements de princes, les tournois nobiliaires, les apothéoses de l'idéal. Dans la *Leçon d'anatomie*, autre chef-d'œuvre, où il représente la Science sous les traits du professeur Tulp, le scalpel à la main, l'œil fixé sur un cadavre, il en finit avec les allégories, les emblèmes, les personnifications et incarnations, et réconcilie pour toujours l'idéal et la réalité Mettez en regard l'une de l'autre l'*École d'Athènes*, de Raphaël, et la *Leçon d'anatomie*, de Rembrandt; consultez, dans le silence de votre réflexion, votre sentiment, et dites ensuite lequel a réveillé en vous le plus puissant idéal, du symbolique et idéaliste Italien, ou du positif et réaliste Hollandais. Donc la peinture la plus concrète, la plus réaliste en apparence, peut éveiller un sentiment esthétique plus puissant, suggérer un idéal plus élevé, que la peinture la plus idéaliste, faite par le plus grand des maîtres : à bon entendeur demi-mot. Après la *Ronde de nuit* et la *Leçon d'anatomie* de Rembrandt, on peut citer le *Banquet des arquebusiers*, de Van der Helst, et l'on aura une idée suffisante de ce que j'appellerai la révélation hollandaise.

« La vie, la *vie vivante*, dit un de nos plus habiles critiques d'art, l'homme, ses mœurs, ses occupations, ses joies, ses caprices, tel est le caractère de l'école hollandaise dans son ensemble; » — j'ajoute, sans crainte d'être démenti par l'auteur, de l'école humanitaire, rationnelle, progressive et définitive. — « Les uns ont pris le citoyen en action pour la chose publique, qu'il se livre à l'exercice des armes ou à la délibération des affaires; les autres ont pris les familles chez elles ou dans leurs distractions extérieures; ceux-ci les classes distinguées, ceux-là les classes laborieuses ou les classes excentriques. D'autres ont représenté le milieu où s'agite la vie commune, les mers et les plages, avec les épisodes de l'existence maritime, si chère au pays; scènes agrestes et scènes de chasse; les canaux et les ruisseaux, avec des moulins, des barques, des pêcheurs; les villes, places et rues où la population circule avec toute sa variété. Partout l'animation, la vie présente, qui est aussi la vie éternelle, l'histoire du peuple et du pays...

« Ah! ce n'est plus l'art mystique, s'enveloppant de vieilles superstitions, l'art mythologique ressuscitant de vieux symboles, l'art princier, aristocratique, exceptionnel par conséquent, et consacré uniquement à la glorification des dominateurs de l'espèce humaine. Ce n'est plus l'art des papes et des rois, des dieux et des héros.....

« Chez les nations latines, l'art est demeuré suspendu en l'air, au double sommet de l'Église et de la cour, bien au-dessus des *fidèles* et des *sujets*. En Italie surtout, et même en France, le pays de la littérature claire, significative, indépendante, on n'a presque jamais fait que de la peinture mystagogique, théologique, mythologique et allégorique, ou de la peinture d'apparat, suivant le mot d'Émeric David. Les dogmes et les cérémonies de la religion, les bacchanales et les sacrifices, les hauts faits des souverains, les joutes et divertissements des seigneurs, les images des dieux et des grands, à l'exclusion de la nation entière : voilà le cadre infranchi par les artistes méridionaux. En France, on n'a jamais peint les Français, je ne dis pas seulement les classes populaires, mais les groupes de tout rang qui constituent cet ensemble varié qu'on appelle la France. » (*Musées de la Hollande*, par W. BÜRGER [THORÉ], Paris, J. Renouard, 1858.)

Ainsi, de même que la Réforme fut une réaction contre le catholicisme romain, de même l'école hollandaise fut une réaction contre l'art catholique, tant celui de la Renaissance que celui du moyen âge. Cependant la Réforme, par ses origines et par la plupart de ses sectes, était iconoclaste. Ce fut justement ce qui détermina la révolution. L'art ne peut périr : chassé du temple, il devait ressusciter à l'hôtel de ville et au foyer domestique ; condamné dans son vieil idéalisme, il allait renaître dans son humanité positive et rationnelle. C'est cette *impiété* radicale qui fit d'abord *anathématiser l'originalité hollandaise*, comme dit W. Bürger, dans les pays catholiques, et, « sous prétexte, tantôt d'ignorance et de déréglement, tantôt de bassesse et d'immoralité, tantôt de fantaisie et tantôt de matérialisme grossier, ici au nom d'Apollon, là au nom du Christ, » retarder de plus de deux siècles une révolution nécessaire.

J'ai associé le nom de Rembrandt à celui de Luther; il faut placer à côté d'eux W. Shakespeare. Shakespeare, c'est l'art dramatique, c'est la littérature qui se fait contemporaine, populaire, de grecque et latine, homérique, biblique et académique qu'elle était restée, et que, plus que jamais, nous autres Français, nous allions la faire. Telle était notre destinée malheureuse : en repoussant la Réforme, nous rompions avec notre littérature nationale; nous n'avions plus qu'à ronger les Grecs, les Latins, les Hébreux, trop heureux que cette lecture, qui faillit, à force de pédantisme, nous rendre fous, ait pu servir enfin, grâce aux efforts des Boileau, des Racine, des Molière, des Voltaire, etc., à l'expurgation de nos âmes.

Shakespeare a surpassé les Hollandais de toute la supériorité de la poésie et du drame sur la peinture. Lui aussi a su mettre en scène, à côté des princes coupables, malheureux et pauvres, les classes inférieures de la société. C'est là qu'il va chercher ses mots les plus profonds; c'est par ces bouches *ignobles* qu'il fait passer la pensée et la moralité de ses drames. Panurge chez nous, Gil Blas et l'immortel Martin de *Candide* sont de cette famille. Nous pouvons juger, par les ouvrages d'un Rabelais, d'un Montaigne, d'un La Fontaine, d'un Le Sage, par ce que nous ont donné de plus personnel Molière et Voltaire, ce qu'aurait été notre pays si, dès le seizième siècle, nous eussions accepté la Réforme. Et c'est le cas de le redire : l'art qui, dans un fossoyeur, dans un chiffonnier, sait trouver un moyen esthétique et en faire surgir un idéal, est dix fois plus puissant que celui qui a besoin de têtes olympiennes.

Il faut l'avouer cependant : un doute plane sur l'école hollandaise. L'antagonisme religieux ne fut pas la seule cause qui retarda le développement esthétique ; et l'on se demande, — si Rembrandt et ses successeurs étaient entrés dans la véritable voie, — comment leur action s'est ralentie, comment elle a été si peu comprise dans leur propre pays. L'école hollandaise apparaît aujourd'hui comme terminée dans sa période ; il semble qu'elle ait donné tout son contenu : que faut-il penser de cela? La production artistique serait-elle sujette à des intermittences? le sentiment national serait-il épuisé? ou serait-ce que le protestantisme, simple négation, ne pouvait communiquer à l'esthétique qu'il devait produire une virtualité de développement qu'il ne possédait pas? Telle est la question à laquelle, pour l'honneur des principes et pour la justification de l'école même dont nous parlons, je crois devoir donner un mot de réponse.

Les artistes ne discutent guère ; la philosophie, même celle de l'art, n'est point leur affaire, et le premier mot sur l'esthétique serait à écrire, si l'art n'avait eu d'autres interprètes, au point de vue des théories, que ses propres *maîtres*. La pensée qui dirigea l'école hollandaise elle-même n'aurait eu garde de l'expliquer : elle n'en savait rien. Républicaine et rationaliste, n'ayant à s'occuper ni des dieux ni des grands, ni des pontifes ni des moines, forcée de se replier sur la vie séculière, elle peignit modestement de modestes personnages, de simples mortels, tels qu'ils se montraient chez eux, sans façon, à la brasserie ou sur la place publique : voilà tout. On peut dire qu'elle faisait de nécessité vertu. Qui donc aurait soupçonné que cette idée téméraire, ridicule, de représenter de bonnes gens dans leurs occupations quotidiennes et banales ; de les coucher sur la toile, en belle peinture vernissée, à la place des anges et des saints, était la plus grande idée qui fût jamais entrée dans un cerveau d'artiste ? A plus forte raison ne songea-t-on pas à faire de cette idée un principe de pédagogie sociale. Le génie hollandais, bourgeois et conservateur, aimant le terre-à-terre, n'était point à la hauteur d'une pareille conception. Concentré en lui-même, il ne cherchait point à savoir ce qui se passait au delà de son horizon. Et si quelque tableau, échappé des marais de Hollande, tombait sous les yeux d'un amateur orthodoxe, celui-ci, en songeant que cette toile était l'œuvre d'un hérétique, ne pouvait manquer de trouver dans la trivialité des figures le sceau de la réprobation d'un tel art. Puis, les événements marchant toujours sans que la pensée des artistes pût les suivre, l'école se trouva bientôt dépassée par l'histoire; elle devint à son tour une tradition, moins que cela, un monument, plus difficile à expliquer pour la critique qu'aucun autre.

Aussi cet art rénovateur fut-il méconnu jusqu'à nos jours; l'espèce de répulsion qu'éprouvent aujourd'hui tant de gens pour les tableaux de Courbet n'est que la conséquence de celle qui s'attacha d'abord aux Hollandais, ses devanciers et ses maîtres. — « L'histoire, poursuit l'écrivain que j'ai cité tout à l'heure, la biographie, la critique, principalement la noble esthétique, sont d'accord, dans tous les livres français, pour caractériser avec un souverain mépris cette école étrangère aux règles italiennes, et qui a l'insolence d'interpréter la nature avec un sentiment particulier. M. Fortoul surtout (l'ancien ministre de Napoléon III) a merveilleusement formulé cette antipathie mystagogique contre le *naturalisme* très-humain de l'école hollandaise. »

Ne soyons donc pas trop surpris de ce qui est arrivé. Les Hollandais n'ayant été ni compris ni suivis, l'art, dans sa dernière, féconde et incorruptible manifestation, n'a pu s'universaliser; il est resté, dans cette manifestation, chose locale, comme la fédération et la liberté. Entre temps, les jésuites nous ont donné, avec leur morale, leur architecture; nous avons eu le mysticisme de sainte Thérèse et de saint François de Sales, continuateurs affadis de la trop célèbre *Imitation de Jésus-Christ* de Gerson, le quiétisme de Molinos, les *Torrents* amoureux de madame Guyon et les *Maximes* piétistes de Fénelon[1], marchant de front avec les galanteries de Ninon et les empoisonnements de la Brinvilliers; la statuaire de Louis XIV, au type charnu et dodu, imité de madame de Montespan; la peinture Louis XV, personnifiée dans madame de Pompadour; la littérature Crébillon, Parny et compagnie; enfin toutes les dégradations d'un idéalisme emprunté, que n'excusaient ni la spontanéité d'origine, ni aucune des qualités de l'indigénat.

1. De tous les écrivains et artistes du siècle de Louis XIV, Fénelon est sans contredit celui qui témoigne le mieux de la confusion des idées et de la dépravation du goût à cette époque. Païen en littérature; jésuite, féodaliste et rétrograde en politique; quiétiste en religion et en morale; unissant dans la même pensée l'idéalisme grec et la spiritualité du moyen âge, Fénelon n'est ni de son temps, ni de son Église, ni de son pays; il n'a aucune des aspirations secrètes de son époque, aucune intuition de l'avenir. Il a servi la langue et les bonnes études en contribuant plus que personne à transporter dans notre littérature les beautés et la grâce du génie grec; mais ce travail d'humaniste ne suffit pas pour constituer, aux yeux d'une critique élevée, un écrivain de premier ordre, et lui assigner une place parmi les originaux.

CHAPITRE IX

RÉVOLUTION FRANÇAISE : les Classiques et les Romantiques.

La Révolution, qui couvait depuis un siècle, éclate enfin. Naturellement, elle n'a pas le loisir de s'occuper d'esthétique et de fournir des idées aux peintres. D'ailleurs, avant l'idéal les principes; avant de satisfaire au goût, il faut pourvoir à la raison. De même que la liberté, l'art est ajourné à des temps meilleurs. La Révolution s'exprimera, en attendant, comme elle pourra; elle usera des moyens qui lui ont été ménagés : grecque, latine, classique, biblique même, c'est-à-dire empruntée dans sa langue, dans son style et dans ses formes, partant gauche, pédantesque et déclamatoire. Symptôme de mauvais augure pour le succès de la Révolution, de se voir dès le berceau enlacée dans les formules d'une esthétique artificielle et étrangère.

On dirait la répétition d'une tragédie tirée de l'histoire ancienne. Les députés du tiers sont des Cicérons et des Démosthènes; ils posent en foudres d'éloquence. Dans les commencements, les principes font passer le style; le peuple français ne jure que par les *Droits de l'homme et du citoyen.* Mais l'idéal de Lycurgue, de Solon, de Numa, de Platon finit par prévaloir, et l'idée nationale par disparaître sans avoir eu le temps de produire sa langue et ses formes. Mirabeau, toujours applaudi quand il tonne contre le despotisme, n'est plus compris, il éveille la méfiance dès qu'après avoir posé ses prémisses, il essaye de raisonner et de parler constitution. Jamais on n'affecta plus de *sensibilité* (esthésie), et, dans une affaire aussi sérieuse, on ne se montra plus théâtral : de l'ouverture des États généraux jusqu'au 9 thermidor, tout le monde devient acteur. Mais jamais le goût ne fut plus faux, l'éloquence moins naturelle, l'inspiration artistique et littéraire plus nulle. Les seules productions originales de cette époque en désarroi, — je raisonne bien entendu au point de vue de l'art et du style, — sont la *Carmagnole*, le *Ça ira*, les jurons du *Père Duchêne*, le drapeau tricolore et la guillotine, dont l'image se trouve, en guise d'illustration, dans les recueils du temps. — Tantôt le peuple, obéissant à la voix de ses chefs, se montre superbe d'attitude; il évolue avec majesté et se livre aux effusions d'un patriotisme puisé dans les meilleurs auteurs; puis il cède à son instinct, et l'on assiste aux scènes les plus débraillées : l'incendie Réveillon, les exécutions de la lanterne, les émeutes à la porte des boulangers, les visites à Versailles et aux Tuileries, les massacres de septembre. *Le Vieux Cordelier* amuse par l'accouplement du style classique, appris au collége, et des idées de clémence qui commençaient à prévaloir avec le tutoiement et les sans-culotteries de 93. Quoi de plus réjouissant que de voir ce vieux patriote, qui présida aux exécutions de 92, dénonça la Gironde et fit instituer le tribunal révolutionnaire, reprocher au *Père Duchêne* de perdre la république par l'exagération du cynisme et de la terreur? La *Marseillaise* n'est qu'une amplification de rhétorique, pareille à une harangue de Vergniaud ou de Robespierre. L'intention en était bonne; l'enthousiasme et la colère y bouillonnent; elle fit bien son service : mais c'est tout ce que la critique peut dire à son avantage. Le style est factice, emphatique et vide, un lieu commun du commencement à la fin. L'auteur n'a trouvé ni pensées ni expressions originales, et l'on peut douter aujourd'hui, en relisant cette pièce, si le peuple qui l'adopta pour hymne national, et qui la chantait en marchant à l'ennemi, avait réellement conscience de lui-même, s'il était mûr pour la liberté. A cet égard, je n'hésite point à dire que le *Chant des Travailleurs* de 1848 me paraît d'une inspiration plus vraie, plus réelle, d'un idéalisme par conséquent plus profond que la *Marseillaise*.

Au tumulte révolutionnaire a succédé le fracas des armes ; la liberté perdue, la littérature et l'art ne soufflent plus. Mais à la Restauration, les esprits se réveillent, et le débat commence aussitôt entre les *classiques* et les *romantiques*. Quelle était la signification de cette controverse et quel en fut le fruit? Il importe, pour l'intelligence du temps présent et la prévision de l'avenir, que nous le sachions.

On était fatigué de la Grèce et de Rome, fatigué de la Révolution, du dix-huitième siècle et même du dix-septième. Depuis vingt-cinq ans on s'était mis à étudier les nations voisines ; des comparaisons avaient été faites ; par delà l'horizon classique on avait aperçu un monde nouveau. Une idée étrange, l'idée d'un nationalisme artistique et littéraire, était entrée dans les esprits. Or, comme, à l'exception de la Charte constitutionnelle, datée de Saint-Ouen, résumé de la Révolution, tout semblait dater chez nous de la Renaissance et des anciens, on se demandait ce que nous avions produit du nôtre ; en quoi nous étions originaux ; s'il y avait une littérature française, un art français? Question scabreuse, qui ne tendait à rien de moins qu'à nier la légitimité de tout notre développement artistique et littéraire depuis Louis XIV, pour ne pas dire depuis François Ier, et à nous faire reprendre, sur une donnée inconnue, le fil de notre histoire.

Je vais résumer en quelques lignes l'argumentation des deux écoles.

Les romantiques reprochaient à la tradition établie deux choses : la première, de faire abstraction de quinze siècles d'histoire, d'où résultait l'étroitesse de sa pensée, le manque de vie, d'originalité et de vérité de ses œuvres ; la seconde, de ne pas même comprendre ses modèles, ce qui la jetait dans une inconséquence et une contradiction perpétuelles. Est-ce donc pour rien, disaient-ils, que le christianisme est venu changer la face du monde ; qu'il y a eu une Église, une papauté, un nouvel empire d'Occident associé au saint-siége, un monde féodal, des croisades, une chevalerie ; que des races nouvelles ont remplacé sur la scène les anciennes, épuisées ; que ces races ont enfanté, à leur tour, des langues, une littérature, un idéal, un art ; que la chrétienté a eu ses révolutions, ses guerres de religion, ses grands schismes ; et en dernier lieu, la Révolution ?... Est-ce que tout cela n'est pas matière de poésie, de littérature et d'art, aussi bien que la mythologie païenne, le siége de Troie, la guerre médique, les institutions de Solon et du patriciat de Rome ? Et si c'est matière poétique et artistique, comment voulez-vous que nous nous enfermions dans le cadre de vos classiques ?... Puis vous ne faites pas attention, ajoutaient-ils en s'adressant aux conservateurs, qu'avec votre culte de la *forme*, de la forme classique, s'entend, laquelle constitue votre idéal, vous sacrifiez sans motif, sans nécessité, l'EXPRESSION, non moins importante que la forme, dont la forme n'est elle-même que le moyen ; vous tombez dans la convention, par suite dans la monotonie, le faux et le mauvais goût ; vous perdez l'art avec vos règles, votre perfection et votre élégance Les anciens, par respect pour les dieux, craignaient sur toute chose de tourmenter leurs figures ; jusque dans le paroxysme de la douleur, ils observaient les lois de la dignité antique; le gladiateur devait tomber avec grâce ; la moindre contraction nerveuse et musculaire leur aurait paru une grimace, une offense à l'art. Cela faisait partie de leur esthétique par une raison fort simple : c'était dans leur religion et dans leurs principes. Mais nous, qui n'avons aujourd'hui que faire des dieux, nous qui, depuis l'abolition de l'esclavage, du servage et de la féodalité, ne craignons plus de nous amoindrir en laissant paraître nos émotions ; nous qui recherchons sur toute chose le mouvement, l'action, la vie, la couleur, la passion, la force, qui nous cherchons nous-mêmes, et voulons nous contempler aussi bien dans la fièvre de la pensée que dans le calme de la mélancolie, dans la vulgarité de nos travaux que dans l'accomplissement de nos devoirs civiques, nous ne pouvons accepter vos modèles, puisque, mieux nous réussirions à les imiter, plus nous nous rendrions ridicules.

Ces observations étaient irréfutables ; aussi les classiques n'y répondaient-ils pas. Ils alléguaient que l'art est absolu, universel, éternel ; que ses règles, qui sont les lois du beau, de même que les règles de la logique et de la géométrie, sont immuables ; que les anciens les ont d'autant mieux pratiquées qu'ils les ont mieux comprises, et que c'est pour cela qu'il nous ont légué des œuvres incomparables; qu'il en est de la beauté comme de la vérité et de la justice, qui ne sont susceptibles ni de plus ni de moins, et vis-à-vis desquelles il est absurde de stipuler des réserves, puisque notre devoir est de nous en approcher le plus possible; qu'il n'est pas vrai qu'il y ait une poésie et un art des Grecs, une poésie et un art des Barbares, une littérature des anciens et une littérature des modernes; qu'il n'y a qu'un seul et même art, dans lequel il est donné à chaque nation de réussir plus ou moins, en raison de ses facultés et des conditions de son existence, mais sans qu'on puisse dire pour cela qu'il y ait jamais changement de méthode, d'idéal, de genre ni d'espèce; que la diversité de la matière ne suffit point à justifier une différence d'écoles, pas plus que de principes; que les révolutions de l'histoire n'ont nullement pour corollaires une suite de révolutions parallèles dans la littérature et les arts, et que c'est justement ce qui a été démontré par les artistes de la Renaissance, égaux aux Grecs; qu'abandonner une tradition consacrée par une si longue expérience et tant de chefs-d'œuvre, ce serait précisément rétrograder et, sous prétexte d'actualité, de nationalité, de variété, de mouvement, d'énergie, d'expression, tomber dans la débauche et substituer au culte de la forme celui de la vulgarité et de la laideur; qu'au surplus, la nouvelle école n'avait qu'à témoigner de la vérité de sa critique par l'excellence de ses travaux; qu'on la jugerait à l'épreuve : *opere probabitur opifex.*

Sans doute, ainsi que je l'ai fait observer tout à l'heure, cette réplique ne détruisait pas les observations des romantiques; mais elle ne manquait pas non plus d'un fond de vérité incontestable. La provocation finale était surtout dangereuse à relever. La dramaturgie romantique n'a point égalé la tragédie et la comédie du dix-septième siècle; et l'on en peut dire autant de la peinture et de la statuaire. Si l'on devait s'en rapporter aux échantillons, il faut l'avouer, il y aurait, jusqu'à présent du moins, cause gagnée pour les classiques. Mais le public, mais la postérité ne peuvent se tenir pour engagés par un premier insuccès; et, quelle que fût la valeur actuelle, positive, de chacune des deux écoles rivales, leurs assertions s'entre-croisant avec une apparence égale de certitude, sans se détruire, restait toujours à résoudre une question théorique du plus haut intérêt.

En effet, s'il est vrai que la littérature et l'art ne forment dans l'humanité qu'une grande et unique évolution; que sous ce rapport tous les peuples constituent une seule famille, toutes les langues un même Verbe; qu'en conséquence une sorte de catholicité ou d'université tende à s'établir dans les choses du goût et de l'art, de même que dans celles de la science et de l'in-

6.

dustrie; s'il est vrai encore que l'humanité ne puisse renier aucune de ses manifestations antérieures; que son avoir se compose du produit de toutes ses générations concourant à un même but, il est certain par là même que la sphère de l'idéal, de même que celle du réel, est infinie; qu'aucun siècle ne pourra jamais se vanter de l'avoir tout entière parcourue; que l'idéal variant, malgré sa tendance à l'absolu, comme la réalité, aucun idéalisme ne peut soutenir la prétention de primer les autres et de se poser en autocrate; qu'il s'en faut de beaucoup que notre faculté esthétique trouve sa pleine et entière satisfaction dans la contemplation de formes ou figures prétendues idéales, et que la possession de la beauté épuise notre sentiment; que les éclairs du génie, les fulgurations de la conscience, les explosions de l'héroïsme, de la passion et du dévouement, toutes les manifestations de l'âme, toutes les situations, tous les accidents de la vie, font aussi partie de notre domaine idéaliste; que cette partie de nous-mêmes, la meilleure et la plus vaste, ne saurait cependant trouver son expression dans une contrefaçon idolâtrique, puisque ce serait substituer un idéal à un autre, l'idéal grec à l'idéal moderne; qu'ainsi, puisque la raison esthétique nous apprend à distinguer des degrés et des espèces dans l'idéal, il y a lieu de distinguer aussi dans l'art entre les époques, les civilisations, les croyances, les langues et les races; que sous ce rapport, nous avons, nous autres Français, aussi bien que les Allemands, les Anglais et les Scandinaves, aussi bien que les Grecs, les Hébreux et les Hindous, notre originalité; que cette originalité, qui s'est révélée au moyen âge dans la poésie des troubadours, se reconnaît également dans les écrivains qui, depuis le seizième siècle jusqu'à la Révolution, ont pris à tâche de nous infuser les idées et le style des anciens; que cette assimilation, en ajoutant à notre fécondité, doit avec le temps ajouter aussi à notre originalité, en sorte que nous pourrions nous vanter d'avoir eu deux révélations esthétiques, l'une au moyen âge, l'autre pour ainsi dire humanitaire, qui doit se poursuivre indéfiniment.

Ainsi se résoudrait par la théorie du progrès et de la communion humaine la contradiction des deux écoles, toute autre décision étant nécessairement entachée de partialité. L'artiste complet, celui auquel doit être adjugée la palme, ne peut plus être désormais ni un classique ni un romantique, ni un homme de la Renaissance, de la Grèce ou du moyen âge; c'est celui qui, sachant combiner tous les éléments, toutes les données de l'art, toutes les conceptions de l'idéal, supérieur à la tradition, saura le mieux être de son temps et de son pays.

Cette synthèse ne paraît pas avoir été jusqu'à ce jour comprise : des deux côtés il y avait de la raison, mais des deux côtés aussi insuffisance de raison. Classiques et romantiques ne purent parvenir à s'entendre. Les premiers, qui avaient la haute main dans les études, qui occupaient des fauteuils dans les académies et étaient en possession de diriger le goût public, persistèrent dans leur routine et devinrent de plus en plus insignifiants et ennuyeux. Les autres ne réussirent pas à formuler clairement leur principe, bien moins encore à produire des œuvres supérieures aux anciennes, comme on les avait sommés de le faire. Loin de là, ils se montrèrent, par la nature de leurs prédilections, tout aussi inconséquents et rétrogrades que leurs adversaires. Le moyen âge, qu'on croyait avoir enterré en 89, avec sa féodalité, ses châteaux, ses cathédrales, sa chevalerie, sa langue, ses mœurs, redevint à la mode : fantaisie compromettante que devait bientôt et cruellement expier la monarchie légitime. Insensiblement les romantiques, poëtes, littérateurs et artistes, se faufilèrent à l'Académie : ils en avaient fait assez pour que les juges impartiaux et le gros du public admissent l'utilité d'une transaction. On commença donc à se regarder sans rire ; on se fit des emprunts réciproques. La question n'était pas vidée, puisque l'on ne s'entendait point ; mais l'horizon semblait agrandi, l'art et la littérature rendus plus libres ; de guerre lasse, la polémique tomba. Une nouvelle décadence commençait.

Le calcul, celui de l'astronome comme celui du teneur de livres, ne supporte pas la plus petite erreur; la justice pas le moindre arbitraire; la science devient impossible pour peu qu'elle admette de faits controuvés, d'observations incomplètes ou de phéuomènes surnaturels; la philosophie tourne à l'absurde si ses séries sont irrégulièrement formées, ses définitions équivoques, ses analyses inexactes, ses généralisations hypothétiques. Il en est ainsi de l'art: plus il cherche l'idéal, plus il a besoin de précision et de vérité. L'équivoque, l'incertitude des idées et des principes, le vague de l'objet, l'indéfini, lui sont antipathiques, l'empêchent de se développer et de vivre. La transaction tacite entre le classicisme et le romantisme fut, comme le doctrinarisme en politique, une hypocrisie. Ce qui tue l'art en ce moment et le déshonore, c'est la confusion et l'irrationalité. C'est ce que nous allons démontrer par les exemples les plus célèbres.

CHAPITRE X

Confusion et irrationalité de l'art pendant la première moitié du dix-neuvième siècle. David, E. Delacroix, Ingres, David (d'Angers), Rude, L. Robert, H. Vernet.

J'écrivais en 1858 :

« L'art est la liberté même, refaisant, à sa guise et en vue de sa propre gloire, la phénoménalité des choses ; exécutant (qu'on me passe le mot) des *variations* sur le thème concret de la nature.

« L'art, ainsi que la liberté, a donc pour matière l'homme et les choses, pour objet de les reproduire en les dépassant, pour fin dernière la justice.

« Pour juger de la beauté des choses, en autres termes, pour les idéaliser, il faut *connaître les rapports des choses ;* toutefois, si l'art ne peut se passer de cette connaissance ni la contredire, elle ne peut pas non plus le suppléer, et ne l'explique pas tout entier ; il relève encore d'une autre faculté, qui est le sentiment même du beau et de l'art, ou plus simplement le *goût.*

« Cette dernière proposition contient tous les principes de critique en matière d'art, critique toujours arbitraire en quelque chose. Dans la science, dans le droit, il est toujours possible d'avoir raison du sophisme par la logique et l'expérience, et la démonstration acquiert force de chose jugée. Les œuvres de l'art ne s'apprécient pas seulement par raison démonstrative, mais aussi par le sentiment que l'œuvre éveille dans l'âme du spectateur, sentiment qui ne peut se définir, et dont l'unique loi est qu'il ne reconnaît pas de loi : *De gustibus et coloribus non disputandum.* » (*De la Justice dans la Révolution et dans l'Église*, 9e étude ; édition de Bruxelles.)

On peut juger par cette citation que les principes que je professe aujourd'hui en fait d'art, je les professais déjà en 1858, et qu'il n'ont pas été inventés pour le besoin de la thèse. Il y a dans toute œuvre d'art deux choses qui, selon moi, doivent toujours marcher de front, la raison et le goût. Supprimez une de ces deux choses, l'art disparaît. Sans une raison, je dirai même sans une philosophie profonde, que cette raison soit intuitive ou réfléchie, peu importe, l'œuvre d'art se réduit à néant ; il n'y a rien qui soit de plus mauvais goût, qui choque davantage notre sentiment esthétique, que l'absurde. Mais réciproquement, sans une certaine puissance d'idéal, l'art, avec toute la raison du monde, n'est plus que de la science, voire du métier ; et comme la science et l'industrie ne se produisent pas sous cette forme, que ce serait du travail en pure perte, l'art savant, dépourvu de goût et d'idéal, c'est encore de l'absurde.

Or, comme les facultés de raison et de goût ne sont point proportionnelles l'une à l'autre dans aucun sujet; comme la rationalité d'une œuvre d'art n'est point la mesure du talent qu'y a dépensé l'artiste, ni la rigueur du raisonnement la garantie de l'excellence du goût chez le critique, j'ai pris pour règle, dans les jugements qu'on va lire, et au rebours de ce que font la plupart des écrivains qui s'occupent de ces matières, d'insister avec force sur l'appréciation morale et rationnelle, dont je me crois plus sûr, mais de ne présenter qu'avec réserve mon appréciation esthétique, qui pourrait m'être purement personnelle[1]. De la sorte, je laisserai le lecteur juge en dernier ressort, entièrement libre de son sentiment, tout en ne négligeant rien de ce qui peut servir à le motiver.

DAVID

Lorsque j'étais étudiant à Paris, il m'arrivait quelquefois le dimanche d'aller visiter la galerie du Louvre. Là je m'arrêtais presque toujours, pendant quelques instants, devant le *Léonidas aux Thermopyles*. J'aimais, je l'avoue, cette peinture héroïque; je sentais un soupir naître dans ma poitrine, mes yeux devenir humides,

1. Celui qui raisonne le mieux n'est pas pour cela celui qui a le meilleur goût; il s'en faut immensément. C'est pourquoi le critique d'art doit être fort circonspect : il n'est pas de matière où la critique soit sujette à commettre de plus lourdes bévues.

en présence de ce Léonidas si calme, disant à ses trois cents Spartiates : Ce soir, nous souperons chez Pluton. Je regardais avec une émotion religieuse ces guerriers si beaux, pleins d'un enthousiasme sacré, gravant de la pointe de leurs épées, sur le rocher au pied duquel ils allaient faire le sacrifice de leur vie, cette simple et sublime épitaphe : *Passant, va dire à Lacédémone que nous sommes morts ici pour obéir à ses lois.* Plus tard, j'ai entendu dénigrer cette œuvre de David, exemple achevé du genre *classique* ou *académique*. Mais que prouvent, me disais-je, ces épithètes ? Qu'aurait donc fait ici, à la place de David, le plus habile romantique ? L'art, tel que l'entendent les critiques de David lui-même, n'a-t-il pas pour but la représentation idéalisée de l'homme ? Et quand cette représentation produit un effet pareil à celui que j'éprouve, ne peut-on pas dire que l'artiste a atteint son but, qu'il s'est élevé au sommet de l'art ? Qui dit classique dit conforme à la tradition grecque. Et pourquoi pas ? Tant mieux pour les Grecs, si, après plus de deux mille ans, les œuvres de leurs artistes nous servent de modèle, de même que le patriotisme de leurs guerriers nous sert d'exemple. Aussi bien, ce tableau ne venait-il pas à son heure, pendant notre grande époque révolutionnaire ? Classiques ou non, y a-t-il aujourd'hui beaucoup de peintres de la force de David ? Notre génération serait-elle capable d'en inspirer, d'en produire de cette valeur... ?

Tel était mon sentiment, que je donne pour ce qu'il vaut, et que je laisse chacun maître d'apprécier d'après son goût personnel.

Plus tard, quand l'impression se fut calmée, il me vint des doutes, qui se formulèrent peu à peu dans la critique suivante.

Sans doute l'idée fondamentale du tableau, le dévouement à la patrie, est excellente, et l'entreprise venait à propos. Mais pourquoi être allé choisir ce sujet de Léonidas? Une telle peinture, très-bonne assurément pour servir d'illustration à l'histoire d'Hérodote, propre à édifier un élève de rhétorique sachant le grec, n'en est pas moins irrationnelle, fausse en elle-même, et sous plus d'un rapport. D'abord, elle ne signifie rien pour le peuple appelé à la contempler, et qui, non-seulement ne sait pas le grec, n'a jamais lu Hérodote, ne connaît point les démêlés du roi de Perse avec les Hellènes, mais encore est absolument hors d'état de comprendre pourquoi ces guerriers sont tout nus, hors la tête, armée du casque; pourquoi le peintre leur a fait de si beaux corps et de si beaux visages qu'on les prendrait pour des anges dépouillés de leurs ailes; pourquoi aussi ils se ressemblent tous. Histoire grecque, type grec, nudité grecque, comme il convient aux athlètes et aux dieux de la Grèce, inscription grecque et tout grec; ce peut être fort agréable pour un helléniste, un archéologue; mais qu'importe aux Parisiens de 1838?... Aussi étais-je toujours seul à contempler le Léonidas.

Puis, m'abandonnant de plus en plus au fil de mes idées, je me disais encore qu'il était fâcheux que les artistes grecs, contemporains de la guerre médique, moins occupés de temples, de processions, de sacrifices, moins dévots à leurs dieux et plus reconnaissants envers leurs citoyens, ne nous eussent pas laissé, sur le marbre ou la toile, une représentation de la défense des Thermopyles; qu'un pareil tableau nous intéresserait aujourd'hui bien autrement que celui de David; qu'on y retrouverait du moins la vérité de l'époque, du pays, des costumes et des figures; que le sentiment patriotique n'y aurait sans doute rien perdu, et l'art pas davantage. Il est vrai que dans l'esprit de la religion et des mœurs grecques, cette apothéose des trois cents Spartiates par la peinture ou la statuaire aurait semblé une injure aux dieux, à qui seuls devait être attribuée la victoire; on aurait craint, après avoir obtenu leur protection, d'attirer leur courroux. Raison de plus pour qu'un artiste du dix-neuvième siècle ne se chargeât pas de conférer aux compagnons de Léonidas cette solennelle immortalité. Au lieu de réparer un oubli des Grecs, il manquait une fois de plus à l'histoire. Dira-t-on pour excuse que ce ne sont ni Léonidas et ses Spartiates, ni les Grecs et les Perses qu'il faut voir dans cette grande composition; que c'est l'enthousiasme de 92 que le peintre a eu en vue, et la France républicaine sauvée de la coalition? Mais à quoi bon cette allégorie? Quelle nécessité de passer par le défilé des Thermopyles et de rétrograder de vingt-trois siècles pour arriver au cœur des Français? N'avions-nous pas nos héros, nos victoires?... De toute manière, la conception de David, soumise à la critique rationnelle, apparaît décidément fausse; or, dès qu'une conception artistique est reconnue fausse, l'exécution, même la plus correcte, ne nous touche plus; inutile de savoir en quoi elle pourrait être défectueuse.

L'appréciation que je viens de faire du *Léonidas* peut s'appliquer à la plupart des tableaux du même maître : le *Serment des Horaces*, les *Sabines*, *Brutus et ses fils*, *Bélisaire*. David, je n'hésite pas à le reconnaître, a été vrai dans ses tableaux, et son témoignage est véridique. La Révolution française a été en partie l'œuvre des Grecs et des Romains; il était juste que David leur témoignât en notre nom la reconnaissance qu'ils méritaient. Je n'en persiste pas moins à dire : Toute cette peinture, qui se donne pour sérieuse, est conjecturale, eu égard aux sujets, qui n'ont rien de national et ne peuvent intéresser que des amateurs instruits; c'est de la peinture d'illustration, bonne à mettre dans les ouvrages destinés à être donnés en prix aux colléges. Et, généralisant toutes ces observations, nous devrons en conclure que tout tableau d'histoire, représentant une action dont l'artiste n'a pas été témoin, dont il n'est pas même contemporain, et que la masse de son public ignore, est une fantasmagorie, et, au point de vue de la haute mission de l'art, un non-sens. J'aime, je l'avoue, les belles gravures de l'histoire d'Alexandre d'après les tableaux de Lebrun ; mais c'est affaire pour moi de curiosité, et jusqu'à certain point d'archéologie ; c'est que de pareilles estampes, quand elles sont faites avec soin et intelligence, sont, comme les *Antiquités de Montfaucon*, un moyen d'intéresser l'enfance à l'histoire et aux usages des anciens peuples ; c'est que l'homme, parvenu à sa maturité, aime, en revoyant les leçons de ses premières années, à se réjouir dans les admirations de sa jeunesse. Hors de là, je déclare que ni Lebrun, ni David, ni aucun autre du même genre, ne saurait m'intéresser, et que je ne me dérangerais pas plus pour un Passage du Rubicon que pour un Tête-à-tête de Pâris et d'Hélène.

David n'a pas seulement fait des tableaux d'histoire ancienne, il en a fait aussi d'histoire moderne. Citons, entre autres, le *Premier Consul gravissant le Saint-Bernard* ; le *Serment du Jeu de paume ; Marat expirant.*

Le premier de ces tableaux est une flatterie qui trahit les habitudes d'esprit emphatico-allégoriques de l'artiste, et qui fait mal à voir quand on se rappelle ses antécédents républicains. Quoi ! c'est David le maratiste, le terroriste, qui donne à la France consulaire cet exemple d'adulation, et qui fait de l'usurpateur de brumaire, du vainqueur plus heureux qu'habile de Marengo, une espèce d'archange, monté sur un coursier divin, et franchissant d'un bond les Alpes, pour le salut et la liberté de la patrie ! Dans le tableau de David, Bonaparte est représenté, selon l'expression du peintre, *calme sur un cheval fougueux ;* le vent soulève son manteau, comme si la Fortune le portait elle-même; il est seul ; seul il remplit le tableau, comme si dans la destinée de ce personnage providentiel se fût résumée celle de la nation. Devant l'immensité de cet homme, l'Alpe semble s'abaisser et se réduire à la dimension d'une taupinée. On le voit, David a fait tout ce qu'il a pu pour idéaliser son héros; il n'y manque même pas un certain romantisme. La vérité, d'après M. Thiers, est que le général Bonaparte passa les Alpes à l'arrière-garde de son armée, monté sur un mulet de montagne, dont le pied était beaucoup plus sûr que celui d'un étalon des écuries consulaires, enveloppé de la vulgaire redingote grise, et dévoré de soucis à la nouvelle qu'il venait de recevoir que l'armée était arrêtée à la descente des Alpes, dans une gorge étroite, par une forteresse imprenable qui lui barrait le chemin. Le fait était demeuré assez peu connu jusqu'à la publication de l'histoire de M. Thiers. Mais il faut avouer que de la part d'un général en chef, qui depuis six mois faisait ses préparatifs, qui avait dû étudier la carte du pays et qui s'était flatté de surprendre les Autrichiens, la faute était énorme. Bonaparte ignorait jusqu'au nom et à l'existence du fort de Bard; il ne s'était pas douté le moins du monde que son armée, après avoir franchi la crête des Alpes, pouvait se trouver enfermée comme dans une souricière; en sorte que si le général Mélas avait pu supposer que son adversaire irait s'engager dans ce défilé, avec un renfort de quelques milliers d'hommes, il faisait prisonnière l'armée française. On réussit enfin, non pas à enlever, mais à tourner l'obstacle; victoire remportée, non à coups de canon, mais à coups de pic. L'armée en fut quitte pour la peur: mais quel sujet de glorification pour le général, que ce raccroc!...

Rien ne m'irrite davantage que le mensonge dans l'art. Précisément parce que l'art est une idéalisation, l'idée de l'artiste doit être d'une vérité d'autant plus scrupuleuse. Le tableau de David qui représente le premier consul gravissant les Alpes est assurément fort beau : ce n'en est pas moins une page que je voudrais déchirer. Les hommes politiques assignent au traité de Tilsitt l'apogée de la puissance impériale, et aux conférences de Bayonne le commencement de la décadence. Raisonnant à mon tour au point de vue de l'esthétique et de la morale, je trouverais le principe secret de cette décadence dans la flatterie désordonnée qui accueillit le premier consul au retour de Marengo, et dont le peintre David se fit l'interprète.

Les empires ne subsistent pas seulement de la prudence des princes; ils vivent surtout de la dignité des nations. Lorsqu'on écrira l'histoire, non plus apologétique, mais critique du consulat et de l'empire, la campagne de Marengo, tout heureuse qu'elle fut par ses conséquences politiques et par la paix qui la couronna, sera jugée au fond comme une des plus fâcheuses pour la gloire personnelle de Napoléon, et, ce qui est triste à dire, comme une véritable éclipse du bon sens et de l'esprit civique des Français. Le premier consul commit faute sur faute, et ne dut son salut qu'à des circonstances indépendantes de ses prévisions. Ignorance du fort de Bard, où il faillit se trouver pris le plus sottement du monde; six jours perdus à Milan, sans rien faire, pendant que la garnison de Gênes vivait de tiges de bottes et de rats; Masséna et son armée sacrifiés contre le devoir militaire, qui prescrivait, avant tout, de le secourir, et forcés, après la plus héroïque défense, de capituler; défectuosité du plan de campagne, consistant à disperser l'armée dans le but d'envelopper comme d'un réseau le général Mélas, qui d'abord trompa Bonaparte en lui dérobant sa marche, puis enfonça le réseau, gagna sur le premier consul la première bataille de Marengo, et ne succomba, sous les coups de Desaix, qu'à la seconde. C'était le cas, pour l'opinion, de ramener le citoyen premier consul à des idées plus modestes : en lui faisant gagner par quinze années de service son titre d'empereur, il y avait lieu de penser qu'il lui en aurait fallu au moins trente pour le perdre ; la plus lâche flatterie, d'accord avec une ambition effrénée, en a décidé autrement.

Quoi ! dites-vous, tant de choses dans un tableau ! tant d'importance à l'erreur d'un artiste !... Eh ! oui : trouvez-vous donc que ce soit exagérer l'importance de l'art ? N'avons-nous pas dit que l'art, comme la littérature, est l'expression de la société, et que s'il n'existe pour son perfectionnement, il existe pour sa ruine ? Ne traitons pas légèrement ces choses : ce serait ajouter à la corruption l'imbécillité.

Le *Serment du Jeu de paume* n'a point été achevé. J'ignore où se trouve ce tableau, et ne me souviens pas de l'avoir vu ; je ne puis donc en parler que d'après la gravure, comme tout le monde. Cela me suffit pour le moment.

La journée du 20 juin 1789 fut certainement l'une des plus grandes et des plus décisives de la Révolution. Tous les députés, moins un, après s'être déclarés ASSEMBLÉE NATIONALE, jurent avec Bailly de ne se séparer *qu'après avoir donné une constitution à la France*. Il est bien peu de Français qui, en lisant dans les historiens le récit de cette journée, ne partagent l'enthousiasme des représentants et qui n'applaudissent par conséquent à l'œuvre de David, la plus considérable peut-être qui soit sortie de son cerveau. Oui, voilà ce que furent nos pères en 89, ce qu'ils ont voulu; et nous, leur postérité, nous ne leur avons pas refusé notre ratification. Pourtant il plane un doute sur ce grand acte, doute que l'artiste a rendu avec une éloquence incomparable, mais qui, atteignant la moralité de l'acte, rejaillit sur la composition. A la distance où nous sommes des faits et à la vue des événements qui en ont été la conséquence, on se demande si la démarche des députés du tiers fut bien raisonnée; si elle était utile; si l'assemblée, composée en grande partie de légistes, et qui jusqu'à ce moment se piquait d'observer la plus stricte légalité, ne s'en écartait pas en prêtant ce serment insurrectionnel; si la marche ultérieure de la Révolution ne s'en est pas ressentie, au point de faire regretter aujourd'hui qu'on n'ait pas suivi une autre route. Est-il sûr que ce député assis, pendant que ses collègues, debout, le bras tendu vers Bailly, prêtent le serment fatidique, n'avait pas raison seul contre tous? MARTIN (d'Auch), c'est le nom de ce député, si j'ai bonne mémoire, dont le peintre David a eu soin de consacrer la protestation isolée, en témoignage du respect des opinions, apparaît ici comme le remords au sein de la conscience nationale. Les députés jurent de ne se séparer qu'après avoir donné une constitution à la France : ils ont tenu leur serment. Le 3 septembre 1791, cette constitution, jurée par le roi, était promulguée. Elle ne dura pas un an ! Après celle-là, nous avons eu successivement les constitutions de 93, 95, 99, 1804, 1814, 1815, 1830, 1848 et 1852, ensemble DIX constitutions, dont la durée moyenne, à ce jour, a été d'un peu plus de *sept ans !*... Ajoutez que la décadence nationale dont on accusait, en 1789, l'ancien système, n'a fait, sous des apparences libérales, que se continuer, au témoignage des révolutionnaires qui eurent la chance d'en être témoins, Barrère, Lafayette, etc. Était-ce la peine de s'impatienter, de se séparer de la royauté, d'abandonner la voie indiquée depuis treize ans par Turgot et Necker, pour se jeter dans cette conjuration interminable? En 89, la majorité de la nation applaudit au serment du Jeu de paume et donne tort à Martin (d'Auch) ; mais cette même majorité, si vous l'interpellez après le 21 janvier 93, pendant la Terreur, aux coups d'État du Directoire et jusqu'à la liquidation Ramel, elle lui donne raison. Plus tard, sous le Consulat et l'Empire, de 1799 à 1808, elle donnera de nouveau tort à Martin (d'Auch) ; mais le désastre de Russie, l'invasion, la Restauration lui feront pour la seconde fois donner raison ; et si 1830 et 1848 se prononcent encore contre lui, 1852 ne tarde pas à se lever pour lui. Ainsi le serment du Jeu de paume est un fait sur lequel on peut dire que l'opinion de la majorité change tous les dix ou quinze ans. Quelle opinion se former, d'après cela, d'une composition artistique ayant pour but de célébrer ce même fait? Que l'on y réfléchisse, et l'on verra que, sous ce rapport, le *Serment du Jeu de paume* a quelque chose de louche Qui trouble l'esprit et ne laisse pas une impression nette. Sont-ce des émeutiers que nous voyons, ou les fondateurs de la liberté, les pères de la Révolution? qui peut le dire? La plupart périront sur l'échafaud, émigreront ou se rallieront à un nouveau despotisme. Le grand défaut de l'œuvre de David, c'est, je le répète, qu'elle soulève un doute insoluble; que les figures apparaissent tout autres, suivant qu'on les considère du point de vue de l'approbation ou du blâme; c'est que l'artiste n'a pas eu conscience de ce doute, parce que s'il en avait eu conscience, son devoir aurait été d'y apporter toute son attention : ce qui aurait fait de sa composition une œuvre unique.

Le *Marat expirant* est un éclair dans la nuit orageuse de la Révolution. Je ne sais, quant à moi, quelle sorte de reproche on pourrait faire à ce tableau, où l'auteur n'a eu qu'à reproduire la réalité telle qu'il l'avait vue une heure après l'événement, pour atteindre au plus haut degré du pathétique et à la plus grande profondeur de l'idée. Qu'on pense de Marat, l'*Ami du peuple,* ce qu'on voudra, je l'abandonne à ses ennemis et ne m'en occupe même pas. Ce qui reste vrai et qui me consterne, c'est que ce cadavre va devenir le signal de la Terreur; c'est que tout semble avoir été ici combiné par un génie infernal pour surexciter dans la multitude la pitié et la colère, et fournir aux intrigants et aux scélérats de la Révolution un prétexte à tous les complots. Ce journaliste populaire vivant dans une cave; ce corps épuisé au service du peuple sans culottes; ce pauvre logis aux froides murailles; cet assassinat d'un malade dans le bain où, travailleur sans repos, il venait de corriger sa dernière épreuve; cette triste vengeance d'un parti impuissant par la main d'une élégante aristocrate; ce Marat, enfin, hier un monstre, aujourd'hui un martyr, un saint : voilà ce que l'art n'eût pas inventé, et que jeta, *impromptu*, sur la palette classique de David, la folie politique d'une femme! Si, de 93 à 1814, le public et les artistes avaient été capables de quelque réflexion, ils auraient vu, dans ce tableau de la mort de Marat, la flamme qui leur indiquait la route; l'école hollandaise, qui produisit des œuvres plus achevées, n'ayant rien laissé de cette force.

EUGÈNE DELACROIX

Chef de l'école romantique, comme David l'avait été de l'école classique, Eugène Delacroix est un des plus grands artistes de la première moitié du dix-neuvième siècle. Il n'eût pas eu d'égaux, et son nom aurait atteint le plus haut degré de la célébrité, si, à la passion de l'art et à la grandeur du talent, il avait joint la netteté de l'idée. J'ai rapporté précédemment (chap. III) la définition de l'idéal d'E. Delacroix; elle est inintelligible : tout ce qu'on en peut saisir est que Delacroix appelait idéal tout ce qui frappait son imagination, et dont il s'efforçait à son tour, à l'aide du pinceau, de frapper l'imagination du spectateur. Ce qui revient à dire que l'idéal, selon E. Delacroix, est une impression personnelle à l'artiste, et l'art une expression de sa subjectivité. — Il disait encore : « La peinture n'est autre chose que l'art de produire l'illusion dans l'esprit du spectateur, en passant par ses yeux. » Cette proposition n'est pas plus claire que l'autre; mais on y distingue encore ceci, que le peintre est un magicien qui fait *illusion* aux gens. La manière dont il rendait compte de son romantisme revient à cela : « Si l'on entend par mon romantisme la libre manifestation de mes *impressions personnelles*..., je dois avouer que je suis romantique depuis l'âge de quinze ans. »

Mais, artiste, répondrai-je à M. Delacroix, je me soucie fort peu de vos *impressions personnelles*, sans compter que je vous défie de produire en moi la moindre *illusion*, à moins que vous ne trouviez le secret de rendre mon imagination complice de la vôtre. Or, pour entraîner mon imagination, la première condition, je vous en préviens, est de gagner ma raison. Ce n'est donc point par vos propres idées et votre propre idéal que vous devez agir sur mon esprit, *en passant par mes yeux;* c'est à l'aide des idées et de l'idéal qui sont en moi : ce qui est juste le contraire de ce que vous vous vantez de faire. En sorte que tout votre talent, à vous peintre, de même que le talent du poëte, se réduit d'abord, et avant de mettre la main à l'œuvre, à pénétrer nos âmes, à y découvrir l'idéal; puis à l'exciter, à le provoquer au moyen de votre miroir d'artiste; finalement, à produire en nous des impressions, des mouvements et des résolutions qui tournent, non à votre gloire ni à votre fortune, mais au profit de la félicité générale et du perfectionnement de l'espèce.

Je l'ai dit je ne sais plus où : les poëtes et les artistes sont dans l'humanité comme les chantres dans l'église ou les tambours au régiment. Ce que nous leur demandons, ce ne sont pas leurs impressions personnelles, ce sont les nôtres; ce n'est pas pour eux-mêmes qu'ils peignent, qu'ils chantent ou jouent de leurs instruments, c'est pour nous. D'où il résulte que ce qui les fait admirer et applaudir, ce qui les rend célèbres ne vient pas d'eux; ils n'en sont que les fidèles et retentissants échos; ce qui fait les miracles de la poésie et de l'art est la faculté idéaliste, non d'un individu, mais d'une collectivité. Que si cette obédience déplaît aux artistes, s'ils prétendent chanter et peindre à leur intention particulière et pour leur propre gloire, on ne les en empêche pas ; seulement, ils ne devront pas être surpris de se voir abandonnés et de s'écouter dans le désert. Quelques amateurs de leur bord leur feront peut-être l'aumône d'un compliment ; la multitude passera à côté d'eux sans les voir, et ils s'éteindront dans l'oubli. C'est ce qui est arrivé à E. Delacroix, que ses impressions personnelles ont abreuvé d'amertume, et qui, en suivant son inspiration particulière, a manqué la plus belle carrière qui se soit jamais offerte à un artiste.

« Delacroix, dit un de ses biographes, a fait la conquête des salons et entraîné les ministres plutôt par son esprit que par ses ouvrages. En lui, l'homme du monde a sauvé l'artiste. Loué à faux par ses meilleurs amis, insulté par ses ennemis, » il se sentait incompris, méconnu, hors de son époque, et ne trouvait de refuge contre les jugements, plus ou moins fondés, de ses contemporains, que dans la conscience mal assurée qu'il avait de son talent et dans la mélancolie de ses illusions... « A une exposition de tableaux de madame la duchesse d'Orléans, des personnes qui ne le connaissaient pas riaient en sa présence de ses meilleurs ouvrages : *Voilà plus de trente ans*, dit-il, le visage pâle et la voix tremblante, *que je suis livré aux bêtes*. — M. Vitet, de l'Académie française, comparait Delacroix à M. d'Arlincourt ; Lamartine, poëte aveugle, lui attribuait innocemment quelques pauvres peintures de M. Vinchon et l'accablait d'éloges. Un journaliste osait écrire : *M. Delacroix peint avec un balai ivre.* » (*Les Artistes français*, par Th. Sylvestre.)

Ce qui domine dans E. Delacroix et qui constitue sa personnalité, est une soif inextinguible d'émotions, de passion, de couleur; un besoin d'énergie et de mouvement qui le poussait, lui d'un tempérament frêle et d'une constitution délicate, assidu au travail, ne sortant presque jamais de son atelier, à exagérer dans ses tableaux les qualités qu'il ne rencontrait pas au même degré dans les ouvrages classiques. Je ne veux point ici m'établir juge entre les deux écoles : la sagesse et la pose classiques m'ennuient; l'énergie, souvent affectée, superficielle, et qui est un des caractères de notre époque lâche et corrompue, ne m'agace pas moins; mais qui ne voit ici que Delacroix, qui faisait consister son romantisme dans la manifestation de ses *impressions personnelles*, qui définissait la peinture l'art de faire *illusion* au spectateur, et l'*idéal* tout ce qui allait *à son idée* à lui Delacroix, réduisait la réforme de l'art, dont il était le porte-drapeau, à une simple différence dans les *moyens* d'exécution, alors qu'il fallait la chercher surtout dans le fond des idées, dans la conscience du siècle, dans l'état de la société?

Aussi qu'arrive-t-il? C'est qu'à part le *pathétique de*

l'expression, l'énergie du mouvement, la *violence intime* des personnages, les *effets de lumière*, le luxe de description, l'étrangeté des scènes, qui caractérisent également les peintres et les écrivains de l'école romantique, et qui constituent leur manière ou leur style, Delacroix ne fait pas autre chose que ce que faisaient avant lui et que font encore les classiques; il s'accommode de tous les sujets, sauf à les traiter d'après son impression personnelle : histoire ancienne, mythologie, sujets bibliques et religieux, féeries et romans, scène de la vie contemporaine, tout lui va. Il peint indifféremment la *Justice de Trajan*, la *Bataille de Nancy* ou celle de *Taillebourg*, la *Mort de Sardanapale*, les *Dernières paroles de Marc Aurèle*, l'*Entrée des Croisés à Constantinople;* — ou bien le *Christ en croix*, la *Résurrection de Lazare*, les *Disciples d'Emmaüs*, *Jésus pendant la tempête*, *Michel terrassant le démon*, la *Lutte de Jacob*, *Héliodore chassé du temple par deux anges*, *Saint Sébastien;* — ou bien encore *Hamlet et Ophélie*, *Lady Macbeth*, *Othello*, *Faust*, *Marguerite et Méphistophélès*, la *Sibylle*, les *Adieux de Roméo et Juliette*, *Médée furieuse*, le plafond d'*Apollon;* — ou bien enfin une *Noce juive au Maroc*, les *Insurgés sur une barricade*, *Muley-Abderrhaman*, *Boissy d'Anglas*, le *Massacre de Scio*, etc. « Delacroix, me dites-vous, est surtout l'homme de notre temps, plein de maladies morales, d'espérances trahies, de sarcasmes, de colères et de pleurs. » A la bonne heure : Delacroix est une doublure de lord Byron, de Lamartine, de V. Hugo, de G. Sand; l'illustrateur de Gœthe et de Shakespeare. Mais que me font à moi tous ces déclamateurs et ces pleurards? Que m'importe que M. Delacroix se soit fait une autre manière de peindre que M. Ingres, si c'est toujours le même monde qu'il représente, les mêmes figures qu'il fait grimacer? A quoi, bon Dieu ! tout ce barbouillage peut-il me servir ? Suis-je même sûr qu'un artiste qui passe les trois quarts de sa vie à regarder dans son imagination les figures de Jacob, de Sardanapale, de Marc Aurèle, celle de Lazare ou de Méphistophélès, aura bien vu les personnes vivantes qu'il aura observées dans les circonstances les plus intéressantes de leur vie ? Certes, une *Noce juive au Maroc* a de quoi me plaire ; les *Insurgés* m'attirent encore davantage; le *Boissy d'Anglas* encore plus. Je me méfie déjà du *Massacre de Scio*. Mais, encore une fois, cet homme qui voit au delà des siècles, qui fréquente le monde invisible, qui habite le surnaturel, qui fait poser devant lui les héros de Shakespeare, est-il capable de bien observer et de comprendre ce qui se passe autour de lui ? Comprend-il mon idée, sent-il mon idéal, saisit-il mon impression, à moi profane, qu'il s'agit surtout d'intéresser, d'émouvoir, et dont on sollicite le suffrage? Les quatre cinquièmes de l'œuvre de Delacroix sont niaiserie pure ; l'autre cinquième reste douteux et suspect. Et tenez, voici justement le *Boissy d'Anglas :* l'auteur, avec son énergie habituelle, a bien rendu le tumulte de la scène, la fureur de l'émeute, l'effroi de l'assemblée, la constance admirable du président. La manière dont la tête de Féraud se présente au bout d'une longue pique laisse à désirer : le ridicule touche ici à l'atroce. Mais ce que le peintre n'a pas vu, et qui fait de son esquisse, où la cause du peuple est complétement méconnue et sacrifiée, une injustice de l'art, c'est que l'insurrection de prairial fut provoquée par la réaction thermidorienne ; que si, dans cette déplorable journée, la légalité fut pour la Convention, on ne peut pas dire que le droit était contre le peuple ; que les députés qui appuyaient l'émeute étaient d'aussi honnêtes gens, pour le moins, que le député conservateur Féraud ; et que les quatre têtes que fit tomber, à quelques jours de là, la guillotine des modérés, payèrent au quadruple celle qu'avait tranchée l'aveugle colère de la masse. Voilà ce qu'il était du devoir de l'artiste de comprendre et de faire sentir, ce n'est pas à moi de dire comment ; voilà ce que le tableau de Delacroix dissimule, et ce qui répand sur cet ouvrage le même louche, ce qui produit la même impression de doute et de mécontentement que nous avons reprochée plus haut au *Serment du Jeu de paume*, de David. Il est vrai que Delacroix, fils d'un conventionnel qui, dit son biographe, ne fit qu'un saut de la Terreur à l'Empire, ne s'est occupé que de son *impression personnelle*; mais sur le spectateur qui n'est pas de son parti, quelle *illusion* a-t-il produite?

M. INGRES

M. Ingres, disciple de David et son successeur comme chef de l'école classique, donna, dit-on, d'abord des gages au parti des romantiques : *Françoise de Rimini*, l'*Entrée de Charles V dans Paris*, la *Chapelle Sixtine*, *Philippe V et le maréchal de Berwick*; puis, devenu membre de l'Institut, revint à ses préférences, on ne peut pas dire à son idée, la négation de toute idée dans l'art formant le fond de son esthétique et constituant tout son programme. Au fond, la *personnalité* de Delacroix, le rival de M. Ingres, n'est pas autre chose. Singulière époque, où les artistes comme les poëtes font assaut de nullité intellectuelle, comme si, par ce moyen, ils étaient plus sûrs d'arriver aux grands effets de l'art! Quelle idée découvrir dans les sujets suivants, qui forment la liste des principaux ouvrages de M. Ingres : *Apothéose d'Homère*, *Odalisque*, *Stratonice*, *Saint Symphorien*, *Age d'or et Age de fer*, *Françoise de Rimini*, *Vœu de Louis XIII*, *Vénus Anadyomène*? — « M. Ingres, ne croyant qu'à la forme, fait de la peinture une voluptueuse et stérile contemplation de la matière brute, professe une indifférence complète pour les destinées de l'homme, pour les secrets de la création, et poursuit, au moyen de lignes droites et de lignes courbes, l'absolu plastique, qui est à ses yeux le principe et la fin de toutes choses. Après avoir créé ses prototypes de beauté, il ne devait pas même s'apercevoir qu'il avait oublié de leur donner une âme. »

On reproche à M. Ingres de piller ses ouvrages. Cela n'a rien d'étonnant, et ce n'est pas sa faute. Celui qui, bannissant de l'art toute idée, s'attache exclusivement à la forme et poursuit l'absolu, s'enferme dans un cercle qui, se resserrant de plus en plus, ne lui laissera voir à la fin, dans l'infinie variété des modèles, qu'un seul et même type, que son ambition sera de reproduire toujours. A cet égard, les classiques et les romantiques, mais par deux méthodes contraires, les premiers par l'absolu, les autres par la fantaisie ou l'impression personnelle, aboutissent au même résultat, qui est l'irrationalité. — « M. Ingres a passé sa vie, tantôt à répéter les mêmes formes, comme pour détruire la variété de la nature; tantôt à combiner insidieusement les types les plus célèbres de la tradition avec le modèle vivant. Quel amalgame de traits naturels et de traits factices! et comme il pille sans scrupule les statues, les bas-reliefs, les pierres gravées, les camées antiques, les fresques, les vases, les ustensiles d'Herculanum et de Pompéi, les peintures, les estampes, les mosaïques et les tombeaux de l'Italie! »

Travail stupide, qui naturellement exclut l'imagination, la verve, l'originalité, et ramène l'art, un instant affirmé par les premiers maîtres, à une simple besogne de copiste et de praticien. Sous ce rapport, il n'est pas d'artistes qui aient été autant maltraités par la critique que M. Ingres : comment donc a-t-il conquis cette immense réputation qui, après lui avoir ouvert l'Institut, l'a porté au Sénat? La raison, selon moi, en est que notre éducation esthétique est à faire; qu'après avoir perdu le sentiment chrétien, qui inspira le moyen âge, nous en sommes restés au paganisme de la Renaissance, et qu'en dehors de nos propres portraits, nous ne trouvons rien de plus beau que des déesses nues ou habillées en madones, des dieux nus ou costumés en apôtres, en martyrs ou en Alexandres. Or, mensonge pour mensonge, fantaisie pour fantaisie, le commun des curieux, comme des capucins et des dévotes, préférera toujours un beau, un aimable saint Symphorien, façon Ingres, à un Christ suant le sang et l'eau, d'après les idées du quatorzième siècle.

Je me souviens d'être allé voir, il y a quelque vingt-cinq ans, dans une des salles basses de l'Institut, une *Vierge à la Communion*, par M. Ingres : ce tableau, disait-on, était destiné à l'empereur de Russie, Nicolas. C'était une fort jolie personne, en adoration devant le calice et l'hostie, symboles de la communion grecque, et remplissant parfaitement, dans sa pose de communiante et son attitude de Vierge-mère, son mystique rôlet. Elle me rappelait, sauf les quelques années qu'elle pouvait avoir de plus, ces gentilles jeunes filles de douze à treize ans qu'on voyait autrefois, aux processions de la Fête-Dieu, en costumes de madones, de pénitentes ou de religieuses. Un imperceptible sourire de satisfaction était répandu sur cette figure charmante, qui semblait dire tout bas, au moment de prendre les espèces consacrées : C'est pourtant moi qui vous ai fait, ô béni bon Dieu, et qui vous ai fait toute seule !... Où M. Ingres était-il allé pêcher cette tête-là ? Apparemment, il avait voulu exprimer la pensée qui dut agiter la mère du Christ, lorsqu'après la résurrection, renfermée dans le Cénacle avec les apôtres, elle reçut pour la première fois l'eucharistie des mains du chef de l'Église, Pierre, d'après l'institution qu'en avait faite son divin fils ; et il y avait réussi en vrai païen qu'il est. Pourquoi, fidèle à l'histoire, n'avait-il pas au moins donné à la mère de Dieu, maintenant aux sept allégresses, la cinquantaine ? Pourquoi cette délicieuse novice, vraie sœur de l'Odalisque et de la Vénus Anadyomène ? Qui jamais eut l'idée d'une pareille Notre-Dame, mère d'un Messie de trente-quatre ans ? Jamais tableau de dévotion ne produisit un pareil effet. M. Ingres avait peint la mère de Dieu comme il faisait ses Circassiennes : pour celle-là comme pour celles-ci, il choisissait la plus jolie figure de femme qu'il pouvait trouver, pensant honorer la maternité divine, de la même manière qu'il rendait hommage à la Volupté. Le pauvre homme, avec son idéal grec dans l'esprit, n'eût su imaginer rien de mieux. Le tort était au czar Nicolas, qui avait fait la commande. Quelle idée, au dix-neuvième siècle, de demander à un zélateur de la forme, à un idolâtre, un tableau de la vierge Marie faisant, à cinquante ans, sa première communion! Moi aussi j'ai pensé alors que la Madone de M. Ingres était à croquer. Parbleu! c'est le seul éloge que j'en ai entendu faire. Mais je dis aujourd'hui qu'une pareille œuvre est tout ce que l'on peut imaginer de plus absurde; que ce n'est pas là de la peinture, ni chrétienne, ni grecque; qu'il s'est moqué du czar en lui envoyant cette jésuitique mascarade; que si les vierges de Raphaël, bien supérieures à celle de M. Ingres, ont pu se faire accepter dans un siècle à la fois épicurien et bigot, elles ne sauraient plus se souffrir aujourd'hui; et qu'à tous les points de vue, au point de vue de la piété chrétienne, comme à celui de l'art, comme à celui de la morale, ces lubriques mysticités sont tout simplement dignes du feu.

Un seul tableau comme le *Naufrage de la Méduse*, de Géricault, venant un quart de siècle après le *Marat expirant*, de David, rachète toute une galerie de madones, d'odalisques, d'apothéoses et de saints Symphoriens ; il suffit à indiquer la route de l'art à travers les générations, et permet d'attendre.

DAVID (D'ANGERS) ET RUDE

Je réunis ces deux noms dans le même article, à raison de l'analogie des monuments, le Panthéon et l'Arc de triomphe, sur lesquels David (d'Angers) et Rude ont inscrit leurs noms, et de la pensée qui tous deux les inspira. Les observations que j'ai à faire sur ces deux artistes sont de la même nature que celles que j'ai déjà produites sur David le peintre : elles consistent, non point à nier ou contester le talent, qui fut grand chez tous trois, mais à montrer l'irrationalité des conceptions. Ce doit être, selon moi, un grand sujet d'encouragement pour nos jeunes artistes, en voyant que de génie a été dépensé depuis soixante ans à produire des œuvres fausses, de songer au succès qui promet de récompenser leurs efforts, le jour où ils travailleront avec une conscience raisonnée de l'art et la certitude d'être à l'unisson de leur époque.

Ce fut en vertu d'un décret de l'Assemblée constituante, du 4 avril 1791, que l'église de *Sainte-Geneviève*, bâtie par Soufflot, sur le modèle de Saint-Pierre de Rome, devint le PANTHÉON, et servit de tombeau aux *grands hommes*. Voilà donc la bergère de Nanterre destituée de son patronat, et la seconde cathédrale de

Paris transformée en un temple quasi païen. Ces changements de destination des monuments ne sont pas rares dans l'histoire de l'architecture : nécessité n'a pas de loi. Mais hors le cas de nécessité, dit le catéchisme, il faut se servir d'eau bénite, et je me demande si, au point de vue de l'art, de pareilles transformations peuvent se faire accepter. Si l'on avait dit à un artiste, en 1791 : Nous voulons un temple des grands hommes, servant de sépulture, *ex æquo*, à tous ceux que la reconnaissance publique y portera d'ici à la fin des siècles, croit-on qu'il eût donné à ce temple la forme de l'église Sainte-Geneviève ? Une église chrétienne, gothique ou non gothique, implique une certaine distribution qui ne convient qu'à elle : elle est en forme de croix, ce qui n'a pas de sens dans un temple de la Gloire ; et le dôme, qui s'élève sur la partie centrale, symbole de l'aspiration religieuse et de la protection du Ciel sur les fidèles, est également tout ce que l'on peut imaginer de plus contraire au principe de l'égalité que doit exprimer ce temple, l'égalité dans la grandeur et dans la mort. Le dôme de Saint-Pierre, à Rome, commande *urbi et orbi* : ôtez-lui cette signification catholique, cette pensée d'universalité ; faites-en un Prytanée pour les citoyens romains qui auront bien mérité de la patrie, et Saint-Pierre, la plus grande, la plus magnifique église de la chrétienté, sera absurde. Il y a encore une autre raison d'incompatibilité : chaque église, par le fait de sa consécration sous l'invocation d'un saint, a reçu un caractère précis, définitif, qui exclut toute accession nouvelle : c'est le contraire d'un panthéon, ou d'un temple à l'honneur des grands hommes, qui sont censés devoir y entrer pendant les siècles des siècles. Un panthéon ne peut jamais être fini : il doit y avoir toujours place pour de nouveaux autels ; la perpétuité est son caractère fondamental. Le caractère des églises chrétiennes, au contraire, est l'individualité, quant au saint adopté pour patron, et l'éternité, quant à la pensée religieuse. La transformation de l'église Sainte-Geneviève en un panthéon fut donc d'une esthétique puérile, ridicule.

Je n'aime pas non plus ce nom de *Panthéon*, renouvelé du polythéisme impérial, comme qui dirait : *A tous les dieux auxquels commande Rome, et dont César est le chef.* Mais puisque le mot est grec et qu'on l'interprète par l'universalité des grands hommes passés, présents et futurs, passons.

Qu'est-ce qu'un grand homme ? Y a-t-il des grands hommes ? Peut-on admettre, dans les principes de la Révolution française et dans une république fondée sur le droit de l'homme, qu'il en existe ? En même temps que le droit de l'homme, nous avons reconnu, comme principe de la société nouvelle, le progrès. Or, un des effets du progrès dans une société homogène, démocratiquement organisée, c'est que la distance entre l'homme et l'homme va se rapprochant toujours, à mesure que la masse s'avance sur la route de la science, de l'art et du droit. Dans la pensée de la Révolution et dans la perspective de la république, l'idée de grands hommes est donc un non-sens; leur disparition est un des gages de notre délivrance. Ceux de la Constituante qui décrétèrent le Panthéon, et ceux de la Convention qui y portèrent Lepelletier et Marat, étaient de francs aristocrates : à moins qu'ils n'aient sous-entendu qu'un jour le peuple tout entier devait y entrer; auquel cas il eût été plus simple de nous laisser sous la voûte étoilée du ciel.

L'inscription placée sur le frontispice du Panthéon n'est pas moins sujette à critique : *Aux grands hommes la Patrie reconnaissante!* Quoi! c'est la Patrie maintenant qui est reconnaissante envers ses hommes, envers ses enfants! J'aurais cru que ce devait être précisément le contraire : *A la Patrie ses grands hommes reconnaissants!* Croyez donc à la liberté d'un peuple qui, dès le premier jour de son émancipation, commet de pareils contre-sens. J'ai horreur de l'ostracisme; je crois que le droit suffit pour assurer la république contre l'insurgence des petits et l'usurpation des grands. Le droit, rien que le droit. Un peuple qui ne croit pouvoir garantir sa liberté qu'en exilant successivement ses citoyens les plus capables, et qui l'ont le mieux servi, prouve par cela seul qu'il est indigne de la liberté. Mais la reconnaissance de la Patrie envers les grands hommes! une reconnaissance passée en loi de l'État, consacrée par un culte public! je l'avoue, j'aime encore mieux l'ostracisme. En supposant qu'à la suite d'une révolution nouvelle, l'église Sainte-Geneviève redevienne le Panthéon, je demande qu'à tout le moins cette inscription malsonnante, injurieuse, soit effacée.

Après cette critique du monument panthéonien, j'aurai peu de chose à dire du frontispice sculpté par David (d'Angers). Encore si c'était M. Ingres, un artiste indifférent aux idées, qui l'eût fait! Mais David (d'Angers) était républicain, et, comme son homonyme, partisan de Robespierre. Comment, à défaut d'une intelligence supérieure de l'art, n'a-t-il pas été averti par sa conscience de démocrate? Comment n'a-t-il pas vu que l'idée qu'on le chargeait de traduire jurait avec ses principes et avec le monument? Comment n'a-t-il pas senti que, tout étant faux dans la pensée qui avait dicté le décret du 4 avril 1791, lui-même ne pouvait produire à son tour qu'une œuvre fausse? Qu'est-ce que cette PATRIE allégorique distribuant, *avec reconnaissance*, des couronnes aux plus braves de ses enfants? Eh quoi! nous avons renversé la féodalité, la superstition, le droit divin, tout cela pour retomber aussitôt dans l'idolâtrie grecque et la séméiographie égyptienne! Et vous appelez cela du progrès! Cette douzaine de personnages accompagnés de petits enfants nus, voilà l'élite de la France! *En dii tui, Israël!* — VOLTAIRE : celui-là n'est pas trop déchu, depuis quatre-vingt-cinq ans que les Parisiens le proclamèrent, en plein théâtre, grand homme et immortel, et j'avoue qu'il me plaît fort. Mais il faut dire aussi que sous une foule de rapports, il commence à nous sembler drôle, et que si nous n'avions soin de le mesurer à la mesure du dix-huitième siècle, qui est le pied de roi, il nous paraîtrait de taille assez médiocre. — ROUSSEAU : je le répudie; cette tête fêlée n'est pas française, et nous nous fussions fort bien passés de ses leçons. C'est justement à lui que commencent et notre romantisme et notre absurde démocratie. A chaque patrie ses grands hommes, s'il vous plaît; à chaque commune ses pauvres. Il y a de l'impertinence, citoyen David, quand vous ne trouvez pas douze figures françaises connues à mettre dans notre sublime Panthéon, à y fourrer un étranger, dont notre légèreté a fait les trois quarts de la réputation. Pourquoi, une fois en train de faire des exceptions en faveur des étrangers qui, par leurs écrits, ont illustré notre langue, n'avez-vous pas placé à côté de J. J. Rousseau M. le comte Joseph de Maistre?... — FÉNELON : allons donc! Ce quiétiste, ce féodaliste, cet ami des jésuites, que Saint-Simon et autres représentent comme un intrigant de cour! L'image de Fénelon appelait celle de Bossuet : pourquoi cet oubli de l'évêque de Meaux, dix fois plus grand que l'archevêque de Cambrai?...

Il est inutile que je continue. Le décret qui institua le Panthéon fut une des mille folies de la Révolution; le frontispice est une œuvre de parti, sans originalité, sans vérité, sans grandeur, qu'il faudra détacher du temple aussi bien que l'inscription, le jour où la France recouvrera, avec la liberté, son bon sens. Quant au Panthéon lui-même, rendu au culte catholique à la rentrée des Bourbons, puis restitué aux grands hommes après la révolution de Juillet, puis de nouveau redevenu une église chrétienne après le coup d'État, et qui ne fait aujourd'hui aucun service, ni sacré, ni profane, puisqu'il ne sert pas de paroisse, je n'y tiens en rien : qu'on en fasse, si l'on veut, un magasin à fourrage.

Ce que je viens de dire, à propos de David (d'Angers) et du Panthéon, prouve une chose, savoir, que lorsqu'il s'agit d'un monument public, institutionnel, commémoratif, l'art doit conserver avant tout le caractère de l'époque, être national, actuel, concret, exprimer les idées du temps et parler la langue du pays. Est-ce que l'inscription de la colonne de Juillet ne vaut pas mieux, dans sa simplicité officielle, que toutes les inscriptions emphatiques, fabriquées en beau latin, en l'honneur de Louis XIV? *A la mémoire des citoyens qui s'armèrent et combattirent pour la défense des libertés publiques dans les mémorables journées des* 27, 28 *et* 29 *juillet* 1830. Ce style tumulaire atteint, selon moi, la perfection du genre. Là, point de déclamation, point d'injure à la dynastie déchue. La révolution de Juillet, avec ses conséquences, est laissée au jugement de la postérité. Une seule chose est attestée, et cette chose est vraie, et parce qu'elle est vraie, elle nous émeut: c'est que le 27 juillet 1830, les libertés publiques étaient en péril, et que les citoyens s'armèrent et combattirent pour elles. Je ne sais quelle influence inspira cette rédaction; quels qu'en soient les auteurs, ils ont réussi au delà peut-être de leur espérance. Quant au Génie qui surmonte la colonne, symbole de liberté et d'immortalité essentiellement impersonnel, on peut l'accepter : il est de tous les partis comme de toutes les religions; il plane sur les vivants et sur les morts, sur les vainqueurs comme sur les vaincus. Je n'imagine pas ce que l'on aurait pu mettre à la place.

A-t-on suivi ces principes dans l'exécution de l'Arc de triomphe de l'Étoile? Non, et c'est ce qui fait de ce monument, au moins pour les groupes principaux de la partie inférieure, une espèce d'énigme. Je rends volontiers justice aux qualités qui distinguent la composition de Rude : le tumulte est saisissant, l'élan formidable. Mais quel a été le sentiment de l'artiste? quel est celui qu'il a voulu faire naître dans l'âme du spectateur? Impossible de le dire. Je n'ai jamais pu digérer cette Furie, dont la face hideuse a été calquée sur un masque de tragédie antique, et qui pousse la nation, dirai-je à la victoire ou à la défaite? *Quel engueulement!* quelle impatience du massacre! Est-ce la Liberté, la Patrie, un Génie ami? Pourquoi une figure si horrible? Est-ce la Guerre appelant les citoyens *aux armes* et chantant la *Marseillaise?* Mais la guerre, en des temps pareils et dans la pensée de l'artiste, est chose juste : Bellone est la même que Pallas; ce n'est point un monstre sorti des enfers pour l'extermination du genre humain; c'est la Justice armée, qui d'une main porte le glaive, et de l'autre tient l'olivier. Rude a cédé à l'excitation d'une énergie outrée; en exagérant l'héroïsme, il est tombé dans la charge, et ce qui a rendu son œuvre équivoque, c'est qu'après l'avoir conçue comme une allégorie classique, il l'a exécutée en style romantique : il tenait à cette grande bouche de la Bellone, puisqu'il l'a reproduite dans la statue du maréchal Ney, qui se voit au Luxembourg. C'est ainsi que les artistes aiment à se répéter. Mais voyez le malheur : le cri de Ney est tout aussi équivoque, aussi déplaisant à voir que celui de la Tisiphone de l'Arc de triomphe. On se demande si c'est le Ney de Waterloo conduisant en désespéré ses escadrons de cuirassiers sur les carrés anglais, ou le Ney de Lons-le-Saunier, cherchant à entraîner, au cri de *vive le roi!* ses soldats immobiles contre le revenant de l'île d'Elbe. Et quand on songe que la statue du malheureux Ney est élevée sur la place même où il fut fusillé après les Cent-Jours, on ne peut s'empêcher de se demander encore si les auteurs de ce monument ont entendu venger la mémoire du guerrier ou expier sa conduite.

L'examen de l'Arc de triomphe fournirait matière à plus d'une observation critique. Je voudrais savoir, par exemple, ce que signifie ce Napoléon en tunique, personnage moitié allégorique, moitié réel, vers lequel le démon de la guerre dont nous parlions tout à l'heure pousse, au chant de la *Marseillaise*, la Révolution, pendant que derrière lui, de l'autre côté du monument, se cachent la désolation, le désespoir des mères, le meurtre des enfants et des vieillards. Je sens parfaitement ce qu'il y a d'injurieux pour la gloire impériale dans ces rapprochements; mais à qui la faute, si ce n'est à la pensée qui a conçu le monument et qui en a réglé la distribution? Tout monument, expression d'une idée, doit avoir son unité. Cette unité, j'ai d'autant plus le droit de la chercher dans les quatre grands bas-reliefs de l'Arc de l'Étoile, que tous quatre sont plus ou moins allégoriques. Or, qu'arrive-t-il de toutes ces allégories? C'est que, pour éviter de calomnier l'empereur, je suis obligé de me dire que le ministre a laissé les artistes, auxquels ont été confiés les bas-reliefs, maîtres de choisir chacun son sujet et de l'exécuter comme il l'entendrait; qu'ils ne se sont pas concertés, qu'il y a ici disparate ; en un mot, que cette grande œuvre de l'art français moderne n'a pas d'unité.

LÉOPOLD ROBERT

Changeons de genre. Ce qui m'a d'abord saisi dans le *Léonidas* de David, dans le *Serment du Jeu de paume*, dans le *Premier consul gravissant les Alpes*, c'est l'idéal ; l'irrationalité de l'œuvre ne m'est apparue qu'après coup, à la réflexion. Cette impression idéaliste est généralement la première qui se fasse sentir dans les tableaux des grands maîtres ; cette priorité est due au prestige exercé par la puissance même de l'art. Au contraire, ce qui m'a d'abord frappé dans le frontispice du Panthéon, et dans le groupe de Rude, de l'Arc de l'Étoile, c'est l'irrationalité. Mais de quelque manière que la chose arrive ; que l'irrationalité d'une œuvre d'art se révèle à mon esprit dès le premier moment ou après une longue réflexion, l'effet sera toujours le même : dès lors qu'en moi la raison n'est pas satisfaite, ou, ce qui revient au même, dès qu'elle a cessé de l'être, le goût, qui d'abord s'était laissé prévenir, se met de la partie et fait volte-face ; l'idéal tombe, et je deviens complétement insensible à ce qui d'abord avait entraîné mon imagination et mon cœur. A ce compte, dira-t-on, je ne dois trouver rien de beau dans les arts, puisque, revue faite de l'évolution artistique depuis le commencement de la civilisation jusqu'à nous, on n'y trouve rien, pas même l'Iliade, qui soit d'une entière rationalité. Mais c'est à quoi j'ai répondu que l'art, bien qu'incomplet dans sa vérité et son idée, bien que n'ayant qu'imparfaitement conscience de sa haute mission, n'en demeure pas moins rationnel et véridique dès qu'il répond à la pensée générale; dès que, par sa franchise et sa spontanéité, il exprime fidèlement le sentiment des masses. Voilà comment, en présence des œuvres du moyen âge, de celles des Grecs, des vieux Égyptiens, de la Renaissance elle-même, m'identifiant par la pensée aux mœurs de chaque époque, je me laisse aller sans scrupule à mon admiration devant ces monuments de sociétés qui ne sont plus, et dont il m'est impossible de suspecter la bonne foi; voilà, dis-je, comment je puis admirer une *Descente de croix* de Rubens à l'égal de la *Ronde de nuit* de Rembrandt. Rubens, en dépit de toutes les mythologies et allégories qu'il a laissé échapper de son pinceau, et que je laisse à mon tour pour ce qu'elles valent; Rubens, dès qu'il redevient catholique et peintre d'église, est aussi vrai dans la Belgique dévote que Rembrandt l'est lui-même dans la protestante et républicaine Amsterdam. Mais aujourd'hui, où est parmi nous l'artiste véridique? Y a-t-il ombre de vérité, au point de vue de nos mœurs, de nos croyances, de notre tradition révolutionnaire, de nos aspirations esthétiques, dans tout cet art classique, romantique, fantaisiste, païen, renaissance ou moyen âge? N'est-ce pas au contraire le comble de l'irrationalité? J'admets que dans la peinture de David il y a du moins ceci de vrai: que les Grecs et les Latins que nous lisons au collége ont contribué à notre révolution; j'admets, par la même raison, que dans les tableaux d'E. Delacroix, d'Ary Scheffer et autres, il existe cette portioncule de vérité, que pendant un temps notre littérature s'est saturée d'imitations shakespeariennes, de réminiscences orientales et du moyen âge. Mais qui ne voit que cette espèce de vérité est un mensonge de plus; que cette rationalité est une réduction à l'absurde, puisqu'elle nous accuse nous-mêmes dans ce que nous avons de plus intime, nos institutions, notre littérature et notre langue? Je demande donc, je demande avec instance que l'art redevienne chez nous, comme il fut jadis, un art vrai; faute de quoi il n'est pas même digne de figurer, à titre archéologique ou de transition, dans nos musées; il n'appartient pas à l'histoire.

Je n'ai pas vu, que je me souvienne, le tableau de Léopold Robert, les *Moissonneurs*; mais je l'ai souvent admiré dans les gravures qu'on en a publiées, mon imagination suppléant, par ses propres inventions, à ce qui m'échappait de l'original. Eh bien, me dira-t-on, voilà de la vérité, de la réalité, avec une suffisante dose d'idéal. C'est humain, populaire; c'est nature, et c'est en même temps beau et moral : tout ce que vous pouvez souhaiter en matière d'art...—N'allons pas si vite, ami lecteur. Un tableau sans reproche, comme un sonnet sans défaut, est chose rare et difficile. Celui de Léopold Robert m'a longtemps fait grand plaisir, et je ne veux rien retirer des éloges qu'il a mérités. A force d'y penser, — on n'attache sa pensée qu'aux choses que l'on aime et que l'on admire,—j'ai fini par trouver à l'œuvre du peintre neufchâtelois plus d'une chose à reprendre.

Faisons-nous d'abord une règle. Un portrait, je prends la chose d'un peu haut, doit avoir, s'il est possible, l'exactitude d'une photographie ; il doit, de plus que la photographie, exprimer la vie, la pensée intime, habituelle du sujet. Tandis que la lumière, non pensante, instantanée dans son action, ne peut donner qu'une image brusquement arrêtée du modèle, l'artiste, plus habile que la lumière, parce qu'il réfléchit et qu'il sent, fera passer dans sa figure un sentiment prolongé ; il en exprimera l'habitude, la vie. L'image photographiée est une cristallisation faite entre deux battements du pouls ; le portrait fait par l'artiste, en une suite de séances et sur une longue observation, vous livre des semaines, des mois, des années d'une même existence. Aussi l'homme est-il beaucoup mieux connu par la peinture que par la photographie. Mais quelque latitude qui soit laissée au peintre, il lui est interdit de flatter ou de calomnier son modèle. Le portrait pourra être plus ou moins expressif, partant plus ou moins idéal : il ne doit jamais cesser d'être vrai ; un semblable mensonge est une trahison envers l'art.

Ce que je viens de dire du portrait, je le dis, et à plus forte raison, de tout tableau représentant une scène d'actualité : j'entends qu'elle doit être éminemment vraie, jamais flattée ; qu'elle reproduise les nations et les classes de la société selon leurs types, leurs mœurs, leurs passions et leurs idées : peu importe, au surplus, que les différentes figures qui forment le groupe soient ou ne soient pas des portraits. Nous avons dit (chap. III) que le peintre a le droit de varier à l'infini, du beau au laid, ses figures, comme le fait elle-même la nature : tout ce qu'on lui demande, c'est qu'elles restent dans leur vérité naturelle et qu'elles expriment quelque chose. La force et la vivacité de l'expression, le sentiment qui en résulte : tel est ici l'idéal. Or, voilà justement ce qui me met en doute à l'égard des *Moissonneurs*.

Certes, ces paysans qui ramènent leur récolte, et qui de temps en temps s'arrêtent pour se livrer à la danse, sont de très-beaux garçons ; celui qui conduit le chariot et qui retient les buffles est admirablement campé et d'une fière figure : un empereur n'aurait pas meilleure mine sur son char de triomphe. Mais ces braves gens ne sont-ils pas un peu flattés? Suis-je sûr d'avoir devant moi de vrais paysans italiens, en corps et en âme, et non pas des modèles d'atelier, en costume de moissonneurs, avec un sentiment d'idéal de la façon de l'artiste.

Car voici ce qui m'inquiète. Comme je n'ai pas voyagé en Italie, je ne puis affirmer que les paysans ultramontains ne sont pas mieux bâtis, plus élégants et plus braves que ceux de ce côté des Alpes ; je suis donc forcé de m'en tenir au témoignage de l'artiste. Mais alors un doute me saisit, doute pénible, qui, plus je le voudrais chasser, plus il s'obstine et me mord. Je me demande comment des gaillards si vigoureux, si romantiques, si crânes, sont incapables de joindre, à l'occasion, au travail rustique le métier de soldat, et de faire l'exercice du fusil aussi bien que de danser au son de la cornemuse ; comment, pour s'affranchir de la domination étrangère, ils ont besoin de la protection étrangère ? C'est la campagne de Lombardie, je ne le dissimule pas, qui m'a suggéré ces réflexions, plus sérieuses que bien des artistes ne le croiront peut-être de prime abord. Il est clair, en effet, que si la masse des peuples italiens, à l'exception des Piémontais et peut-être des Lombards, est tellement antipathique au métier des armes, que depuis des siècles ils ont constamment appartenu à des maîtres étrangers, cela tient à une disposition de nature ou d'institution qui doit se trahir quelque part dans la physionomie, et qu'il appartenait au peintre, qu'il était essentiellement de son devoir d'exprimer, à peine de flatterie et de mensonge, c'est-à-dire de nullité. J'aime la campagne et les travaux rustiques; le spectacle de la nature et des mœurs agricoles m'émeut, et je ne suis hostile à aucune nationalité. Mais je ne veux pas qu'on m'en impose, et j'aime à connaître ceux que l'on me présente. Léopold Robert n'a pensé à rien de tout cela. Il nous a donné une jolie bucolique, toujours de la fantaisie, mais rien qui nous instruise, nous qui avons tant besoin d'instruction; rien qui nous révèle à fond le tempérament de nos amis les Italiens. Croit-on que si nous les eussions mieux connus avant 1859, nous nous fussions acharnés à les débarrasser des Autrichiens? En valaient-ils la peine? Ne couraient-ils par le risque de s'en trouver beaucoup plus mal? L'Italien est beau, plus beau que le Français, grand, fort, intelligent, artiste; l'étranger lui est odieux, la centralisation insupportable. Comment donc se fait-il que les Italiens ne sachent ni maintenir l'ordre et la liberté chez eux, ni former leur fédération, ni s'assurer un rang honorable en Europe; qu'il leur faille toujours tantôt un empereur germanique qui les délivre du pape ou du roi de France, tantôt un roi ou un empereur des Français, allié du pape, qui les délivre du Germain? Un tel phénomène demande explication. Le philosophe, historien, psychologue ou moraliste, saura, avec plus ou moins de succès, pénétrer ce mystère de l'âme italienne; je dis que cette étude est aussi du ressort du peintre. Je voudrais les observer de près, ces paysans d'Italie, qui se font volontiers brigands, insurgés ou contrebandiers, — chez eux c'est tout un, — mais qui ne supportent pas le service militaire, et que Léopold Robert a faits si beaux, qu'on les prendrait pour les dieux des campagnes travestis.

Après ce que je viens de dire, il est inutile que j'insiste sur certains détails qui font ressortir encore plus l'irrationalité du tableau. Quelle est cette grande femme, roide et guindée, portant un marmot dans une gaîne, et qui trône, sans le moindre sourire, au haut du char, comme une Notre-Dame des Ermites sur son autel? On ne peut faire un pas en Italie sans être poursuivi par l'image de la Madone, à moins que nous ne prenions celle-ci pour une Isis ou une Cérès, ce qui revient au même. Tandis que les hommes dansent au son de la cornemuse, la femme en question semble pleurer misère sur les quelques maigres gerbes jetées de çà et de là sur le tombereau, à seule fin d'avertir les passants que la moisson est faite. Léopold Robert n'avait pu manquer cependant d'observer en France, ou même en Suisse, les montagnes de gerbes que nos paysans rentrent chez eux au temps de la récolte, et dont la dernière arrive couronnée de verdure et de fleurs, aux cris de joie des enfants et des femmes, à grand'peine hissés au sommet : image bien autrement vive de la richesse champêtre, qui remplit d'une joie concentrée le cœur du fermier. Léopold Robert a reculé devant cette abondance plantureuse, à côté de laquelle il n'eût su apparemment comment disposer ses personnages, et il a dépensé son talent en une conception fausse et une fantaisie inutile [1].

HORACE VERNET

Un fait qui atteste la vérité de nos principes est l'immense popularité de M. Horace VERNET. De tous les peintres du siècle, il est celui que les masses ont le mieux compris, et qui peut se flatter d'avoir été le plus de son temps, ce qui, du reste, ne lui a pas coûté un grand effort de génie. S'emparant, avec d'autant plus de bonheur qu'il le trouvait en lui-même, d'un trait de notre caractère national, la crânerie ou le *chic* soldatesque, M. Horace Vernet s'est fait de la peinture militaire une sorte de spécialité, et de l'armée française tout entière, de son histoire, de ses gloires, un patrimoine. Sous ce rapport, du moins, on peut dire de lui qu'il est le peintre national, comme on a dit de Béran-

1. Il existe de M. MILLET un tableau des *Moissonneurs*, supérieur, m'a-t-on assuré, à celui de L. Robert, et tout à fait dans la vérité rustique. Je n'ai pu voir ce bel ouvrage, non plus que le *Jardinier greffeur* du même, et n'en puis par conséquent rien dire. On les cite comme appartenant à la nouvelle école, mal à propos appelée *réaliste*, dont je parlerai plus bas.

ger qu'il était le poëte national, de M. Thiers l'historien national. Est-ce donc là le régénérateur qu'appelle notre détresse, l'artiste de génie, philosophe, qui doit nous relever de notre décadence en unissant par un pacte indissoluble la vérité, la morale et l'art; l'homme prédestiné, enfin, à substituer aux écoles symboliques, idolâtriques, spiritualistes et fantaisistes du passé, écoles maintenant épuisées et jugées, l'école impérissable, toujours jeune et toujours féconde, rationnelle et concrète autant qu'idéale, de l'éducation de l'humanité? Quelle folie! Horace Vernet, le plus superficiel des peintres, ce qui explique son incroyable productivité, devenu spécialiste par indifférence pour toute idée; Horace Vernet, l'illustrateur en titre de *notre brave armée*, le portraitiste préféré des camps, qui de son art a fait une dépendance de l'école militaire, Horace Vernet, le chef de la rénovation esthétique, le promoteur de l'art nouveau, humain, sans héros comme sans idoles!... *Risum teneatis!* Pourquoi pas plutôt M. Émile Marco Saint-Hilaire?

M. Horace Vernet dit de lui-même:

« J'ai joué mon rôle : il faut songer à fermer boutique. Je sais ce qui manque à mes ouvrages, quant à l'idée et quant à l'exécution. Que voulez-vous? Il faut m'avaler comme je suis; je n'ai qu'un robinet, mais il a bien coulé, et quiconque après moi s'avisera de l'ouvrir n'en verra sortir rien de bon. J'ai

9.

immensément travaillé; j'ai gagné des millions qui ont passé je ne sais où; j'ai fort bien vécu. *J'ai longtemps parcouru le monde*, comme dit la chanson; j'ai vu beaucoup de choses, trop de choses pour ma tête, qui n'est pas forte...

« Je ne me suis pas seulement dévoué à la glorification des armées françaises, je leur ai encore rendu en personne quelques services. Demandez à Ingres et aux autres peintres s'ils ont payé de leur corps à ma façon. Tel ou tel malheur ne fût peut-être pas arrivé pendant la guerre d'Afrique si le colonel, le général, le maréchal eussent écouté mes avis. Aussi les officiers de terre et de mer me rendent justice. Comment donc s'appelle l'amiral qui, pour faciliter l'exécution de mon tableau, *la Prise de Lisbonne*, fit faire en 1840 un branle-bas de combat à bord de son vaisseau? — Ah! l'amiral Lalande, un charmant homme. Deux pauvres canonniers perdirent la vie dans cet exercice... — Et le commandant qui tirait des salves en mon honneur... Charles! son nom? — M. Montagnac, — un brave!

« Je n'ai ni parti pris ni système; je rends le plus exactement possible ce que je vois, sans chercher midi à quatorze heures, et je me conforme aux événements. Voilà tout. » (*Les Artistes français*, par TH. SYLVESTRE.)

Le biographe à qui j'emprunte ces citations ajoute:

« Chacun a vu en Europe, en Asie, en Afrique cet

improvisateur, incapable de recueillement, croquant au vol chaque pays, flairant à peine les mœurs, et reparaissant après quelques mois d'absence, comme un acteur, sous divers costumes... La gravité, la réflexion lui vont comme le silence et la solennité conviennent à la pie et à l'écureuil. Rien n'agite son esprit; les magiques changements de soleils et de rivages, l'étonnante variété des tempéraments, des caractères et des lois; la pénétrante série des formes, des couleurs, des mélodies, des parfums exotiques, beautés qui s'amassent en trésors de poésie et de savoir dans une intelligence attentive et délicate, ont passé sur ses yeux comme les reflets du feu passent sur un vitrage. On dirait qu'il a vu seulement par la fenêtre d'un wagon le monde valser autour de lui et disparaître dans une lumière poudroyante... L'esprit de suite lui est impossible; tout raisonnement l'impatiente; il faut le laisser battre la campagne en toute liberté.

« M. Horace Vernet a traité de la plus petite à la plus vaste dimension tous les genres connus, voltigeant d'un sujet à l'autre, barbotant dans le ruisseau ou grimpant sur le Parnasse. Quel goût dans la série de ses compositions! *Judith et Holopherne*, *Lancier plumant un poulet*; — *Abraham et Agar*, *Dragon fourrageur*; — *la Madeleine au désert*, *Réconciliation de pochards*; — *le Christ au roseau*, *Bal champêtre de tourlourous*; — *les Adieux de Fontainebleau*, *la Forna-*

rina; — Invalide à jambe de bois, la belle Édith au col de cygne; — Portrait du pape Grégoire XVI, Hussard lutinant la fille de l'auberge de la Grâce de Dieu; — Intronisation de Léon X, Soldats jouant à la drogue; — Raphaël et Michel-Ange au Vatican, le Rendez-vous de Jean-Jean, qui s'effraye en chemin des affiches du docteur Albert; — Louis XIV et La Vallière, et une multitude d'autres choses de même acabit, entremêlées de siéges, de batailles, de revues, de bivouacs, de corps de garde et de cuisine. »

Il suffit d'une pareille énumération pour savoir à quoi s'en tenir sur la valeur d'un artiste. Le succès prodigieux d'Horace Vernet accuse toute une époque, toute une nation. Combien pensez-vous que sont les classiques et les romantiques dans la masse du peuple français? Un peut-être sur cent mille. Horace Vernet représente tout le monde; il est compris, applaudi par tout le monde. Sommes-nous donc un peuple d'artistes, comme nous nous plaisons à le dire, ou un peuple de grimaciers et de polissons? Chez nous tout dégénère, tout dégringole, on peut dire à l'unisson : quelle musique, quels airs, quels chants que ceux qui, chaque année renouvelés, font les délices de la multitude! Nous n'avons plus de danse nationale; le menuet et autres danses, dites de *caractère*, sont oubliés. La polka et la mazurka, de même que la contredanse et la valse, ne sont pour nous qu'un prétexte au *cancan*. Ouvrez un bal public : danseurs et danseuses ne seront satisfaits que si la police leur permet d'entremêler aux *figures* les postures et les gestes les plus cyniques. Pendant cent cinquante ans, de Corneille à Beaumarchais, la tragédie et la comédie, renouvelées des Grecs, il est vrai, fleurirent dans notre pays, regardé alors comme la patrie des bonnes lettres et du goût. Puis, le romantisme ayant manqué sa réforme, nous sommes tombés dans la dramaturgie obscène, à tableaux vivants ; dans la littérature pornocratique des Mogador, des Rigolboche, etc. ; dans les exhibitions d'histoire et les évolutions militaires en cinquante tableaux. Les *Victoires et Conquêtes*, la prise de Constantine, de Malakof, de Puebla, etc., voilà ce qui, avec les scènes et maximes de la vie de lorette, a fini par obtenir la vogue. Je me demande comment l'idée n'est jamais venue au gouvernement, protecteur de l'art et de la morale, dont la censure se permet tant de choses, d'interdire de pareils spectacles. Nous ressemblons trait pour trait aux Romains de la décadence, qui, dégoûtés de Plaute, Térence et Sénèque, n'avaient plus de goût que pour les boucheries du cirque ! Nous venons de donner la mesure de notre talent architectural dans ces bâtisses à cinq étages dont se compose le nouveau Paris, où la population est empilée par chambrées : constructions uniformes, incommodes, dont le prototype est la caserne, et l'hôtel garni le chef-d'œuvre. Nous avons importé d'outre-Manche nos squares et nos jardins publics ; mais nous avons eu soin de laisser aux Anglais leur vieux système d'habitations distinctes, où chaque famille, à la ville comme à la campagne, occupe, autant que faire se peut, une maison à elle seule. Nous ne serons de longtemps ni assez riches, ni assez libres, nous n'avons pas assez de respect de nous-mêmes pour de telles mœurs. Qui s'étonnerait, dans ce gâchis, de voir la peinture et la statuaire tomber constamment dans le chauvinisme, la charge et l'obscénité ?

Soyons justes pour tout le monde : Horace Vernet n'est pas plus répréhensible en tout ceci que les deux illustres chefs de l'école classique et de l'école romantique, MM. Delacroix et Ingres. Ne sont-ils pas, par la série de leurs œuvres et le choix des sujets, tout autant irrationnels que lui ? Tous trois ne sont-ils pas de la même Académie ? La seule différence qui existe entre eux, est que M. Delacroix et M. Ingres se prennent au sérieux, tandis qu'Horace Vernet avoue franchement qu'il ne croit pas à sa propre peinture.

« Je rends le plus exactement possible ce que je vois, dit-il, sans chercher midi à quatorze heures. Mon robinet a bien coulé, j'ai gagné des millions ; j'ai bien vécu, j'ai joué mon petit rôle !... » — Tout vice ou délit, dit un proverbe, provient d'ânerie : toute démoralisation d'une société a pour cause l'imbécillité de ceux qui la mènent et l'instruisent. Louez tant qu'il vous plaira la pureté et la correction de dessin de M. Ingres, la beauté idéale de ses figures; louez, en M. Delacroix, le mouvement, la vie, le prestige de la couleur, l'énergie de l'expression; insistez, en revanche, sur *le dessin étique, la touche sèche et coupante, le coloris dissonant*, l'absence d'idée, de poésie, d'émotion, de caractère, qui distinguent M. Horace Vernet : vous n'en serez pas moins forcé de reconnaître qu'entre eux tous l'illogisme, la contradiction, l'inconséquence, l'absurdité enfin sont les mêmes; conséquemment que l'art, tel qu'ils l'entendent et le pratiquent, est sans base, et que si le dernier peut être accusé d'avoir contribué plus que ses deux rivaux à corrompre le goût de son pays, cela vient de ce que, dans la partie principale de son œuvre, il a su mieux qu'eux se faire comprendre, ce qui établit en sa faveur une compensation.

J'ai vu au palais de Versailles la fameuse *Smala*, chef-d'œuvre d'Horace Vernet, qui a soixante-six pieds de long sur seize de hauteur. L'effet qu'a produit sur moi ce tableau-galerie m'a donné la mesure de l'homme, et m'a dégoûté pour jamais de sa peinture. Je ne sais si le lecteur se rappelle l'épigramme de Racine sur la *Judith* de Boyer :

A sa *Judith* Boyer, par aventure,
Était assis près d'un riche caissier.
Bien aise était, car le bon financier

S'attendrissait et pleurait sans mesure.
« Bon gré vous sais, lui dit le vieux rimeur;
Le beau vous touche, et ne seriez d'humeur
A vous saisir pour une baliverne. »
Lors le richard en larmoyant lui dit :
« Je pleure, hélas ! sur ce pauvre Holopherne,
Si méchamment mis à mort par Judith. »

Sottise et impuissance ! Je n'ai pas d'autres termes pour caractériser de pareils ouvrages. Boyer, poëte tragique, fait si bien que son héroïne, Judith, la sainte et vaillante amazone des Hébreux, paraît atroce, et que le spectateur la maudit, tandis qu'il s'apitoie sur le chef des Barbares, descendu du Nord pour détruire le peuple de Dieu. M. Horace Vernet, à son tour, chargé de célébrer un des faits d'armes de l'armée française, conçoit son sujet de telle sorte, qu'en présence de son immense tableau, à la vue de ces femmes éperdues, de ces vieillards, de ces enfants, de ces guerriers massacrés dans leurs tentes en défendant leur liberté et leur patrie, on se sent saisi d'horreur et de colère contre cette bande d'étrangers qui, depuis plus de trente ans qu'ils ont mis le pied en Afrique, n'ont su, sous couleur de civilisation, que ravager, piller, brûler, enfumer, massacrer, faire des razzias, ramasser des boudjous, refouler les populations et étendre le désert, comme faisaient jadis les hordes de Tamerlan, de Gengis-Khan, d'Attila, de Xerxès, de Nabuchodonosor et autres fléaux de Dieu, que le progrès de la justice, il faut l'espérer, a pour jamais fait rentrer dans le néant. Certes, la cause qui détermina la prise d'Alger par les Français était juste, et j'aime à croire que, dans une mesure que j'ignore, la conquête de son territoire et la soumission des tribus qui l'habitaient en étaient la conséquence. Mais, devant le tableau de M. Horace Vernet, je me demande si vraiment nous avions raison ou prétexte de confondre les Arabes avec les Turcs; ce que nous ont fait les indigènes; ce que nous avons la prétention de faire d'eux et de leur pays; pourquoi, après avoir exterminé tant de tribus différentes, nous sommes allés ensuite attaquer les Kabyles; quel progrès nos mœurs, notre religion, nos idées, notre industrie, nos arts, ont fait sur cette terre, que nous ne pouvons ou ne savons coloniser, et qui nous dévore. Les trente-trois années de l'occupation algérienne sont une honte pour la France, honte dont le tableau de M. Horace Vernet ne peut avoir d'autre objet que d'éterniser la mémoire. Trente-trois années de dévastation et d'ineptie! Ne voilà-t-il pas un beau sujet d'illustration, une belle occasion d'exciter notre chauvinisme?... Oh! j'ai osé faire la critique du *Serment du Jeu de paume* de David, du *Boissy d'Anglas* d'Eugène Delacroix; je me suis moqué du frontispice du Panthéon et de la Marseillaise de l'Arc de triomphe; mais, en me rappelant la *Smala* de M. Horace Vernet, peu s'en faut que je ne regrette mes paroles. Otez-moi cette peinture : pour le vulgaire qui l'admire, elle est d'un détestable exemple ; pour les honnêtes gens qui savent à quels sentiments elle répond, elle est un sujet de remords. L'auteur a été payé, je suppose : je demande que cette toile soit enlevée, ratissée, dégraissée, puis vendue comme filasse au chiffonnier.

L'artiste ne peut dans aucun cas rester indifférent à la scène qu'il représente, ni par conséquent laisser le spectateur dans le doute. Comme on ne saurait admettre que l'art puisse jamais servir à célébrer les exploits des Cartouche et des Messaline, l'artiste doit sur toute chose, et pour l'honneur de son pinceau, et pour sa considération personnelle, éviter dans ses compositions l'ombre d'une équivoque. Il faut qu'une œuvre soit telle, dans son ensemble et dans ses détails, que la justification ou la condamnation de la scène en ressorte immédiatement. L'événement est-il lui-même douteux, ainsi que je l'ai observé à propos du *Serment du Jeu de paume* et de l'insurrection du 1er prairial : abstenez-vous alors, à moins que votre but ne soit précisément d'ajouter à l'horreur et à la pitié en faisant naître le doute.

M. Horace Vernet est hors d'état de comprendre ces choses-là. Pourvu que ses soldats aient du *chic*, que leur élan soit superbe, que le Bédouin soit battu, consterné, il est content. L'uniforme, voilà sa partie. Que lui importe le reste? Est-ce à lui d'apprécier les causes et la fin de la guerre, la moralité de la conquête ; de mettre à nu la conscience de nos guerriers, et, par là peut-être, de plaider la cause de l'ennemi ? Non, non ; il vous l'a dit : « Je n'ai ni idée, ni système ; *je rends le plus exactement possible ce que je vois*, sans chercher midi à quatorze heures, et *je me conforme aux événements;* j'ai gagné à cela des millions, et j'ai bien vécu !... »

Indifférent aux idées, indifférent à la politique, indifférent à toute espèce d'idéal, M. Horace Vernet, malgré son spécialisme, ne peut être regardé comme le peintre épique de l'armée : ce serait faire injure à celle-ci. — « Depuis quarante ans, il rapetisse la physionomie du soldat, rabaisse son caractère, le tourne au plaisant, et à ce plaisant qui répugne. Des guerriers de Masséna, de Ney et de Jourdan, il a fait le *loustic* de cabaret, le trimeur des compagnies de discipline, le bouffon de la chambrée, le troubadour de la permission de dix heures, le hussard fourrageur, le marmiton de bivouac... David et Gros furent les peintres du forum et des champs de bataille : M. Horace Vernet est le Raphaël des cantines... »

CHAPITRE XI

Opinion de M. Chenavard sur la dégénérescence de l'art et la fin prochaine de l'humanité. — Difficultés que rencontre l'art au dix-neuvième siècle. L'école *dite* RÉALISTE naît de l'irrationalité générale.

Nous en sommes là. Notre nation, à qui depuis la Révolution de 89 il appartenait, ce semble, de résumer les traditions de tous les âges, puis de reprendre et creuser la pensée hollandaise, a fait, jusqu'à présent, défaut à cette mission. Les talents n'ont pas manqué; l'intelligence seule s'est montrée insuffisante. Nous n'avons su rien imaginer de mieux, dans notre présomptueuse ignorance, que de jouer avec un passé fini, que nous admirions d'autant plus que nous le comprenions moins. Nous avons beaucoup travaillé, beaucoup produit, beaucoup discuté, et pour arriver à quoi, grand Dieu! au néant. Les anciens, en obéissant à l'esprit qui les animait, étaient vrais dans leur art; c'est pourquoi ils ont mérité la louange de la postérité, qui a déclaré leurs œuvres immortelles. Nous, nous n'avons su qu'imiter, copier les anciens, sans songer à produire notre propre idéal, sans nous douter que, par cette imitation, nous étions nous-mêmes dans le faux. Étrangers à la pensée qui nous mène, nous avons fait de l'art de nos aïeux un métier pour nous, et nous nous sommes vantés d'être le peuple artiste par excellence : Paris est devenu le grand marché des articles d'art, comme il l'était depuis longtemps des articles de mode. Quelle foire ! dieux et déesses, christs et madones, capucins et vierges, soldats et filles de joie ; rois, nobles, bourgeois, paysans, prolétaires ; sommités et médiocrités ; mythologie, allégorie, symbolique, idolâtrie, spiritualité, réalisme, éclectisme : tableaux d'histoire et tableaux de genre ; batailles, paysages, marines, académies, caricatures ; tableaux de caserne et tableaux de taverne ; tableaux d'autel et tableaux de b..., le tout d'après les Grecs, les Italiens, les Allemands, les Espagnols, les Hollandais, sur commande et *ad libitum !* Nos artistes ne reculent devant aucune exigence ; leur fantaisie est à la hauteur de toute inspiration ; ils sont de tous les temps, de tous les pays, de toutes les religions ; l'âme de l'humanité respire dans leur personne. Voulez-vous de l'antique, du byzantin, du gothique, de la renaissance ? Pour vous servir. Hélas ! on ne leur en demande pas tant. Des logements à bon marché et des portraits-cartes à 3 francs la douzaine : voilà de quoi combler, pour le moment, le peuple de Paris. Le peuple, du moins, suit son instinct, qui ne le trompe pas toujours, tandis qu'eux, avec leur érudition, en sont à savoir que, chaque génération ayant sa manière de voir, par conséquent de sentir, l'idéal de l'une n'est pas celui de l'autre, et que le véritable artiste est celui qui répond le mieux à l'*esthésie* de ses contemporains. Entrepreneurs d'imitations, de contrefaçons, de pastiches, de bric-à-brac, il n'y a qu'une chose à laquelle ils ne paraissent pas tenir, qui est d'être eux-mêmes et de révéler leur idée. Or, comme l'artiste, quoi qu'il fasse, ne peut en définitive que se produire lui-même, avec le milieu auquel il fait écho, vous voyez l'art marcher de pair avec la littérature et la politique, la décadence du goût suivre celle des idées et des mœurs ; ce n'est plus que mensonge, hypocrisie, cynisme plus ou moins enluminé, vernissé, illustré, en termes d'atelier, *pose* et *blague*, servant de couverture à la prostitution.

N'est-ce pas la tristesse de cette situation qui a suggéré à M. Chenavard sa théorie de l'affaiblissement progressif de l'art, de laquelle il déduit celle de la fin prochaine de l'humanité?

« Nous avons vu, dit ce savant artiste, reparaître en moins d'un demi-siècle, dans les ouvrages des imitateurs, — à commencer par David, qui remontait aux sources de l'antique, jusqu'à Courbet, qui tend à faire revivre le naturalisme flamand, — toutes les physionomies mises l'une après l'autre à la mode durant deux mille ans. L'art moderne n'est autre chose qu'un jeu de la mémoire. Entrez dans une maison de Paris habitée par vingt artistes : vous y trouverez des élèves de Fiésole, de Raphaël, de Rubens, de Véronèse, de Vélasquez ou de Holbein. Où veulent-ils en venir? Faire de la peinture seulement pour gagner de l'argent n'est pas un but avouable; peindre pour peindre, selon le principe de l'*art pour l'art*, est chose insignifiante : autant vaudrait s'adonner à la danse... »

Il ajoute : « A chaque civilisation, un art périssable. L'architecture a fini son temps avec les religions primitives; plus de sculpture après la Grèce; plus de peinture après la Hollande du dix-septième siècle. Tout essai d'art fait de nos jours, excepté en musique, est un impuissant archaïsme. » — Et qu'est-ce que la musique elle-même? — « Un art matérialiste, dissolvant, qui semble fait tout exprès pour consoler la vieille espèce humaine de ses longues douleurs, et pour l'endormir dans le tombeau. » (*Les Artistes français*, par TH. SYLVESTRE.)

Il est incontestable que l'affaiblissement de la plus délicate des facultés de notre âme, la faculté esthétique, s'il était prouvé, serait un signe certain que notre espèce commence à vieillir, qu'elle s'*incline vers le tombeau*, et ne fait plus guère autre chose que filer son linceul. Il en est de la vie morale comme de la vie physiologique, intimement liées d'ailleurs l'une à l'autre : la cessation commence aux extrémités, gagne peu à peu le centre, et finit au cœur. Mais depuis longtemps, surtout chez le vieillard, la sensibilité s'est amortie, l'acuité des sens a disparu; en sorte que la mort du cœur est le dernier acte d'une longue et progressive extinction. Ainsi en est-il de la vie morale : l'imagination, la mémoire, la tendresse de cœur, s'en vont l'une après l'autre; la conscience ou le sens moral périt le dernier; mais quand la fin arrive, il y a longtemps que la sensibilité esthétique, qui enveloppe pour ainsi dire toutes les autres facultés, s'est usée, et que l'homme est retombé dans la grossièreté animale. J'ai vu souvent rire de cette effrayante idée de M. Chenavard; mais je ne l'ai jamais vu réfuter par personne. Cependant le fait de notre décadence artistique subsiste; personne ne le nie, et plus n'est besoin d'être misanthrope pour ajouter qu'avec cet épuisement de la faculté esthétique, la mortification de la conscience semble aujourd'hui en train de s'accomplir. Le sentiment qui domine, en effet, parmi les masses, ce n'est pas réellement un besoin d'*art*, c'est un besoin de *luxe :* ce qui n'est pas tout à fait la même chose; besoin qui fait que l'art de boire, manger, jouir, est positivement le premier; celui de la toilette, le second : après quoi il n'y a plus, sous cet épiderme vermillonné et clinquant, que pourriture et misère. J'entends beaucoup *chantonner* et *pianoter :* cela prouve-t-il qu'on ait vraiment le goût de la musique. La musique n'est-elle pas tout simplement aujourd'hui un accompagnement de la volupté? Nos consciences sont gangrenées; nos mœurs sont épouvantables : comment y aurait-il de vrais artistes? — Et c'est aussi ce qu'affirment nombre d'écrivains, qui, en dehors de la question d'art, soutiennent que le moment de l'efflorescence morale de l'humanité est le même que celui de l'efflorescence esthétique : en sorte que la civilisation serait décidément sur le retour, et que nous n'avons plus, nous autres qui ne croyons à rien de beau ni de bon, qu'à choisir entre deux partis : nous recueillir dans la mort si nous sommes pauvres, ou nous livrer au plaisir si nous sommes riches, selon le précepte de Sardanapale : *Mange, bois, jouis.*

Il est permis d'appeler de cette condamnation. Si le lecteur a suivi avec quelque attention le développement de notre pensée, il doit se dire que la dépression actuelle de l'art n'a nullement pour cause, comme le suppose M. Chenavard, l'affaiblissement, déterminé par l'âge, de la faculté esthétique dans la société; sous ce rapport, M. Chenavard a mal diagnostiqué et mal vu. Cette dépression de l'art a pour cause le défaut de rationalité qui s'est manifesté, depuis l'époque de la Renaissance, dans le domaine de l'art, et qui a surtout sévi, ainsi que nous venons de le constater nous-même (chap. x), depuis la Révolution. En un mot, ce n'est point à une dépravation du goût, à une maladie ou décrépitude de la faculté esthétique que nous avons affaire : c'est à une erreur du jugement.

Et d'où vient cette erreur elle-même? Tout simplement de ce que vers la fin du moyen âge, lorsque l'esprit philosophique est venu remplacer la ferveur religieuse, et le sentiment de la dignité humaine mettre fin à l'autorité surnaturelle, il s'est accompli dans le monde une révolution analogue à celle qui avait mis fin au polythéisme grec et substitué à l'idolâtrie la spiritualité chrétienne. En deux mots, nous avons, depuis trois siècles, et à notre insu, changé d'horizon; notre idéal n'est point celui du moyen âge, pas plus que celui des Grecs; d'où résulte que les conditions de l'art ne sont pas non plus les mêmes. Or, qu'avons-nous fait depuis la Renaissance? Nous avons conservé, par convention ou concordat, dans nos gouvernements et dans nos mœurs, l'idéalisme chrétien; nous l'avons associé à l'idéalisme grec; puis nous avons recouvert le tout de je ne sais quel fantaisisme romantique, féerique, oriental et féodal; si bien qu'aujourd'hui, dans notre monde moderne, l'idée et l'idéal, l'esprit et la forme, les principes et la lumière sont en complète disparate! Il n'y a que la musique qui, se séparant du chant grégorien et se frayant, à l'aide du théâtre, une voie nouvelle, ait su se développer à part, conformément à la loi du progrès. Quoi d'étonnant, après cela, que l'art souffre, qu'il périsse dans la plus honteuse des morts?

Ce n'est pas tout. Nous avons vu (chap. IV à VII) que sous le règne de l'idéalisme égyptien, typique et symbolique; de l'idéalisme grec, voué au culte de la forme; de l'idéalisme chrétien ou gothique, plein d'une spiritualité auparavant inconnue, et même de l'idéalisme ambigu de la Renaissance, la communauté d'idéal donnée par la religion et les mœurs développait entre les artistes une puissance de collectivité qui élevait très-haut les talents, plus haut qu'ils n'eussent jamais su se porter dans des méditations indépendantes et solitaires. C'est ainsi que la recherche universelle, intense, des figures divines a fait, par l'effort simultané et longtemps prolongé des artistes, la supériorité de la statuaire grecque. C'est encore ainsi que s'est déroulée l'architecture du moyen âge. J'ai vu les cathédrales de Paris, de Chartres, d'Amiens, de Strasbourg, de Cologne, d'Anvers, de Gand, et je me suis dit à chacune que ces monuments, par leur immensité et leur variété, étaient comme de grands poëmes; qu'un seul maître peut bien en donner le plan, mais qu'une semblable conception n'éclôt dans une tête individuelle qu'après une longue suite d'études : ce qui suppose une série d'essais, d'efforts, de monuments, auxquels une foule d'artistes ont pris part, et dont les derniers venus, pour peu qu'ils aient de génie, sont à même de profiter plus que personne [1].

Pareille chose ne saurait plus aujourd'hui se produire. Notre idéal, qui est désormais l'humanité tout entière, avec ses travaux, ses succès, ses misères ; cet idéal, dis-je, n'ayant rien de surnaturel, ne pouvant plus s'imposer sous une forme pour ainsi dire orthodoxe, par conséquent commune ; s'offrant à chacun dans son infinie variété, n'est pas susceptible de produire une grande force de collectivité. Chaque artiste, tout en s'inspirant de son mieux des travaux de ses confrères et de l'étude de son modèle, reste abandonné à lui-même, et travaille sous son inspiration personnelle. Conclurons-nous de ce surcroît de difficultés, de ce changement de thème, qui, du rêve mental, étroit des dieux, nous a fait passer à la contemplation infinie de nous-mêmes, qu'il y a infériorité chez les artistes et décadence de l'art ? Ce serait prétendre que notre mécanique est inférieure à celle des Égyptiens, parce que nous ne nous servons plus du

1. L'idéal étant subordonné à l'idée, la collectivité de l'idée entraîne naturellement celle de l'idéal ; et c'est pourquoi, lorsqu'elle existe, dix mille élèves qui ont appris à dessiner comptent plus pour le progrès de l'art que la production d'un chef-d'œuvre. Non que je mette en balance le *nombre* et la *qualité* ; mais dix mille citoyens qui ont appris le dessin forment une puissance de collectivité artistique, une force d'idée, une énergie d'idéal, bien supérieure à celle d'un individu, et qui, trouvant un jour son expression, dépassera le chef-d'œuvre.

plan incliné pour dresser nos colonnes et nos obélisques ; ou bien encore que l'architecture des Grecs, celle du moyen âge, n'étaient pas à comparer à la leur, parce que ni le temple grec, ni la cathédrale gothique elle-même ne sont à comparer pour la masse à la pyramide égyptienne. Admettant pour vraie la tradition des Géants et des Cyclopes, il est certain que nos forgerons ne seraient pas de taille à manier leurs outils ; mais qu'est-ce que l'industrie de Vulcain, des Telchines et des Cyclopes, en comparaison de notre métallurgie ? Qu'est-ce que la Grèce historique et mythologique peut offrir de comparable à nos machines à vapeur, à nos turbines, ou simplement à notre marteau-pilon ? Il en est ainsi de l'art : on ne doit pas le mesurer seulement d'après ses effets ; il faut tenir compte aussi du but, des éléments et des moyens, surtout de la difficulté vaincue. Sous ce rapport, j'ose le dire, nous sommes en progrès sur les anciens. A coup sûr nous n'arriverons jamais, en nous observant nous-mêmes, à nous représenter comme des fils ou des mignons de l'Éternel, ainsi qu'il est arrivé aux Grecs cherchant la figure de leurs dieux dans leur propre figure ; — mais nous ferons penser, parler les images faites de nos mains, comme ne surent jamais faire les chrétiens ni les Grecs. Nous en acquerrons bientôt la preuve.

Quant à la critique que M. Chenavard fait de la

musique, sans compter qu'il est injuste de rendre l'art responsable de la sottise des *dilettanti*, cette critique serait peut-être fondée si la musique avait la prétention de suppléer à elle seule les autres arts; si seulement elle affirmait sur eux sa supériorité, mais il n'en est rien : la musique a son existence à part, plus bornée que la peinture, parce que ses moyens sont moindres; mais tout aussi parfaite en son genre : ce qui fait tomber à faux la critique de M. Chenavard. Il s'en faut, j'aime à le penser, que la musique ait trouvé de nos jours tout son emploi dans la société moderne; elle est appelée, si j'ose ainsi dire, à un service plus sérieux et plus général; mais il n'en est pas moins vrai que, dans la rétrogradation actuelle, elle soutient presque seule la retraite, et qu'au moment où j'écris, le dédain de l'art, surtout de la peinture et de la statuaire, serait bien autrement profond, si les esprits n'étaient retenus sur cette pente par le goût universel, bien que fort mal entendu, de la musique.

Non, l'art ne meurt point; par conséquent il ne rétrograde jamais. Sans doute il ne forme plus, comme autrefois, l'avant-garde de la civilisation. L'art a cessé de devancer la religion, la science, l'industrie, la justice; mais il marche à leur suite, et quand M. Chenavard, après avoir constaté nos progrès, après avoir assigné à l'époque actuelle, comme son caractère propre, ces deux grandes choses, la science parvenue à son apogée, et la fraternité des races, conclut de là la décroissance intellectuelle, la fin de l'art et la dissolution de la société, nous sommes en droit de lui dire qu'il se jette dans la plus flagrante des contradictions [1]. Il suffit, pour le lui prouver, de le rappeler aux principes : l'*idéal* et l'IDÉE sont termes corrélatifs ; quand celle-ci est en mouvement, il est impossible que l'autre demeure inerte, et que la faculté qui sert à l'exprimer s'amoindrisse.

Mais il est un fait vrai, qui crée pour l'art, parvenu à ce degré de civilisation, la plus grande des

1. Je ne puis croire que l'homme universel de Pascal, cet homme qui apprend toujours, qui amasse, qui ne meurt jamais, puisse vieillir et décroître. Il peut éprouver des tourmentes, des oscillations, des mouvements de hausse et de baisse; mais dégénérer d'une façon continue, cela me paraît impossible, contradictoire même. — L'humanité aura sa fin, dit-on; la terre, qui lui a servi de berceau, doit devenir aussi sa tombe. — Je puis admettre l'usure et la caducité de la planète, — chose que j'ignore ; je puis l'admettre, parce que *la planète n'est pas* ESPRIT, CONSCIENCE *et* LIBERTÉ. Mais je conçois, dans ce cas, que l'humanité, soumise aux conditions d'infertilité du sol, diminuant sans cesse de population, finisse, pour ainsi dire, volontairement, non dans la décrépitude, mais dans une haute spiritualité. Arrivé à la perfection, l'homme doit finir. Parvenu au plus haut degré de conscience, d'intelligence, de liberté, de dignité, l'homme, en présence d'une nature épuisée, usée, rebelle, inférieure à lui ; l'homme, n'ayant plus à regretter sa carrière manquée, devenu DIEU, doit se mettre à l'unisson de la nécessité et léguer son âme à un monde plus jeune. L'Éternel a été glorifié en lui; Dieu s'est incarné : que la planète, globe usé, pâli, roule désormais solitaire comme la lune, jusqu'à ce qu'elle se disloque, et que ses morceaux soient recueillis par d'autres mondes.

difficultés, et sur lequel j'appelle l'attention des artistes.

Tous les hommes qui ont reçu une certaine éducation, tous ceux qui ont acquis quelque illustration dans les lettres, la philosophie, le droit ou la politique, l'industrie même, ont la prétention de se poser en amateurs, en protecteurs de l'art et de s'y connaître. Prétention bienveillante, mais sur laquelle il importe que nous ne nous trompions pas, à peine des plus tristes mécomptes.

Nous venons de le dire, et je demande la permission de le répéter encore une fois : point d'IDÉAL sans une *idée* préalable ; point de BEAUTÉ sans une *forme* donnée, sans un corps, type, matière ou sujet de l'art ; en deux mots, point d'esthétique sans une philosophie.

Or qu'arrive-t-il avec le mouvement incessant des idées, avec cette extension illimitée de nos connaissances ? Une chose à méditer profondément pour l'artiste : c'est que les idées s'idéalisant, pour ainsi dire, de plus en plus par leur détermination, il vient un moment où, sur une multitude de choses, l'idéal se confond avec l'idée, au point que l'art semble hors d'emploi, et l'artiste à sec.

Qu'était, par exemple, l'idée de Dieu au début des religions ? Une idée concrète, d'abord matérielle, puis zoomorphique, plus tard anthropomorphique, dont l'épuration aboutit à la conception d'un être supérieur, unique, éternel, immatériel, incommensurable, invisible, absolu. La conception métaphysique de Dieu excluant donc l'hypothèse d'un corps de Dieu, et conséquemment d'une forme divine, l'idée de la divinité et son idéal chez le croyant monothéiste se confondent. Parvenue à cette hauteur, la religion rejette toute espèce d'idole; elle est fatalement iconoclaste. Dans cet ordre de sentiments et d'idées, le prestige de l'art est donc en sens inverse du dogme : à un moment donné, Jupiter foudroyant paraît ridicule; Vénus Uranie elle-même, la déesse de la beauté, est laide comme le péché. Dès lors l'artiste est primé par le théologien; bon gré mal gré, s'il veut travailler pour le culte, il faut qu'il prenne l'attache de celui qui le gouverne.

Même chose pour la justice. De quoi peuvent servir aujourd'hui, pour le progrès du droit et des lois, toutes les excitations de l'art plastique, ou d'une poétique mythologie? Autrefois la loi morale avait son principe en Dieu, dont la grâce faisait toute notre vertu, donnait à notre volonté le pouvoir et le faire. L'amour de Dieu, la crainte de ses jugements, l'espoir de ses récompenses faisaient la base de notre moralité : sujet immense de poésie et d'art. Maintenant nous avons la prétention de posséder la justice de notre propre fonds, de la suivre pour elle-même et coûte que coûte, sans nul espoir de dédommagement, sans crainte d'âme qui vive, ni au ciel, ni sur terre, ni sous terre. Tout motif intéressé, toute rémunération nous paraît injurieuse. Comme le magistrat rend la justice sans recevoir de cadeaux, nous prétendons être nos propres juges et rester probes pour la seule gloire de la probité. Si notre pratique n'est pas toujours en cela d'accord avec notre théorie, il faut en accuser un reste d'habitude, les angoisses d'une société en transformation, et aussi la faiblesse inhérente à un être composé de chair et d'esprit. Au fond, nous avons fait du droit notre suprême idéal, et la justice pour la justice est notre maxime. Que peut donc signifier, dans une société, un tableau, comme celui de Michel-Ange, représentant le *Jugement dernier*, image effrayante de la sanction céleste; ou celui de Prudhon, bien inférieur, où l'on voit la Justice humaine, peu clairvoyante, mais guidée par la Justice divine, et qui va saisir dans la nuit l'assassin qui se cache? Jadis la place de ce tableau de Prudhon eût été à la cour d'assises : on l'a mis au musée comme une relique, en quoi l'on a eu raison. Quant au fameux *Jugement dernier* de Michel-Ange, les plus fervents admirateurs de l'art ne savent y voir aujourd'hui qu'une étude d'anatomie. A plus forte raison ne supporterions-nous plus ces Thémis, ces Némésis, ces Adrastées, ces Tisiphones de la vieille mythologie, qui, en effrayant les coupables, inspirèrent tant de chefs-d'œuvre aux poëtes et aux artistes. Ce que nous demandons dans notre orgueil juridico-philosophique, c'est bien moins le courage d'observer la loi que le bonheur de la connaître, sûrs que nous nous flattons d'être de la fidélité de nos consciences. Nous dirions volontiers à Dieu, si cette invocation du souverain Être ne formait pas pour nous une contradiction : Donne-nous l'intelligence, et nous te garantissons notre vertu. Il y a loin de là à la prière du Christ : *Ne nous induis pas à la tentation*, sous-entendant : Parce que nous sommes certains d'y périr. Sur tout cela, dis-je, l'art n'a plus à intervenir ; il ne peut rien directement pour notre progrès : la tendance est à nous passer de lui.

Les faits sont d'accord avec l'opinion. Ce que l'on exige avant tout d'un avocat, c'est de la science et de la logique : quant au style et à l'éloquence, on y tient incomparablement moins qu'autrefois ; on ne s'y fie pas ; j'irais presque jusqu'à dire qu'on les dédaigne. C'est chose acquise, dès avant Molière et le *Misanthrope*, que le droit et la vérité subsistent par eux-mêmes ; que l'éloquence ne les fait point, mais sert seulement à les produire ; que, pourvu que l'avocat s'attache à la démonstration de sa cause, il doit triompher, si elle est juste, malgré tous les vices de sa prononciation, de son geste et de sa diction ; tandis que si la raison, le savoir, la logique lui font défaut, il y a lieu de croire, en dépit de son talent oratoire, qu'il perdra son procès. Un avocat qui aurait la prétention d'agir sur les tribunaux par de purs moyens rhétoriques, en l'absence de raisons sérieuses, et qui essayerait, à force de pathétique, d'élans oratoires, de gestes passionnés, d'entraîner et magnétiser ses juges, perdrait incontinent la bienveillance de son auditoire et se ferait rappeler à l'ordre. L'éloquence, si puissante chez les anciens, qualité essentielle de l'homme d'État et même du général, ne se supporte aujourd'hui que comme un accessoire matériel, parce que l'homme qui parle devant le public doit d'abord se faire entendre, parce qu'un discours soigné et méthodique est tout à la fois un hommage à l'assemblée qui écoute et dont l'attention doit être ménagée, et une garantie d'intelligibilité. Ce n'est pas toujours, je le reconnais, d'après ces principes que les choses se passent : maintes fois nous avons vu de nos jours la paresse des esprits et la lâcheté des consciences sacrifier le droit et la vérité à de vaines habiletés de parole. Cet abus rétrograde de l'éloquence a été une des causes de la chute de la monarchie de juillet et du système parlementaire [1]. Mais notre volonté secrète n'en est pas

1. La littérature politique a été fondée en 89 par Mirabeau. L'empire mort, nous avons eu les Chambres de la Restauration, et de temps en temps de remarquables articles. Après 1830, tout est devenu blague pure, bavardage et impertinence. Des hommes, indignes de figurer à la barre d'un juge de village, se sont mis à envelopper dans les moules oratoires des grands maîtres les plus fades lieux communs, les plus insolentes contre vérités. Nous avons l'éloquence du Corps législatif et les articles de M. Grandguillot ; on n'a pas même pu souffrir Veuillot.

moins, en général, que ce soit ainsi que les choses se passent toujours; ce qui suffit pour établir ma proposition, savoir, que là où l'idée sert d'idéal il ne reste plus de place à l'art : c'est un métier.

Ce que je viens de dire de l'avocat, on peut l'appliquer au savant et à l'industriel. L'ingénieur admire dans une machine la puissance, la solidité, l'économie de ressorts; en un mot l'idée : quelques moulures ajoutées aux pièces, quelques frais d'élégance, d'embellissement, comme ces figures qu'on met à la proue des navires, ne signifient rien pour lui. La justesse de la formule, son application exacte et heureuse, voilà son idéal. Allez aux expositions de l'industrie, devenues si brillantes, qu'elles éclipsent les expositions de la peinture et de la statuaire : qu'est-ce qui fait l'idéal de ces industrieux, de ces manufacturiers, de ces métallurgistes, dont les entreprises, par leur splendeur et leur immensité, ont bien quelque droit aujourd'hui de prendre en dédain les pauvretés de l'art contemporain? L'idéal pour eux se résume dans l'union de ces deux termes : qualité supérieure du *produit*, réduction au minimum des *frais* de production, termes dont la synthèse est RICHESSE. Je sais bien que la richesse n'est pas l'art; je connais le mot de cet ancien peintre à un de ses confrères, auteur d'une Vénus magnifiquement parée, couverte de pierreries et d'or : *Ne pouvant la faire belle, tu l'as faite riche!* Mais il ne faut pas oublier non plus que la richesse est aussi un élément esthétique ; que c'est par ce côté que l'art et l'industrie fraternisent ; que le bien-être est tout aussi difficile à créer que l'idéal et que, sous ce rapport, des artistes déroutés, rêvant fortunes rapides au moyen de leurs bilboquets, ont quelque chose à apprendre des industrieux.

Résumons ce chapitre.

La décadence continue de l'art, en France, depuis la Révolution, décadence reconnue par les hommes les plus compétents, n'a point pour cause une diminution du sentiment esthétique dans la société, ni, à plus forte raison, un affaiblissement du génie artistique. L'opinion de M. Chenavard à ce sujet, opinion renouvelée de celle des anciens sur la défaillance progressive de l'humanité, est radicalement fausse, démentie par les faits mieux observés, et en soi contradictoire.

La cause de cette décadence, propre à notre époque, et plus sensible dans la nation française que partout ailleurs, est due, en premier lieu, à l'irrationalité générale des œuvres d'art ; secondement, à ce que les artistes modernes, continuant à travailler d'après l'idéalisme antique sans en avoir le sentiment, ont perdu en outre la puissance de collectivité qui éleva si haut les talents antérieurs ; enfin, au progrès comparatif de la science, de la législation, de la philosophie et de l'industrie, qui, ayant repris l'avance, semblent écraser l'art de leurs récents succès et lui ôter sa raison d'être [1].

Eh bien, la conclusion est facile à tirer :

Que l'art devienne plus rationnel, je veux dire qu'il apprenne à exprimer les aspirations de l'époque actuelle, comme il exprima les intuitions de l'époque primitive ; qu'il s'empare des idées, qu'il se les assimile, qu'il se mette à l'unisson du mouvement universel, qu'il s'en pénètre. Et puisque les choses ont été ainsi établies, qu'après une préparation de trois mille ans, la science et l'industrie devaient prendre tout à coup la tête du progrès, la justice se poser comme pivot de

1. Une des causes de l'infériorité générale de la peinture parmi nous, c'est l'immense supériorité de la littérature sur les arts plastiques. Lisez les articles de Salon de Diderot : il en est bien peu dont la lecture ne vous cause plus de plaisir que la vue du tableau ou de la statue dont il parle, alors même qu'il en fait l'éloge. Lisez les comptes rendus de nos feuilletonistes les plus accrédités : le même effet se fera sentir à vous. En quelques lignes d'un style merveilleux, le sujet est posé, l'œuvre jugée, l'artiste englouti, si son œuvre est seulement médiocre ; et quand elle est vraiment belle, à peine peut-elle se soutenir à côté de la prose de l'écrivain. Les faiseurs de comptes rendus doivent y prendre garde : il ne faut pas que ceux qui les lisent perdent l'envie de voir les œuvres dont ils parlent ; il ne faut pas, dis-je, que leurs descriptions oratoires deviennent pour les malheureux artistes une concurrence tellement redoutable, qu'après avoir lu l'article on trouve le tableau mesquin, froid, insipide, ainsi qu'il m'est arrivé maintes fois ; il faut qu'ils viennent en aide à notre faiblesse, nous apprennent à goûter le beau là où il existe, tout en donnant aux artistes de sages conseils et de justes encouragements.

la philosophie et régulateur de la civilisation; puisque l'art, obligé de s'attacher à un idéal mobile et divergent, n'a plus à compter, comme autrefois, sur une concentration longuement prolongée de tous les efforts; — que les artistes, au lieu de se décourager par le sentiment d'une infériorité qui n'est qu'apparente, puisqu'elle vient de leur indépendance, acceptent la condition qui leur est faite; qu'ils se mettent courageusement au travail, et, j'ose le dire, à moins qu'ils ne soient empêchés par des causes étrangères à la constitution de l'esprit humain et à l'art, d'autres triomphes les attendent; une évolution plus intime, une nouvelle vie esthétique peut commencer pour l'humanité.

Au reste, je n'ai que faire de me poser ici en prophète; je ne suis que l'écho d'un fait en voie d'accomplissement. L'irrationalité de l'art, depuis la Révolution, a été universellement sentie; elle a fait toute l'argumentation des romantiques contre les classiques; puis elle a été retournée avec le même succès contre les romantiques eux-mêmes. De cette protestation est sortie une nouvelle école, nommée d'abord *réaliste*, que d'autres proposent de nommer *naturaliste*, et qui évidemment n'a su encore se déterminer et se définir. Il y a des pensées qui ne s'accouchent pas toutes seules: celle-ci paraît être du nombre. Qui sont ces nouveaux venus? que veulent-ils? où vont-ils? comment faut-il qu'on les appelle? Telle est la question que nous avons maintenant à examiner; et ce ne serait pas un médiocre service que nous aurions rendu aux artistes si nous parvenions à leur révéler leur propre idée, à leur donner, pour ainsi dire, conscience d'eux-mêmes. C'est ce que nous allons essayer de faire, non par des raisonnements *à priori*, mais par un examen attentif des œuvres déjà produites.

CHAPITRE XII

En quels termes s'est affirmée la nouvelle école. — Examen de quelques tableaux de G. Courbet : 1° les *Paysans de Flagey* ou le *Retour de la foire.*

Puisque le *réalisme* a reçu son nom de M. Courbet; que c'est lui qui, par le talent autant que par l'audace, exprime le plus énergiquement la tendance actuelle; qu'en dernier lieu c'est son tableau des *Curés revenant de la conférence* qui m'a fourni l'occasion de cette étude, on me pardonnera de m'attacher plus spécialement à cet artiste. Je n'entends point pour cela confisquer ou nier à son profit aucun talent analogue au sien, aucune participation légitime dans la révolution dont il est le porte-drapeau, aucune gloire méritée. Ce n'est pas quand je prêche l'égalité et me moque des grands hommes, quand je combats de toute ma force pour établir d'une manière définitive la prédominance du droit sur l'idéal; quand je vais jusqu'à applaudir à la furie iconoclaste; ce n'est pas à ce moment-là que j'irai prendre parmi mes contemporains un peintre, si grand qu'il soit dans son art, pour en faire une idole. En bornant mes observations à un petit nombre de tableaux, comme je l'ai fait à propos des classiques, romantiques, peintres de guerre ou de genre, et en demandant ces tableaux à un seul artiste, parce qu'éloigné pendant près de cinq ans de mon pays, je n'ai pas pu connaître les autres, je fais réserve expresse, en faveur de qui de droit, des titres acquis et des éloges mérités.

On a dit de Courbet qu'il ne faisait que continuer le *naturalisme* hollandais. Cela est vrai dans une certaine mesure ; ce serait un préjugé fâcheux contre Courbet s'il ne descendait de personne, s'il ne continuait rien dans l'humanité. Mais Courbet est un Français du Jura, non un Hollandais du Zuyderzée ; il est né catholique et n'a rien du protestantisme ; ajoutez que depuis l'époque où fleurirent les grands peintres de la Hollande et de la Flandre, Rembrandt, van der Helst, Téniers, etc., le monde a vu se succéder bien des hommes, bien des idées et bien des événements. Nous avons eu le siècle de Louis XIV et celui de Voltaire ; la philosophie allemande et la Révolution. Nous avons eu, en peinture comme en politique, cette longue rétrogradation de 1799 à 1863, assaisonnée de romantisme, d'éclectisme, de socialisme, de chauvinisme, d'épicurisme, de lâcheté profonde et de vénalité universelle. Il est impossible que nous ne retrouvions pas quelque chose de tout cela dans les œuvres du maître franc-comtois ; et ceux qui lui reprochent, ainsi qu'à ses confrères de la même école, de n'être que des continuateurs, font déjà preuve de peu de justice. La fantaisie dans l'art a fait son temps; sa seule ressource désormais est de servir la raison moderne : commençons donc avec lui par raisonner juste.

J'ai fait précédemment la critique des *Moissonneurs* de Léopold Robert, sorte de transition entre l'idéalisme des classiques et romantiques, et le réalisme de la nouvelle école. Mettons en regard de ce tableau une œuvre du même genre de Courbet, les *Paysans de Flagey*, ou le *Retour de la foire*.

Nous sommes loin ici des paysans adonisés de L. Robert, plus loin encore peut-être de ces fiers républicains que Rembrandt et van der Helst ont représentés, l'un dans la *Ronde de nuit*, l'autre dans le *Banquet des arquebusiers*, et sur lesquels, tout en conservant la ressemblance des personnes et des types, ils n'ont pu s'empêcher de répandre un certain reflet de gloire, transporté de la face des dieux. Ici nulle pose, nulle flatterie; pas le plus léger soupçon d'une figure idéale. Tout est vrai, saisi sur nature; non que je veuille dire que les figures soient des portraits; mais elles sont telles que vous croyez les avoir rencontrées partout; la scène enfin, dans son ensemble et ses détails, d'une vérité, d'une naïveté telle, que vous êtes tenté d'accuser le peintre d'avoir totalement manqué d'invention et de vous avoir donné un daguerréotype pour une œuvre d'art. Mais arrêtez-vous un instant sur ce *réalisme* aux apparences vulgaires, et vous sentirez bientôt que sous cette vulgarité se cache une profondeur d'observation qui est, selon moi, le vrai point de l'art. Il en est de la simplicité des grands peintres comme de celle des grands écrivains : rien de plus facile au premier coup d'œil; il n'y a qu'à parler comme tout le monde; essayez-en, et vous verrez, comme dit la chanson, si vous réussirez.

La scène se passe vers 1830, peu avant, peu après, sous la charte constitutionnelle, trente ans au moins après la première Révolution. Sur le premier plan, un homme se présente en habit long, culotte courte, chapeau tricorne, son parapluie de coton sous le bras, sa pipe à la bouche, chassant devant lui un jeune porc destiné à l'engraissement. Plus loin sont deux paysans en blouse, montés sur des chevaux qu'ils ramènent aussi du marché, l'un d'âge mûr, au maintien grave, l'autre jeune homme, le visage tourné vers une jeune fille qui suit par derrière avec le reste de la compagnie. D'autres conduisent des bœufs, etc.; je néglige ces détails. Tout cela n'a rien de fort intéressant, et, avec nos habitudes de tableaux d'église, d'histoire ancienne, de drame shakespearien ou de mythologie grecque, on se demande si c'est une enseigne d'auberge qu'on a devant les yeux, ou un tableau destiné à la halle. Il n'a pas fallu, se dit-on, un grand effort d'imagination au peintre pour combiner tout cela. Et puis, à quoi bon toutes ces trivialités? Allons à la foire, à l'écurie, nous en verrons tout autant. Pourtant ces gens causent, les propos se croisent; nous pouvons, à leurs physionomies, deviner sinon ce qu'ils disent, au moins ce qu'ils pensent. Peut-être ceci nous intéressera davantage.

L'homme au cochon se définit de lui-même par son accoutrement. C'est un petit propriétaire villageois qui, dès le printemps, songe à ses provisions d'hiver. Il a fait partie de la réquisition de dix-huit à vingt-cinq, en 1793, et il a vu le Rhin : c'est de là qu'il aura rapporté l'habitude de fumer. Il est allé à la foire (à Besançon) d'abord pour faire emplète d'un nourrisson, puis pour toucher le quartier échu d'une petite pension qu'il a gagnée à la guerre contre les émigrés. Revenu de ses campagnes, il a repris la vie rustique, et vous ne devineriez guère en lui un héros de la république. Son air n'a rien du tout de martial : rendu à son foyer, le soldat français se retrouve *Gros-Jean comme devant*. Cependant, ne vous y trompez pas, tel que vous le voyez, occupé de son cochon, serrant sa pipe entre ses dents, le bonhomme a des opinions arrêtées : c'est un défaut qu'il s'est inoculé en 89; il est têtu : si le *tremblement* de la Révolution est peu de son goût, il garde encore plus rancune à l'ancien régime, et viennent les journées de juillet 1830, il sera des premiers à se rallier au drapeau tricolore contre les prêtres et contre les nobles.

L'homme d'âge mûr, qui revient à cheval, est le paysan riche, maire de sa commune, à la tête d'une exploitation importante. C'est un personnage officiel, et qui, sous la blouse, sait garder son rang, parlant peu et avec discrétion, d'opinions modérées, aimant du reste à couvrir sa responsabilité sous une autorité supérieure. Les grands ambitieux sont rares en France ; il est remarquable que les généraux de la république n'eurent tous que la velléité du pouvoir, un seul excepté, qui par sa race, sa langue, son éducation domestique, n'était pas Français, Napoléon Bonaparte. La figure grave et réservée de notre maire trahit à merveille l'esprit positif de ce satisfait rustique, homme d'ordre, fier de la beauté de ses chevaux, qui sait le proverbe : Tant vaut la bête, tant vaut l'homme ; et qui, électeur censitaire, jugeant au-dessous de sa dignité de faire de l'opposition, vote pour le candidat ministériel. — Il est accompagné de son fils, jeune gars, qu'il vient d'assurer contre le risque de conscription, et qui, de son côté, ne tient pas le moins du monde à devenir un *fils de la Victoire*. Il n'y a pas au monde d'homme moins avide des lauriers de Mars que le paysan français. Celui-ci, du haut de sa monture, échange un sourire avec la paysanne à pied Est-ce sa fiancée ? Non : la fiancée du fils de M. le maire ne voyagerait pas seule, à pied, perdue dans la foule. Est-ce sa maîtresse? Pas davantage. En fait de mariage, le paysan franc-comtois ne va qu'à pas comptés; la mésalliance lui est aussi antipathique qu'au bourgeois et au noble. Quant aux amours libres, il y regarde à deux fois; il en redoute le scandale et les inconvénients; surtout il ne les affiche pas, et tant que vous le voyez galant, tenez pour sûr qu'il n'y a rien. De son côté, la jeune fille, tout en souriant à un témoignage qui l'honore, sait imposer silence à son cœur : elle ne croit guère à un mariage aussi disproportionné, et pour qu'elle s'engage dans des relations d'une autre espèce, il faudrait qu'elle eût déjà fait bien du chemin!

Voilà le paysan de Franche-Comté; disons plutôt : voilà le paysan français, dans la sincérité de sa nature, à trente ou quarante années de la Révolution, dans une des mille scènes de la vie provinciale. Voilà la France rustique, avec son humeur indécise et son esprit positif, sa langue simple, ses passions douces, son style sans emphase, sa pensée plus près de terre que des nues, ses mœurs également éloignées de la démocratie et de la démagogie, sa préférence décidée pour les façons communes, éloignée de toute exaltation idéaliste, heureuse quand elle peut conserver sa médiocrité honnête sous une autorité tempérée, dans ce juste milieu aux bonnes gens si cher, et qui, hélas! constamment les trahit. Ce qui caractérise en effet notre peuple ; ce que vous retrouverez dans toutes les classes de la société française, sans distinction de fortune, d'âge ni de sexe, avant que l'emportement du siècle en ait altéré le naturel, c'est un tempérament modéré, un caractère uni, des mœurs égales, nulle ambition du commandement, moins de disposition encore à la révolte, et la plus profonde antipathie pour tout ce qui s'écarte de la route vulgaire. Dans les *Paysans de Flagey*, tout le monde, à son point de vue, dans le cercle de ses idées et de ses intérêts, peut se dire partisan du juste milieu : le maire, dans l'exercice de son autorité, est un juste milieu ; le vieux soldat, dans son appréciation des gouvernements qui se sont succédé depuis 89, critiquant, blâmant tour à tour la république, l'empereur, les Bourbons, sceptique, méfiant, ne sachant pour qui se prononcer, est aussi du juste milieu ; le jeune homme et la jeune fille, enfin, au moment où leurs cœurs semblent s'élancer l'un vers l'autre, sur la flamme de leurs regards, restent dans le milieu que leur sentiment, plus prudent que passionné, leur assigne.

Certes, l'étranger qui n'aurait appris à nous connaître que par les chefs-d'œuvre de notre littérature, puis par le *scenario* de notre Révolution, par la *Marseillaise*, les *Victoires et Conquêtes*, les discours de nos tribuns, le parlage de nos journalistes et de nos commis voyageurs, aurait peine à reconnaître des Français natifs dans la très-exacte et très-véridique effigie que nous venons d'analyser : « Combien, se dirait-il, cette race est au-dessous de celle qu'a peinte L. Robert dans ses *Moissonneurs!* Quelles physionomies communes! quelle absence de distinction, de noblesse dans toutes ces figures!... » Voilà pourtant ce que nous sommes tous d'origine; voilà la souche d'où nos pères sont sortis, et sur laquelle notre postérité continuera de fleurir, pourvu toutefois que le ver de la corruption moderne ne nous ait pas déjà piqués à mort. Race singulière, capable de tous les élans du génie, de tous les éclats de la passion, de toutes les sublimités de l'enthousiasme, de tous les engouements de la nouveauté elle-même, mais qui toujours revient avec délices à son honnête milieu, au calme de ses habitudes, au modérantisme de ses opinions, à l'indécision de son tempérament.

Sans doute nous ne sommes pas aujourd'hui, à Paris surtout, tels que j'ai essayé, pour expliquer le tableau de Courbet, de nous dépeindre. Notre juste milieu politique a abouti à une honteuse destitution. Cette estime de la médiocrité qui distinguait nos pères a fait place aux impatiences de l'industrialisme, aux convoitises de l'agiotage; nous avons dépouillé, pour une phraséologie prétentieuse et pleine de sophismes, notre bon sens gaulois, et l'excentricité des jouissances nous fait trouver insipide la modestie des vieilles mœurs. La galanterie française, autrefois si vantée, était une forme d'urbanité sous laquelle se cachait une raison, maîtresse de l'amour, et de laquelle naissait, avec la sainteté des familles, la force des caractères. Maintenant nous avons contracté d'autres habitudes : la galanterie chez les messieurs n'est pas pour rire, et la coquetterie chez les dames a sa signification. Le paysan, comme le citadin, poursuit avant tout, en mariage, l'argent, et cherche des dédommagements à sa passion dans la corruption des servantes et des filles du peuple. La lâcheté des consciences est le fruit de la lâcheté des amours.

Mais cette transformation incessante des mœurs et des idées est justement la condition principale et, par suite, le gage de la perpétuité de l'art nouveau. En même temps que nous demandons, dans l'intérêt supérieur de l'éducation sociale, de fidèles représentations de nous-mêmes, nous tenons à ce que ces mêmes représentations deviennent pour la postérité des constatations historiques. Supposez que l'auteur des *Paysans de Flagey* ait relevé, comme on dit, d'un rayon d'idéal ces figures véridiques, ennoblissant leur geste, rehaussant leur attitude : l'effet eût été manqué. Il aurait fait un tableau agréable comme celui de L. Robert : c'est-à-dire que nous aurions de plus une œuvre fausse, classique ou romantique dans sa conception, mais banale dans ses élégances, commune avec sa recherche; une œuvre sans originalité, sans portée, sans idée, nulle pour l'art, inutile aux hommes du présent et à ceux de l'avenir. Eh! que ne donnerions-nous pas pour contempler aujourd'hui dans leur vie intime, dans leurs occupations domestiques et leurs affaires de ménage, les Romains du temps de Fabricius et des Scipions; les Grecs de Solon, de Thémistocle, de Périclès; les Carthaginois d'Annibal et les Gaulois de Vercingétorix! Quel commentaire pour l'histoire! quelle révélation pour la science des mœurs! Peut-être disparaîtrons-nous à notre tour de la scène du monde: ce qui est indubitable, c'est que d'ici à quelques siècles nous aurons changé. Dans trois cents ans, notre postérité ne nous ressemblera pas plus que les Flamands et les Hollandais d'aujourd'hui ne ressemblent, pour le costume, les pensées, les mœurs, aux contemporains de Rubens et de Rembrandt. Croyez-vous qu'alors des tableaux comme celui de Courbet n'acquièrent pas, aux yeux des générations futures, comme souvenirs de famille, et abstraction faite du talent de l'artiste, cent fois plus de valeur que toutes les fantaisies et illustrations des David, des Delacroix et des Ingres?

Le tableau des *Paysans de Flagey* est, au jugement de ceux qui soutiennent de leur approbation la nouvelle peinture, un des meilleurs de Courbet. Exposé au Salon de 1851, avec les *Casseurs de pierres* et l'*Enter-*

rement à Ornans, dont nous parlerons plus bas, « il fit pousser, dit un critique, des cris de surprise, de répugnance et d'admiration. Courbet venait de frapper fort comme un hercule de foire. Les critiques s'indignèrent au nom de la noblesse, de l'élégance du style et de tous les commandements de l'Académie. »

Je ne veux disputer ni sur la *noblesse*, ni sur l'*élégance*, ni sur la *pose*, ni sur le *style*, ni sur le *geste*, ni sur rien de ce qui constitue l'exécution d'une œuvre d'art et qui fait l'objet habituel de la vieille critique. Je serais même assez disposé à déclarer que je n'entends absolument rien à ces choses, et que je m'en félicite. Courbet possède, comme artiste, de puissantes qualités qu'on ne lui refuse guère ; il a aussi ses défauts, dont je n'entends aucunement lui faire un mérite. Je serais fort surpris qu'il n'en eût pas, et même de très-grands. Tout continuateur qu'il est de l'école hollandaise, Courbet est novateur, radicalement novateur ; il ne se connaît pas encore bien lui-même, et j'en donnerai la preuve ; il n'est soutenu, éclairé, redressé ni par le public, qui ne le comprend pas mieux qu'il ne comprend la peinture classique et romantique, et ne sait où il en veut venir ; ni par la critique, littéralement aveugle ; ni par les maîtres. Comment ne trébucherait-il pas à chaque instant? Quel est donc l'art qui s'est produit du premier coup par des œuvres sans reproche? Oublie-t-on que dans la Grèce de Périclès, dans celle d'Alexandre, les statues qui attiraient le plus la dévotion de la foule étaient les plus vieilles, des figures sans mouvement, sans geste, sans idéal, presque informes, premiers essais de la religion et de l'art? Eh bien! je vous le dis, nous assistons en ce moment à la naissance de quelque chose qui, en peinture, sera plus grand que tout ce qu'ont laissé les anciens et les modernes, si notre folie ne parvient pas à l'étouffer. *Nescio quid majus nascitur Iliade.* Ce que je demande, en conséquence, c'est que l'on ne juge pas le novateur avec le préjugé qu'il veut détruire; c'est qu'on applique à un art nouveau une critique nouvelle; qu'on l'apprécie en lui-même, comme le philosophe qui, ayant à faire la critique d'une idée, d'une théorie, d'un système, se garde bien de juger de ce système d'après sa conformité ou sa non-conformité avec tel autre; il le prend dans son principe; il s'assure de sa logique; il vérifie s'il ne recèle pas de contradiction, s'il rend compte de tous les faits, s'il répond à tous les problèmes que pose la philosophie.

Qu'est-ce que l'art et quelle est sa destination sociale?

Nous l'avons dit, *l'*Art *est une représentation idéaliste de la nature et de nous-mêmes, en vue du perfectionnement physique et moral de notre espèce.*

D'après cette définition, qui suppose dans l'esprit humain une faculté esthétique ou idéaliste, de même que la législation suppose en nous une faculté juridique, nous avons passé en revue les diverses manifestations de l'art depuis les temps les plus anciens jusqu'à nos jours; nous avons constaté qu'en effet tel avait été le but et l'effet de l'art, quelque forme qu'il eût prise et quels que fussent ses moyens; qu'il était tombé chaque fois qu'il avait oublié sa mission hautement morale et hygiénique; que l'idéal s'étendant à fur et mesure des progrès de la raison, l'art avait dû, à différentes époques, renouveler ses moyens, et que nous étions arrivés précisément à l'une de ces époques où, l'idéalisme antérieur étant dépourvu de sens, inintelligible, une rénovation complète de l'art est nécessaire.

Cet idéalisme consiste non plus en de vaines personnifications, que la puissance d'abstraction de nos langues et nos méthodes de raisonnement ont rendues inutiles; non pas davantage dans des représentations soit de la beauté du corps, soit de la sainteté de l'âme, beauté et sainteté que la contemplation artistique s'efforçait d'élever jusqu'à l'idéal : cette recherche de la perfection est désormais considérée par nous comme chimérique, inutile, partant contraire à la raison pratique et au but de l'art. Notre idéalisme, à nous, consiste à nous apprendre nous-mêmes, à nous amender jour par jour, non d'après des types conçus *à priori* et plus ou moins ingénieusement figurés, mais d'après les données que fournissent incessamment l'expérience et l'observation philosophique. Dans ces conditions, l'œuvre de l'artiste ne peut, sous prétexte de noblesse ou de grossièreté, rien exclure; elle embrasse dans son cadre, illimité comme le progrès lui-même, toute la vie humaine, heureuse et malheureuse, tous les sentiments, toutes les pensées de l'humanité.

Quoi! vous parlez d'idéal, et votre idéalisme, impuissant à faire parler la nature, ne repose que sur les chimères de votre imagination, sur les abstractions de votre esprit et les ébullitions impuissantes de votre cœur! Car, enfin, vos dieux, vos saints, vos grands hommes, tous ces personnages historiques, féeriques, dramatiques, allégoriques, romanesques et chevaleresques, tous ceux même, plus voisins de la réalité, que vous faites figurer dans vos paysages, vos marines, vos tableaux de *genre*, qu'est-ce que tout cela, sinon imagination, abstraction, chimère, bien plus, aveu d'impuissance? Vous parlez d'invention, de création, de liberté! et vous n'avez jamais fait que vous traîner à la suite des mythologues, des théosophes, des poëtes, des romanciers, des fabliaux, des historiographes, comme si l'art n'existait que pour illustrer la révélation, l'épopée, la comédie ou l'histoire; comme si l'artiste était incapable de penser par lui-même, de choisir ses types, de produire ses idées!

Comment! vous avez devant vous des hommes, vos compatriotes, vos contemporains, vos frères, des êtres qui pensent, qui agissent, qui souffrent, qui aiment, qui ont des passions, des intérêts, des idées, où l'idéal respire enfin, et votre pinceau, classique ou romantique, élégant et noble, les dédaigne! vous affectez de ne les point apercevoir! vous ne sauriez quel parti en tirer! Vous nous donnez à leur place des héros de théâtre, des personnages de romans, des vierges du paradis, ou, ce qui revient à peu près au même pour nous autres, des noms historiques, des citoyens du Maroc ou de l'Arabie, une fantasmagorie, des ombres chinoises! Savez-vous l'idée que vous me faites venir avec votre prétendu idéal? C'est que vous n'avez point d'idéal du tout, que votre âme est à sec, que vous n'êtes propres qu'à faire des pantins, des poupées, des mannequins, des charges pour le *Charivari* ou des figurines pour le journal des modes. De la forme! nous en avons de reste; on vous l'a dit, il n'y a plus rien à faire pour vous de ce côté depuis les Grecs. Ce que l'on vous demande à cette heure, c'est, à travers la forme, de nous faire voir l'esprit. Pour cela, je vous en préviens, il vous faut une puissance d'idéal bien autrement grande que celle qui fit découvrir les fesses de Vénus ou le nez d'Apollon.

Oui, oui, Courbet a ses défauts; je vous les passe tous, j'en ai appris moi-même quelque chose. Mais qu'on le critique en vertu de son idée, qu'on le juge d'après la loi qu'il s'est faite; surtout qu'on n'ameute pas contre lui les badauds, en criant à l'inélégance, à l'ignoble! Car, fût-il cent fois plus défectueux encore, d'un mot il vous écrase tous, et ce mot, que j'ai recueilli de sa bouche, aussi profond que spirituel, vaut comme démonstration un de ses tableaux : « Vous qui prétendez représenter Charlemagne, César et Jésus-Christ lui-même, sauriez-vous faire le portrait de votre père? »

CHAPITRE XIII

Continuation du même sujet : la *Fileuse; l'Enterrement à Ornans*, la *Baigneuse.*

Il faut l'avouer : il y a place aujourd'hui, dans la peinture et la statuaire, sans parler du reste, je ne dis pas pour un grand artiste, — les grands artistes sont bien venus en tout temps, — mais pour une révolution.

Peindre les hommes dans la sincérité de leur nature et de leurs habitudes, dans leurs travaux, dans l'accomplissement de leurs fonctions civiques et domestiques, avec leur physionomie actuelle, surtout sans pose ; les surprendre, pour ainsi dire, dans le déshabillé de leurs consciences, non simplement pour le plaisir de railler, mais comme but d'éducation générale et à titre d'avertissement esthétique : tel me paraît être, à moi, le vrai point de départ de l'art moderne. Ceci n'exclut pas, dans l'avenir, des exhibitions plus flatteuses pour notre amour-propre, plus idéalisées, puisque ainsi l'on entend l'idéal; mais, je ne le cache point, je ne m'attends pas à voir rien de semblable; je ne crois pas que, par le temps qui court, ni Courbet ni aucun autre y réussisse. Humilions-nous sous le poids de notre indignité. Ce n'est pas déjà si peu de chose que de savoir nous montrer tels que nous sommes : sous tous ces rapports, j'ose dire qu'à part le fini de l'exécution, dont je ne dis rien, parce qu'une révolution dans la pensée de l'art implique une révolution dans la manière, et qu'à cet égard tout est à faire, la peinture de Courbet est autrement sérieuse et d'une visée plus haute que presque tout ce qu'a laissé l'école hollandaise.

Or, à présent que nous savons à quoi nous en tenir sur la nouvelle réforme, nous pouvons en apprécier avec connaissance de cause les productions, et en dire notre sentiment. Ce serait fait de l'art, s'il était possible que le public demeurât étranger à ses mouvements. On se souvient de la réforme entreprise par Boileau contre le mauvais goût de son siècle; mais Boileau n'eût pas réussi, s'il n'avait été appuyé, à fur et mesure de ses efforts, par le bon esprit de ses contemporains. Poursuivons donc notre revue, et ne doutons pas que le jour où le public, initié à la pensée supérieure de la nouvelle école, saura s'y intéresser, le jour où le bon sens des masses aura remporté sur le mauvais goût traditionnel cette grande victoire, l'art reprendra sa marche ascensionnelle, et son influence sur l'esprit public sera incalculable.

La *Fileuse*.

Aux *Paysans qui reviennent de la foire* se rattache, par l'analogie de l'idée, la *Fileuse endormie*, excellente peinture où Courbet a de nouveau montré comment, dans les scènes de la vie populaire, il entend le but et la dignité de l'art. Donnez à un autre ce sujet si simple, la *Fileuse endormie*, et je serai bien trompé si, obéissant aux préoccupations de la vieille école et au goût détestable de l'époque, il ne vous fabrique une petite personne à figure de nymphe, taille svelte, jambe fine, *doigts de fée*, comme répètent à satiété les gens de lettres, lorsqu'ils parlent des travaux de l'ouvrière; bref une vraie poupée, paysanne de Florian et de l'Opéra. Il n'oubliera pas non plus de soulever un peu la jupe, d'écarter la cuisse, de découvrir la gorge, enfin de donner à l'abandon de la dormeuse toute la grâce possible. Une fileuse qui dort ne peut pas être dans la tenue sévère de la ménagère qui tient le balai. Ne faut-il pas d'ailleurs que l'artiste vous *émoustille*, qu'il éveille en vous un certain idéal? Sans cela vous ne vous soucieriez point de sa fileuse : qu'y a-t-il de commun entre la quenouille et l'art? Le critique dont j'ai cité plus haut l'opinion à propos du *Retour de la foire* dit de la *Fileuse* : « Figure simple, solide, noire et lourde.» Il est clair que, regardant à travers le binocle à la mode, il a pris pour un défaut un effet voulu de l'artiste, et n'y a rien compris. Mais laissons ces gens à leurs imaginations aussi absurdes, aussi laides qu'elles sont indécentes.

Courbet, qui n'a pas vu les dieux, qui ne connaît que les hommes, excelle à rendre la beauté physiologique, au sang riche, à la vie puissante et calme; beauté qui, représentée et fixée par l'art, produit sur les sens un effet analogue à celui de la beauté idéale des statues grecques. C'est que la vérité est aussi un idéal, qui par lui-même nous affranchit des titillations de la chair et des orages de la concupiscence, et qu'une imagination dépravée peut seule rendre dangereux. Quelle magnifique créature que cette fileuse, et comme elle dort! Le fil est tombé de sa main; on croit entendre sa respiration lente à la place du bourdonnement du rouet. Tous les jours elle se lève de grand matin; elle se couche la dernière; ses fonctions sont multipliées, son action incessante, pénible: c'est aux instants *perdus* qu'elle prend sa quenouille, travail minuscule dont la ténuité et le petit bruit ne sauraient tenir éveillée la robuste campagnarde. Comprenez-vous maintenant pourquoi Courbet a fait de sa fileuse une franche paysanne? Sans cela elle serait à contre-sens; je dis plus, elle tomberait dans l'indécence. Il y a beau temps que les châtelaines ne filent plus; les bourgeoises n'ont jamais filé; les ouvrières des grandes villes n'ont pas même appris; on a bâti des filatures qui les en dispensent;

aussi bien elles n'y gagneraient pas leur vie. Toutes d'ailleurs sont *artistes ;* elles ne supporteraient l'ennuyeuse quenouille que si la coquetterie y trouvait son compte, derrière une vitrine, en vue du boulevard. Là vous les verriez, d'une main preste et légère, tirer leur lin. Sortez-la de son village, de son foyer champêtre : l'idée de la fileuse succombant au sommeil ne sera plus qu'une image de la paresse domestique ; par conséquent, comme je le disais tout à l'heure et comme le veut la logique de notre faux goût, une provocation à la luxure. La fileuse de Courbet est brune, bien assise, bien colletée ; elle a la taille puissante, les bras robustes, les doigts nourris, la figure candide ; au sein du sommeil, ses habitudes de modestie ne la trahiront pas. La vérité pouvait seule ici, écartant toute pensée impure, suggérer à la fois une idée et un idéal, hors desquels l'art, réduit l'arbitraire, à l'insignifiance, disparaît.

L'*Enterrement à Ornans.*

C'est surtout dans l'*Enterrement* que la pensée de Courbet s'est révélée avec le plus d'audace : je n'excepte pas même le *Retour de la conférence,* dont je parlerai plus bas. On a rendu généralement justice à cette œuvre, quant au talent de l'artiste, à l'énergie de son pinceau ; et il faut que ce talent soit bien réel pour que la critique se soit laissée aller à de tels aveux : car, pour le sujet lui-même et pour la manière dont il est traité, on n'y a rien compris du tout. L'auteur des *Artistes français étudiés d'après nature*, M. Th. Sylvestre, a fait de l'*Enterrement* une description qui est une caricature. Et, je l'avouerai, le contraste entre les figures et le motif pieux qui les réunit est d'une telle violence, que je ne pense pas, quoi que nous puissions dire, nous autres hérauts et vulgarisateurs de l'idée nouvelle, que de longtemps le public puisse comprendre et supporter une pareille leçon, ni l'artiste compter, pour de tels essais, sur le suffrage des masses.

De tous les actes de la vie, le plus grave, celui qui prête le moins à l'ironie est celui qui la termine, c'est la mort. Si quelque chose doit rester sacré, aussi bien pour le croyant que pour l'incrédule, ce sont les derniers instants, le testament, les adieux solennels, les funérailles, la tombe. Tous les peuples ont senti la majesté de ces scènes; tous les ont entourées de religion. Le même sentiment a de tout temps inspiré les artistes qui, dans ce cas, peut-être le seul, ont su tout à la fois obéir à l'idéal de leur époque et rester dans la vérité éternelle de leur mission. Il semble qu'en effet aucune aberration de l'art ne soit possible dans cette solennité déchirante, où une famille, entourée des amis et des proches, assistée du clergé, va mettre le sceau à la grande séparation, en rendant à la terre le cadavre d'un époux, d'un père. Comment donc Courbet s'est-il complu à envelopper une pareille scène de ridicule, à en rendre grotesques les acteurs? Remarquez que la scène se passe à Ornans, une bourgade de Franche-Comté, entre simples paysans, dans un milieu où il reste de la religion, où la foi n'est pas entièrement morte : ce qui rend l'idée de l'artiste plus inconcevable encore et en fait presque un sacrilége. Regardez ce fossoyeur au visage épaté, à la face de brute; ces enfants de chœurs indévots et polissons; ces bedeaux au nez bourgeonné, qui, pour quelques sous, on quitté leurs vignes et sont venus figurer au drame funèbre; ces prêtres blasés sur les enterrements comme sur les baptêmes, galopant d'un air distrait l'indispensable *De profundis* : quel triste et affligeant spectacle ! La belle chose à étaler aux yeux, n'est-ce pas? A qui donc M. Courbet destinait-il ce tableau? Où en trouverait-on la place? Ce n'est pas dans une église, à coup sûr, où il serait une insulte; ni dans une école, ni dans un hôtel de ville, ni dans un théâtre. Il n'y a qu'un grand seigneur avide de curiosités qui puisse songer à le recueillir dans son grenier; il se gardera de le placer dans son salon. Sans doute il y a là-bas, de l'autre côté de la fosse, des figures de femmes bien touchantes, avec lesquelles vous êtes presque tenté de pleurer; mais ces spectateurs froids, ce monsieur ennuyé, vieille connaissance de la famille, qui n'a pu se dispenser d'assister aux obsèques d'un ami, d'un protégé défunt : tout cela n'indique-t-il pas une préméditation sacrilége? Où trouver là le but, la pensée morale de l'art?...

Eh bien, cette critique, qu'il est si aisé de charger, est la justification même de Courbet. En quel siècle vivons-nous? demanderai-je aux hypocrites qui l'accusent. N'avez-vous jamais assisté à une cérémonie funèbre, et n'avez-vous pas observé ce qui s'y passe? Nous avons perdu la religion des morts; nous ne comprenons plus cette poésie sublime dont le christianisme, d'accord avec lui-même, l'entourait; nous n'avons pas foi aux prières, et nous nous moquons de l'autre vie. La mort de l'homme aujourd'hui, dans la pensée universelle, est comme celle de la bête : *Unus est finis hominis et jumenti*; et malgré le *Requiem*, malgré le catafalque, malgré les cloches, malgré l'église et tout son *décorum*, nous traitons les restes de l'un comme ceux de l'autre. Pourquoi des funérailles? Pourquoi des sépulcres? Que signifient ces marbres, ces croix, ces inscriptions, ces couronnes d'immortelles? Ne vous suffit-il pas du tombereau qui, sur l'ordre de la police, prendra le corps et le conduira.... à Montfaucon?

C'est cette plaie hideuse de l'immoralité moderne que Courbet a osé montrer à nu; et le tableau qu'il en a fait est aussi éloquent que le pourrait être un sermon sur la même matière de Bridaine ou de Bossuet. Là, nous dit-il, je ne vois plus qu'une chose qui soit respectable : ce sont les pleurs des mères, des sœurs, des épouses; c'est l'ignorance des enfants. Tout le reste est comédie, et, comme vous dites, sacrilége. Or ce sacrilége, vous ne l'apercevriez pas, âmes pourries et cadavéreuses que vous êtes, si la peinture ne vous le faisait entrer de vive force dans la conscience, par l'horreur même de la représentation. C'est pour cela, sachez-le, que Lamennais a voulu être jeté dans la fosse commune, comme un chien, sans cérémonie et sans cortége.— Puisque nos lois de police ne permettent pas à l'ami d'ensevelir dans le secret le corps de son ami, pensait l'auteur de l'*Indifférence*, dérobons-nous du moins à la curiosité indiscrète, et que le croque-mort banal en finisse !...

Courbet s'est donc montré, dans le tableau de l'*Enterrement*, aussi profond moraliste que profond artiste; il vous a donné la vérité sanglante, impitoyable ; en révoltant en vous l'idéal, il vous rappelle à votre dignité ; et s'il n'a pas fait une œuvre sans défaut, il en a fait une incontestablement salutaire et originale, que nous eussions jugée prodigieuse s'il nous restait le moindre sentiment de l'art, si notre âme, notre raison, notre intelligence, notre conscience n'étaient, pour ainsi dire, frappées d'anesthésie. Que pèsent ici toutes les réserves de la plus malveillante critique? « La composition de l'*Enterrement* viole toutes les règles...

les personnages y forment une sorte de bas-relief désordonné... les têtes, trop accusées au dernier plan, viennent au premier?... » Je vous accorde tout ce que vous voudrez. En est-il moins vrai que Courbet s'est ouvert dans l'art une nouvelle et immense perspective; qu'une idée comme celle de l'*Enterrement* est à elle seule une révélation, et que l'excitation idéaliste qui en résulte est si puissante, qu'on finit par trouver que l'artiste n'a point encore assez fait, comme les Grecs trouvaient que les figures de leurs dieux n'étaient jamais assez belles, et qu'on voudrait faire remettre vingt fois au concours un sujet si nouveau, si accusateur et si émouvant?

La *Baigneuse*.

Parlons de la célèbre *Baigneuse*, qui souleva contre l'école prétendue *réaliste* une réprobation générale dont la clameur poursuit encore Courbet. J'ai eu l'un des premiers, je puis le dire, l'honneur d'applaudir à « ce monceau de matière puissamment rendu, qui tourne avec cynisme le dos au spectateur. » Remarquez cela: en dépit du sarcasme, du dégoût, de la condamnation, toujours un certain éloge se trouve en faveur de Courbet sous la plume des critiques. Eh bien! messieurs les appréciateurs jurés, faiseurs de comptes rendus, experts de la grande presse, dites-moi donc, là, sérieusement, ce que vous trouvez à reprendre à cette invention nouvelle? Le dessin y manque-t-il, ou la couleur? N'y a-t-il pas de l'étoffe, et, comme on dit à l'atelier, de la *patte?* Elle ne vous plaît pas: pourquoi? Déduisez-moi vos raisons. Oh! vous aimeriez mieux, on le sait, une nymphe de Pradier ou de Clésinger, dans une posture impossible, sous l'aiguillon d'Éros; une odalisque de M. Ingres, ou tout autre miroir aphrodisiaque. Vos feuilletons, vos romans, vos petits vers, témoignent là-dessus et de votre éthique et de votre esthétique. Mais n'y a-t-il donc que la Vénus vulgivague ou millionnaire, en chemise ou retroussée, qui puisse être appréciée de vous? Cette honnête femme, qui sort du bain et se laisse voir par derrière, sans songer à mal, ne trouvera-t-elle pas grâce devant vous? Oublions, pour un moment, vos délices épicuriennes, et raisonnons.

« Elle est laide, elle vous dégoûte, » prétendez-vous. — N'exagérons rien: nous faisons ici de l'art, non de la volupté. Que la femme que vous montre ici Courbet, dans une attitude aussi réservée que la nudité le comporte, ne soit rien moins qu'une beauté idéale, c'est possible: telle n'a pas été non plus l'intention du peintre. Grasse et dodue, large de croupe et fournie d'encolure, brune et luisante, à coup sûr on ne vous la donna jamais pour une Diane ou une Hébé. Remarquez cependant qu'elle n'est ni bossue, ni bancale, ni mal bâtie; le monde est plein de *belles femmes* qui, au déshabillé, ne la vaudraient certainement pas. Comment donc ne voyez-vous pas que ce qu'il y a ici de disgracieux, de répugnant même, et que vous ne savez pas seulement définir, est un effet de l'art, une préméditation du peintre? Or il s'agit entre nous précisément de cela : à moins de dire que l'artiste n'a su ce qu'il voulait et ce qu'il faisait, je me demande, moi, quelle a été l'idée de Courbet en peignant cette figure, d'une vérité, d'un *réalisme*, si vous voulez, que rien ne surpassera jamais? Vous êtes-vous seulement posé cette question?

On m'a raconté qu'au Salon de 1853, où la *Baigneuse* fut exposée pour la première fois, l'impératrice Eugénie venait de voir le tableau, si justement applaudi, de mademoiselle Rosa Bonheur, le *Marché aux chevaux*. On avait eu soin de faire observer à Sa Majesté Impériale, Andalouse, comme on sait, d'origine, qu'elle ne devait pas juger de nos races chevalines d'après celles de son pays, et que ce qui faisait le principal mérite du *Marché aux chevaux*, ce qui le rendait intéressant pour l'amour-propre national, c'était la fidélité avec laquelle l'artiste avait su rendre la plus belle de nos races, la race percheronne. Ceci, soit dit en passant, prouve que, dès 1853, Courbet n'était pas le seul peintre réaliste que nous eussions; qu'il y en avait d'autres qui, sans négliger l'idéal, cultivaient le réel, et, sans s'en douter le moins du monde, auraient mérité tout autant que lui d'être classés parmi les réalistes. De tout temps les statuaires et les peintres ont idéalisé le cheval, *la plus noble conquête de l'homme*, comme ils idéalisaient l'homme lui-même. Cela prouve le cas que nous avons fait, dès le premier âge, de ce bel animal. Mais où le trouve-t-on ce cheval idéal? Qui l'a vu? Nous connaissons le cheval limousin, normand, percheron, andalou, arabe, mecklenbourgeois, cosaque même; et dans toutes ces variétés il y a de superbes échantillons; mais de cheval idéal, point : c'est une convention pure... — Arrivée devant la *Baigneuse*, l'Impératrice ne put retenir un cri de surprise : Est-ce aussi une Percheronne? fit-elle. — Si j'avais été présent, j'aurais pris la liberté de répondre à Sa Majesté, en ôtant mon chapeau : Non, madame; celle-ci est une simple bourgeoise, comme nous en avons également beaucoup, et dont le mari, libéral sous Louis-Philippe, réactionnaire sous la République, est actuellement l'un des sujets les plus dévoués de l'Empereur.

Oui, la voilà bien cette bourgeoisie charnue et cossue, déformée par la graisse et le luxe; en qui la mollesse et la masse étouffent l'idéal, et prédestinée à mourir de poltronnerie, quand ce n'est pas de gras-fondu; la voilà telle que sa sottise, son égoïsme et sa cuisine nous la font. Quelle ampleur! quelle opulence! On dirait une génisse attendant le sacrificateur. Comparez entre elles la *Baigneuse* et la *Fileuse endormie*, et vous vous apercevrez d'une chose : c'est qu'entre paysannerie et bourgeoisie le fond est absolument le même, mais que la différence des physionomies créée par les mœurs est énorme. Est-ce que cette épaisseur de lard ne vous semble pas, dans sa flasque matérialité, rendre la pensée de l'artiste mille fois mieux que ne pourrait faire la plus savante allégorie ? Ni le Raminagrobis de La Fontaine,

> Ce chat faisant la chattemite,
> Ce saint homme de chat,
> Bien fourré, gros et gras;

ni le rat, si joliment raconté par le même, qui, enfermé dans un fromage, s'engraissait à la ronde, n'approchent du type créé par Courbet. Ce chat et ce rat sont de l'apologue, des malices d'enfant ; l'autre est de la haute comédie.

Quand je dis bourgeoisie, il faut s'entendre. Ce n'est pas une classe de citoyens que j'entends vouer à la risée de la plèbe ; je ne fais pas ici de politique : c'est tout simplement un inconvénient de certaines habibitudes que je dénonce. La théologie enseigne qu'il y a des *grâces d'état ;* il y a aussi des vices d'état. D'ailleurs il en est un peu de la peinture comme de la musique : chacun a le droit d'y voir ce que bon lui semble ; l'essentiel pour le peintre est que l'on y découvre quelque chose. Cette femme, que je vous présente ici avec son gros derrière, comme la personnification de la bourgeoisie, peut devenir, à votre gré, tout autre chose. Ce pourrait fort bien être un bas-bleu, par exemple; j'en ai vu de cette carrure : l'exercice de la plume vous alourdit une femme tout comme le couteau de la charcutière. Ce peut être quelque chose de moins estimable encore, et qui est parfaitement dans nos mœurs, une *mère abbesse*. La courtisane est goinfre, goule, tourne rapidement à la graisse, et devient énorme. Toutes ces variétés rentrent, quant à la forme, dans le même type. Le général russe Mourawief fait fouetter les Polonaises patriotes : c'est un brutal qui ne sait pas son métier. Courbet fait pis à ses victimes : il les peint cul nu, et les rieurs sont de son côté. Je connais un zélateur de l'idéal qui, fasciné par l'incomparable énergie de ce tableau, eut l'étrange curiosité de faire connaissance, comme dit la Bible, *cognoscere*, avec le modèle. Que trouva-t-il? C'est ce que j'ai oublié de lui demander, et qui ne nous importe guère. Comme un homme qui, n'ayant pas l'œil montagnard, regarde du haut d'un rocher à pic au fond d'un abîme, cet idéaliste avait été pris de vertige et s'était, ma foi, bravement précipité. Je souhaite aux peintres de l'Académie et aux partisans de l'art pour l'art beaucoup de triomphes comme celui-là.

CHAPITRE XIV

Caractère de l'art dans la période qui commence : définition de la nouvelle école.

Nous reprendrons l'examen des tableaux de Courbet; essayons, avant d'aller plus loin, de déterminer le caractère de l'art dans la période où nous sommes entrés depuis dix ou quinze ans, et de définir la nouvelle école.

Nous avons dit que l'art a son principe et sa raison d'être dans une faculté spéciale de l'homme, la faculté esthétiqu . Il consiste, avons-nous ajouté, dans une représentation plus ou moins idéalisée de nous-mêmes et des choses, en vue de notre perfectionnement moral et physique.

Il suit de là que l'art ne peut subsister en dehors de la vérité et de la justice; que la science et la morale sont ses chefs de file; qu'il n'en est même qu'un auxiliaire; que par conséquent sa première loi est le respect des mœurs et la rationalité. L'ancienne école, au contraire, tant classique que romantique, soutenait, et des philosophes distingués se sont rangés à cette opinion, que l'art est indépendant de toute condition morale et philosophique, qu'il subsiste par lui-même, comme la faculté qui lui donne naissance : c'est cette opinion qu'il s'agit actuellement d'examiner à fond, car c'est elle qui fait toute la difficulté entre les écoles.

L'art, donc, pense-t-il? sait-il? raisonne-t-il? conclut-il?... A cette question catégorique, l'école romantique, plus hardie encore que sa rivale, a répondu non moins catégoriquement : NON, faisant de ce qu'elle nomme fantaisie, génie, inspiration, soudaineté, et qui n'est autre chose qu'une ignorance systématique, la condition essentielle de l'art. Ne rien savoir, s'abstenir de raisonner, se garder de réfléchir, ce qui refroidirait la verve et ferait perdre l'inspiration; prendre la philosophie en horreur, telle a été la maxime des partisans de l'art pour l'art. Nous ne condamnons pas la science en elle-même, disent-ils; nous rendons parfaite justice à son utilité, à son honorabilité, et nous ne sommes pas les derniers à en illustrer les représentants. Nous prétendons seulement qu'elle n'est d'aucun secours pour l'art; qu'elle lui est même fatale. L'art est tout spontané; il est inconscient de lui-même; il s'ignore : c'est intuition pure; il ne sait ce qui le mène, ni ce qu'il fait, ni où il va. Que d'autres mettent de la suite, de la logique dans ses manifestations; qu'ils en cherchent la raison, qu'ils en montrent le lien : c'est affaire de philosophie, que l'on peut trouver fort plausible, mais qui ne regarde réellement point l'artiste. La Muse, faculté universelle, souffle divin, incoercible, rebelle à l'analyse comme à la discipline, visite tantôt celui-ci, tantôt celui-là; c'est elle qui dit à chacun : Tu seras artiste! Heureux le prédestiné qu'elle couvre de ses ailes! il enlèvera l'admiration des hommes et conquerra l'immortalité. Mais c'est en vain qu'il essayerait de retenir, par les chaînes de la méditation, l'esprit céleste; c'est en vain qu'il voudrait lui commander au nom d'une théorie : la dialectique le fera fuir, et pour jamais. Le plus ignorant des hommes peut avoir une inspiration heureuse; le téméraire qui, par la philosophie, par la critique, par la raison pure, croit s'en emparer, n'y arrivera jamais.

Cette exclusion de la science du domaine de l'art s'étend à la morale. — L'art existe par lui-même, disent-ils encore; il est indépendant des notions de justice et de vertu; c'est la liberté dans son absolutisme. Sans doute, et nous ne le nions pas, ce qui est moral est digne de toute louange, et ce qui est criminel digne de réprobation. Nous n'avons jamais prétendu que l'art puisse changer la nature et la qualité des choses, faire du crime une vertu, rendre moralement bon ce qui est moralement mauvais. Nous disons que l'art, en tant qu'art, est affranchi de toute considération morale comme de toute étude philosophique;

en sorte qu'il peut se manifester, se développer dans la superstition et la débauche, comme dans la science et la sainteté, produire des chefs-d'œuvre sur des sujets immoraux et absurdes, ni plus ni moins que dans la célébration des idées et de toutes les vertus civiques et domestiques.

Ainsi, parce que Jules Romain et autres ont fait, avec un merveilleux talent, des peintures obscènes, parce que Parny et Voltaire ont écrit, l'un la *Guerre des dieux*, l'autre la *Pucelle*, on s'est imaginé que l'art pouvait se suffire, et que, tout le reste éteint, il aurait la puissance de faire revivre le cadavre et d'ennoblir l'humanité. On s'est abusé par le plus grossier sophisme. On n'a pas compris que des œuvres comme celles que je viens de citer sont des monstres, où la laideur du sujet est arbitrairement mariée à une forme belle, mais *dès longtemps donnée et découverte*. La question, en effet, n'est pas de savoir si des artistes comme Voltaire et Jules Romain, venus à la suite du développement complet de la langue, de la littérature et de l'art, peuvent faire ce que bon leur semble de leur style et de leur pinceau : la question est de savoir si la langue et l'art seraient arrivés, sous l'influence d'œuvres comme la *Pucelle* et de gravures comme celles de l'*Arétin*, au point de perfection où ces grands artistes les ont trouvés. Les créateurs de la langue française, ne l'oublions pas, sont Malherbe, Corneille,

Boileau, Pascal, Bossuet et autres semblables, les plus sévères, les plus précis et les plus chastes des génies. Jugeons du reste par cette analogie.

La question de l'indépendance de l'art conduit à une autre : celle de sa fin ou de sa destination. Sur ce point, comme sur le précédent, l'ancienne école n'est pas moins explicite et décisive. D'après les classiques et les romantiques, qu'il serait inconséquent de séparer, l'art est à lui-même sa propre fin. Manifestation de la beauté et de l'idéal, quel autre objet pourrait-on lui assigner que celui de plaire, d'amuser? Il répugne à toute fin utilitaire. S'il favorise les mœurs, s'il aide à la santé, s'il contribue à la richesse, tant mieux pour elles; l'homme d'État pourra en prendre texte pour imposer à l'art certaines restrictions de police; mais il n'en résulte nullement que l'art reconnaisse une suzeraineté en dehors de sa nature. Les ordonnances du législateur ont leur motif; elles doivent être respectées; comme citoyen, l'artiste s'y soumet; comme interprète de l'idéal, il ne s'en soucie aucunement. Son unique but, c'est, en vous faisant part de ses impressions personnelles, quelles qu'elles soient, d'exciter en vous cette délectation intime qui double la jouissance de la réalité, qui tient lieu bien souvent de sa possession. Qu'importe ici la moralité du fait ou sa logique? Qu'importe la valeur, économique ou morale, de la chose? Vous êtes séduit, passionné, transporté : c'est tout ce que veut l'artiste. Le reste est hors de sa compétence, hors de sa responsabilité.

Je ne perdrai pas mon temps à réfuter cette théorie, fondée sur une équivoque, et que chacun aujourd'hui peut juger par ses fruits ; car c'est elle qui, depuis soixante ans, pour ne pas remonter plus haut, a fait déchoir constamment l'art et qui l'a perdu.

L'âme humaine est constituée en une sorte de polarité, CONSCIENCE et *Science*, en autres termes JUSTICE et *Vérité*. Sur cet axe fondamental, comme sur leur dominante, gravitent les autres facultés : la mémoire, l'imagination, le jugement, la parole, l'amour, la politique, l'industrie, le commerce, l'art. Ce qui a dérouté les artistes, ou, pour mieux dire, ceux qui leur ont fourni cette fausse esthétique, c'est qu'ils ont méconnu cette constitution. Ils ont vu dans l'âme humaine une triade où le sentiment, l'*esthésie*, figurait, selon eux, comme troisième terme, égal aux deux autres ; tandis qu'il n'y a véritablement qu'une dyade, ou, comme je le disais tout à l'heure, une polarité, dans laquelle l'art ne peut plus évidemment être considéré que comme fonction auxiliaire. La preuve de cette subordination de l'art vis-à-vis de la conscience et de la science, c'est que, comme nous l'avons démontré précédemment (chap. XI), dans tout ce qui est de science et de droit purs, l'idée et l'idéal sont identiques et adéquats ; qu'à cet égard le rôle de l'art devient nul, et qu'il ne rentre en exercice qu'à l'égard des objets particuliers, des individus et de leurs actions, dont l'idée propre, c'est-à-dire la forme, figure ou image, nécessairement différente du type ou de la loi, est différente de l'idéal. En sorte que science et conscience sont en nous les deux sources de l'idéal, c'est-à-dire de la faculté que nous avons de considérer les choses d'après leur loi, et de tendre à les y ramener, et qu'un art qui se déclarerait indépendant de la science et de la morale irait contre son propre principe : ce serait une contradiction.

Je ne m'étendrai pas davantage sur ce sujet : il me faudrait répéter ce que j'ai dit de l'évolution historique de l'art, évolution dans laquelle nous l'avons vu suivre pied à pied la civilisation, et se faire rudement éconduire lorsqu'il s'en écartait ; ce que j'ai dit ensuite de l'irrationalité de l'art aux dix-huitième et dix-neuvième siècles, irrationalité qui, dégénérant en orgie et débauche, a fini par tuer jusqu'au génie. Je me contente de rétablir ici le vrai principe, me confiant pour le surplus à l'intelligence du lecteur.

C'est contre cette théorie dégradante de l'art pour l'art que Courbet et, avec lui, toute l'école jusqu'à présent nommée réaliste s'élèvent hautement et protestent avec énergie. — Non, dit-il, — je traduis ici la pensée de Courbet d'après ses ouvrages, plutôt que je ne la cite d'après ses discours, — non, il n'est pas vrai que la seule fin de l'art soit le plaisir, car le plaisir n'est pas une fin; il n'est pas vrai qu'il n'ait d'autre fin que lui-même, car tout se tient, tout s'enchaîne, tout est solidaire, tout a une fin dans l'humanité et dans la nature: l'idée d'une faculté sans but, d'un principe sans conséquence, d'une cause sans effet, est aussi absurde que celle d'un effet sans cause. L'art a pour objet de nous conduire à la connaissance de nous-mêmes, par la révélation de toutes nos pensées, même les plus secrètes, de toutes nos tendances, de nos vertus, de nos vices, de nos ridicules, et par là de contribuer au développement de notre dignité, au perfectionnement de notre être. Il ne nous a pas été donné pour nous repaître de chimères, nous enivrer d'illusions, nous tromper et nous induire à mal avec des mirages, comme l'entendent les classiques, les romantiques et tous les sectateurs d'un vain idéal; mais pour nous délivrer de ces illusions pernicieuses, en les dénonçant.

Il ne suit pas de là, dirai-je à mon tour, que l'œuvre d'art doive affecter des airs de rudesse, de gronderie et de déplaisance, se poser en divinité rageuse. La beauté et la grâce sont essentiellement de son domaine; elles y priment le grossier et le laid. C'est pour cela que nous avons vu l'art, dans la jeunesse des sociétés, tendre de toutes ses forces à représenter les choses, selon l'expression de Raphaël, non pas précisément telles qu'il les voyait, mais comme il aurait voulu qu'elles fussent, entourées d'une auréole d'amour, plus belles que nature, en un mot, idéales. C'était l'enfance de l'art, si vous voulez ; mais l'enfance aime la beauté, et elle s'y connaît. Allez-vous donc mettre l'enfance hors de la vie humaine? Et notez ceci, à la justification des anciens artistes : à mesure que l'humanité se dégagera du vice, de la tyrannie et de la misère, nous verrons la figure humaine, je veux dire la figure de l'homme vivant, s'illuminer elle-même, se rapprocher peu à peu de l'effigie qu'elle s'est faite autrefois, comme de son modèle ; réaliser ainsi dans sa propre chair son antique idéal, et y ramener ses nouvelles créations. Ce résultat final est inévitable, à moins de nier toute espèce de progrès. Nous sommes loin de cet avenir, sans doute : trente siècles de fausse civilisation, accumulés sur nos têtes, réclament de nous d'autres soins.

Tout ceci posé, nous pouvons essayer de définir la nouvelle école et d'en préciser l'idée. Il nous suffit pour cela des quatre premiers tableaux que nous venons d'examiner.

Les œuvres de Courbet ne sont point des caricatures ou des charges : ses partisans et ses adversaires reconnaissent tous qu'il reste dans la vérité réelle, lui faisant même de ce réalisme, les uns un reproche, les autres un éloge. Ce n'est pas de la satire, bien que l'idée satirique ne lui manque pas ; mais elle n'épuise pas sa pensée ; ce n'est qu'une variété dans son œuvre, comme elle est une variété, un genre à part, dans les œuvres de Boileau et d'Horace. Impossible de trouver une allusion satirique dans le *Retour de la foire*. Courbet ne procède point par l'hyperbole, la dérision ou l'invective; son ironie ne dégénère pas en calomnie; il est sans haine comme sans flatterie. Si, comme artiste, il laisse voir une certaine colère brutale, ce n'est pas contre les sujets qu'il peint, contre les vices ou les ridicules qu'il attaque; c'est contre ses confrères, obstinés dans une voie fausse. Sous ce rapport, on a eu raison de dire qu'en envoyant l'*Enterrement*, la *Baigneuse*, etc., aux expositions de 1851 et 1853, il frappait comme un hercule de foire.

On ne saurait davantage l'appeler un peintre de *genre*, à la manière des Hollandais et des Flamands, dont les peintures, agréables ou comiques, mais légères, vont rarement au fond des choses, ne trahissent aucune préoccupation philosophique, et révèlent plus d'imagination que d'observation. Citerait-on un Téniers qui fût dans la donnée de Courbet? Je ne le saurais dire : en tout cas, je répliquerais que Téniers a anticipé sur son époque; ce qui n'est pas sans exemple parmi les artistes. Les tableaux du peintre d'Ornans sont des miroirs de vérité, dont le mérite, jusqu'à présent hors ligne, abstraction faite des qualités et des défauts de l'exécution, est dans la profondeur de l'idée, la fidélité des types, la pureté de la glace et la puissance du réfléchissement. Cette peinture-là vise plus haut que l'art lui-même ; sa devise est l'inscription du temple de Delphes : *Hommes, connaissez-vous vous-mêmes*, concluant, par forme de sous-entendu, avec Jean le Baptiseur, *et amendez-vous*, si vous tenez à la vie et à l'honneur.

Dira-t-on enfin, avec les écrivains de la nouvelle école, que ces tableaux sont de purs réalismes ? Prenez garde, leur répondrai-je : votre réalisme compromettrait la vérité, que cependant vous faites profession de servir. Le réel n'est pas la même chose que le vrai ; le premier s'entend plutôt de la matière, le second des lois qui la régissent ; celui-ci seul est intelligible, et à ce titre peut servir d'objet et de but à l'art ; l'autre n'a par lui-même aucun sens. Les anciennes écoles sont sorties de la vérité par la porte de l'idéal ; n'allez pas en sortir à votre tour par la porte du réel. — Vous citez, en témoignage de votre réalisme, d'antiques chefs-d'œuvre, tels que les bustes de Néron et de Vitellius, que vous opposez aux bustes flattés et menteurs de César et de Napoléon par M. Clésinger [1]. Je reconnais volontiers toute la distance qu'il y a entre l'œuvre de l'artiste romain et celle du praticien français ; autant j'éprouve d'admiration pour l'une, aussi peu l'autre m'inspire d'intérêt. Mais, avant de conclure au réa-

1. *Courrier du Dimanche* du 13 septembre 1863, article de M. Castagnary.

lisme des deux antiques, observez d'abord que vous n'êtes pas à même de comparer les portraits avec les originaux; en second lieu, que le grand mérite de ces bustes, c'est que leur auteur n'a pas rien fait que copier ses modèles, ce qu'eût pu faire tout aussi bien un mouleur; il en a rendu, sans sortir de la vérité, la physionomie, l'air, ce je ne sais quoi qui fait qu'un portrait vous frappe, qui ne résulte pas de la matière, et qui est l'esprit. Voilà sans doute, si la critique que vous faites des bustes de M. Clésinger, que je n'ai pas vus, est juste, ce que cet artiste n'aura pas appris à faire, et où ceux d'il y a dix-huit siècles excellaient : il s'agissait pour lui, comme pour les anciens, de nous montrer les âmes des deux empereurs; il n'a su que redresser les traits de leurs visages, d'après le canon grec. La réalité physique, souvenez-vous-en, ne vaut que par l'esprit, par l'idéal qui respire en elle, et qui ne consiste pas seulement dans une certaine symétrie ou élégance de forme. Allez-vous donc, à force de chercher la réalité, sacrifier l'esprit à la matière, comme les adorateurs de la forme, à force de chercher l'idéal, ont sacrifié la vérité à une chimère?

Je conclus donc, et cela de vos propres appréciations, que pour exécuter un portrait, à plus forte raison une scène de la vie sociale, l'intervention de l'idéal est absolument indispensable : non encore une fois qu'il s'agisse pour l'artiste de refaire, corriger et embellir l'œuvre de la nature et de la société, du crime peut-être; mais précisément afin de conserver aux personnages la vérité, la vie, l'esprit de leur physionomie. C'est ce qu'a voulu dire Courbet, qui, s'il s'exprime souvent mal, s'entend fort bien avec lui-même, dans ce défi jeté par lui à ses adversaires : *Vous qui vous chargez de peindre des César et des Charlemagne, sauriez-vous faire le portrait de votre père?*

Puis donc que l'idéal est essentiel à l'art, aussi bien d'après la nouvelle école que d'après les écoles antérieures, et que le réel ne figure chez toutes qu'à titre de matière brute, substance ou support de la forme, de l'idée, de l'idéal, ce n'est point du tout par son réalisme que cette école doit être définie; c'est par la manière dont elle fait fonctionner à son tour l'idéal. L'art égyptien fut, en raison de son idéal, typique, symbolique, métaphysique; l'art grec fut, par la même cause, idolâtrique, voué au culte de la forme; l'art chrétien fut à son tour, de par l'Évangile, spiritualiste et ascétique; celui de la Renaissance est un ambigu, moitié païen, moitié chrétien, d'un effet étrange; l'art hollandais enfin, sorti de la démocratie et de la pensée libre, affranchi de toute mythologie, allégorie, idolâtrie, spiritualité, de tout respect hiérarchique; acceptant le peuple pour sujet, pour type, pour souverain et pour idéal, a mérité d'être défini par nous *art humain*. Mais cette désignation, plus révolutionnaire que philosophique, excellente pour marquer la transition qui sépara tout à coup le monde catholique et féodal du monde de la science et de la liberté, ne suffit plus ; elle n'est pas assez distinctive; elle manque pour nous d'horizon, en laissant croire que l'art n'a plus à faire désormais qu'à continuer les Hollandais, tandis qu'il est manifeste que déjà il les dépasse. Quant aux idéalistes de la fantaisie qui, sous les noms de classiques et de romantiques, occupent toute la période comprise entre la Révolution et le second Empire, il ne peut pas même en être ici question : ceux-là n'ont pas plus d'idéal que n'en auraient les purs réalistes, s'il en existait.

Ainsi la question se réduit, pour définir la nouvelle école et déterminer le caractère nouveau de l'art, à dire de quelle nature est, en général, l'idéalisme auquel il doit désormais se référer. Tout d'abord, je remarque que l'idéal artistique chez les Égyptiens, les Grecs, les chrétiens, et même à la Renaissance, correspond à un dogme religieux, dont il n'est que la traduction ; il pivote sur ce dogme ; il y ramène de près ou de loin toutes ses inventions. On peut donc l'appeler, d'une manière générale, *idéalisme dogmatique*. Depuis la réforme luthéro-hollandaise, le dogme *à priori* a cédé la place à la libre pensée ; l'art a pris son idéal partout, dans l'infini de la nature et de l'humanité et dans la contemplation de leurs splendeurs et de leurs lois; et il a gravité, non plus, comme jadis, vers un idéal suprême, source de toutes ses inspirations, centre de toutes ses idéalités, mais vers un but supérieur à lui, but qui sort de la sphère propre de l'art, l'éducation progressive du genre humain. Nous pouvons donc dire avec exactitude que l'idéalisme décentralisé, universel, naturel et humain, qui régit l'art nouveau, est *antidogmatique*. Cette épithète, purement négative, devant se transformer en un équivalent affirmatif, nous dirons en conséquence : *idéalisme critique*, *école critique*. Malheureusement, je crains que la susceptibilité un peu arbitraire de notre langue ne permette pas de dire avec la même convenance, *art critique;* je propose en conséquence, pour les gens de goût difficile, de se servir, avec le mot art, de l'adjectif *rationnel*, suffisamment motivé par l'*irrationalité* de l'art pendant la première moitié de ce siècle, et qui signifie à peu près la même chose que *critique*.

De même donc qu'il existe, depuis Descartes et Kant, une philosophie antidogmatique ou critique ; de même aussi qu'à l'exemple de cette philosophie, la littérature s'est faite à son tour et principalement critique; de même l'art, se développant parallèlement à la philosophie, à la science, à l'industrie, à la politique et aux lettres, devait se renouveler aussi dans le criticisme.

Critique, du grec *krinô*, je juge. Art critique, comme qui dirait art justicier, art qui commence par se faire justice à lui-même, en se déclarant serviteur, non de l'absolu, mais de la raison pure et du droit ; art qui ne se contente plus d'exprimer ou faire naître des impressions, de symboliser des idées ou des actes de foi ; mais qui, à son tour, unissant la conscience et la science au sentiment, discerne, discute, blâme ou approuve à sa manière ; art qui, aux définitions de la philosophie et de la morale, vient ajouter sa sanction propre, la sanction du beau et du sublime; art qui, par conséquent, se ralliant au mouvement de la civilisation, en adoptant les principes, est incapable de se pervertir par l'abus de l'idéal, et de devenir lui-même instrument et fauteur de corruption.

L'art nous dit, par l'organe de la nouvelle école, son interprète : Telle pensée, telle action, telle habitude, telle institution, est déclarée, par le droit et par la philosophie, vraie ou fausse, juste ou injuste, vertueuse ou coupable, utile ou nuisible ; je vais démontrer à mon tour, par les moyens dont je dispose, que cette même action est encore belle ou laide, généreuse ou ignoble, gracieuse ou brutale, spirituelle ou bête, suave ou triste, harmonique ou charivarique : en sorte que, lorsque vous aurez recueilli sur un même objet le témoignage de la science, le jugement de la justice et la sanction de l'art, vous aurez sur cet objet la plus haute certitude, et vous l'aimerez ou le détesterez à jamais.

Évidemment, jusqu'à la naissance de la nouvelle école, l'art n'avait pas compris sa mission avec cette netteté et cette hauteur ; il ne se connaissait nullement comme auxiliaire et complément de la raison; il n'affectait point ce rôle éducateur; loin de là : il se faisait fort d'embellir et de glorifier l'immoralité même, se posant en critère des mœurs et des croyances, et affectant les prérogatives de l'absolu. C'est ainsi que la faculté esthétique, se dépravant par l'idolâtrie, était devenue pour l'homme le principe du péché, et pour la société un ferment de dissolution.

Maintenant cette corruption spontanée de l'art, et, par l'art, de la morale publique et privée, n'est plus possible. L'art, devenu rationnel et raisonneur, critique et justicier, marchant de pair avec la *philosophie positive*, la *politique positive*, la *métaphysique positive*, ne faisant plus profession d'indifférence, ni en matière de foi, ni en matière de gouvernement, ni en matière de morale, subordonnant l'idéalisme à la raison, ne peut plus être un fauteur de tyrannie, de prostitution et de paupérisme. Art d'observation, non plus seulement d'inspiration, il mentirait à lui-même, et de propos délibéré se détruirait, ce qui est impossible. L'artiste peut se vendre; pendant longtemps encore la peinture et la statuaire, comme le roman et le drame, auront leurs infâmes : l'art est désormais incorruptible.

CHAPITRE XV

Confirmation de la théorie criticiste. — Les *Casseurs de pierres*. Les *Demoiselles de la Seine*.

Les débuts de l'école critique, aux expositions de 1851 et 1853, produisirent une impression généralement désagréable, pénible. Cela ne pouvait manquer d'arriver : d'abord nous sommes au prélude d'une révolution ; de même que l'histoire est à écrire, l'art tout entier est à refaire : on devait s'attendre que les premiers essais laisseraient à désirer ; puis le goût public est dépravé et l'impatience de la vérité extrême. *Vous sentez-vous corrompus ?* demandait un jour aux électeurs de Lisieux M. Guizot. Il était sûr de la réponse ; aussi le suffrage de ces honnêtes citoyens ne lui manqua pas. Avec Courbet, c'est autre chose : il ne ménage pas la vérité à son public ; aussi les applaudissements sont rares et le succès médiocre.

Le plus grand mal d'une société qu'ont fait déchoir les surexcitations de l'idéalisme, c'est qu'elle n'a plus de goût que pour ce qui l'a perdue, et qu'elle n'offre plus de prise au réformateur, artiste ou philosophe, qui cherche à la faire revenir. Elle ressemble à ces malades pris de dégoût, que ni l'exercice, ni la diète, ni le grand air, ni les raffinements de la gastronomie n'ont la puissance de mettre en appétit. L'idéal est une des puissances de notre âme ; une fois épuisée, elle ne peut se rétablir que par un vigoureux effort de la conscience. Que si l'abus des jouissances a détendu jusqu'au ressort moral, l'homme est fini : ni art ni raison n'y peuvent plus rien ; il n'y a qu'à jeter le cadavre.

Ces réflexions m'ont été principalement suggérées par deux tableaux de Courbet, bien différents pour le sujet, mais qui se font pendant par l'idée : les *Casseurs de pierres* et les *Demoiselles de la Seine*. On accuse Courbet de tuer l'idéal par son réalisme ; jamais peintre, au contraire, ne l'excita plus fortement qu'il n'a fait dans ces deux remarquables ouvrages.

Les *Casseurs de pierres*.

D'autres, avant Courbet, ont essayé de la peinture socialiste, et n'ont pas réussi. C'est qu'il ne suffit pas de vouloir : il faut être artiste. Reproduire des réalités, encore une fois, n'est rien : il faut faire penser ; il faut toucher, faire luire sur la conscience un idéal d'autant plus énergique qu'il se dérobe aux regards.

Les *Casseurs de pierres* sont une ironie à l'adresse de notre civilisation industrielle, qui tous les jours invente des machines merveilleuses pour labourer, semer, faucher, moissonner, battre le grain, moudre, pétrir, filer, tisser, coudre, imprimer, fabriquer des clous, du papier, des épingles, des cartes; exécuter enfin toutes sortes de travaux, souvent fort compliqués et délicats, et qui est incapable d'affranchir l'homme des travaux les plus grossiers, les plus pénibles, les plus répugnants, apanage éternel de la misère. Nos machines en général, chefs-d'œuvre de précision, ont plus d'habileté que nous-mêmes; elles font mieux que nous, pour peu que ce que nous leur demandons exige d'intelligence et même d'art; une fois en mouvement, elles nous remplacent avec un immense avantage. Il n'y a qu'un reproche à leur faire : elles ne se meuvent pas d'elles-mêmes; elles ont besoin qu'on les surveille, qu'on les gouverne et même qu'on les serve. Or, quel est le serviteur des machines? L'homme. L'homme serf, tel est le dernier mot de l'industrialisme moderne. Il y a longtemps que le problème de la spéculation capitaliste, consistant à reporter chaque année au compte de capital les salaires économisés des ouvriers, serait résolu, si la mécanique avait pu, de son côté, résoudre celui du mouvement perpétuel; si, en définitive, le moteur originel de l'industrie pouvait être autre que l'homme....

Voilà, direz-vous, bien de la philosophie à propos

d'un tableau ! Qui empêche d'inventer une machine à casser les pierres, comme on en a inventé une pour les scier ? M. Courbet n'aurait eu alors rien à dire. — A quoi je réponds : Courbet eût tout simplement modifié son sujet, car l'idée serait demeurée exactement la même, le problème étant insoluble. Une invention en appelle une autre ; de sorte que, pour esquiver toute main-d'œuvre, nous tombons dans le machinisme universel, aussi impossible, aussi introuvable que le mouvement perpétuel. Sans doute on ferait une machine à casser des pierres ; mais, pour être conséquent au point de vue du capitalisme, il en faudrait une autre pour les extraire de la carrière, une autre pour les charger, une pour les voiturer et les conduire, une encore pour les répandre ; ce qui n'aurait pas de fin. Ce n'est pas tout : admettant ce machinisme, que ferez-vous des malheureux qui aujourd'hui vivent de ces travaux pénibles, et qui alors, sans occupation, n'auraient pour subsister ni capital, ni propriété, ni revenu ?... Si bien qu'en résultat, l'homme est l'esclave de la machine, de la machine qu'il a inventée et construite de ses mains ; que plus nous développons autour de nous la mécanique, plus nous multiplions la servitude, et que la misère physique, intellectuelle et morale de nos esclaves est d'autant plus grande que leur besogne est plus grossière et leur fonction plus servile. Telle est la loi du travail : elle est fatale ; il n'y a pas moyen de faire qu'il en soit autrement. Que pensez-vous de cette situation? — Elle est on ne peut plus affligeante. N'y aurait-il pas moyen d'y trouver quelque remède, quelque adoucissement? — On n'en connaît qu'un : c'est de répartir cette lourde tâche comme un service public, corvée ou prestation, entre tous les membres valides de la société. Hors de là il y a exploitation, asservissement des uns par les autres, partant dégradation de la race, enlaidissement. — Comment! est-ce que l'esthétique aussi conclurait à cela? — Sans doute, et si l'art ne s'est pas avisé plus tôt d'en dire son mot, c'est que jusqu'à l'année 1789 de Jésus-Christ, le droit de l'homme et du citoyen était resté lettre close. L'idéalisme égyptien admettait la servitude; l'idéalisme grec, tout de même...

Fermez les yeux maintenant. Les personnages qui figurent dans le tableau de Courbet sont au nombre de deux : un jeune homme de dix-huit ans et un vieillard de soixante. Avant d'examiner la peinture, dites-moi lequel de ces deux hommes vous semble devoir exprimer le mieux la servitude et la misère. — Le vieillard, assurément; la vieillesse ajoute au malheur et à l'indigence, tandis qu'il n'est pas d'afflictions que ne rachète la jeunesse. — Eh bien, vous vous êtes trompé; regardez maintenant.

Ce vieillard à genoux, courbé sur sa rude tâche, qui casse des pierres au bord du chemin, avec un marteau à long manche, attire certainement votre compassion. Sa figure immobile est d'une mélancolie qui va au cœur. Ses bras enroidis se lèvent et tombent avec la régularité d'un levier. Voilà bien l'homme mécanique ou mécanisé, dans la désolation que lui font notre civilisation splendide et notre incomparable industrie. Pourtant cet homme a eu des jours meilleurs, puisqu'il a vécu; si le présent est pour lui sans illusion, sans espérance, il a du moins pour s'entretenir ses souvenirs, ses regrets, et ce n'est pas rien que d'avoir à se remémorer quelque chose; tandis que ce déplorable garçon qui porte les pierres ne saura rien des joies de la vie; enchaîné avant le temps à la corvée, déjà il se découd; son épaule se déjette, sa démarche est affaissée, son pantalon tombe; l'insoucieuse misère lui a fait perdre le soin de sa personne et la prestesse de ses dix-huit ans. Broyé dans sa puberté, il ne vivra pas. Ainsi le servage moderne dévore les générations dans leur croissance : voilà le prolétariat. Et nous parlons de liberté, de dignité humaine ! nous déclamons contre l'esclavage des Noirs, que leur qualité de bêtes de somme garantit au moins contre cet excès d'indigence ! Plût à Dieu que nos prolétaires fussent matériellement aussi bien traités que les Noirs ! Sans doute il ne serait pas tout à fait juste de juger, d'après ce triste échantillon, le grand peuple aux dix millions d'électeurs souverains; mais en est-il moins vrai que c'est là une des faces honteuses de notre société, et qu'il n'est pas un de nous, citadin ou paysan, ouvrier ou propriétaire, qui ne puisse un jour, par un accident de fortune, se voir réduit là? La condition des casseurs de pierres est celle de plus de six millions d'âmes en France; vantez donc votre industrie, votre philanthropie et votre politique!

Un critique, d'une école qui n'est pas la nôtre, a dit des *Casseurs de pierres* que ce tableau était « en son genre un chef-d'œuvre. » J'accepte ce jugement. Le *genre* auquel appartiennent les *Casseurs de pierres* est aujourd'hui le genre le plus élevé, le seul admissible. Que manque-t-il à cette toile pour qu'elle réunisse tous les suffrages? Précisément d'être, en son genre, moins achevée. Si Courbet, par exemple, était aussi amoureux de l'antithèse que Victor Hugo, rien ne lui eût été plus facile que de créer dans son tableau un contraste : il aurait placé les casseurs de pierres à côté de la grille d'un château; derrière cette grille, en perspective, un vaste et superbe jardin; au fond, l'habitation du maître, avec terrasse, portique, statues de marbre représentant Vénus, Hercule, Apollon et Diane. Cela eût produit son effet. Courbet a préféré la grande route toute nue, avec son désert et sa monotonie : en quoi je suis tout à fait de son sentiment. La route solitaire est d'une bien autre poésie que ce contraste affecté de l'opulence et de la misère. C'est là qu'habitent le travail sans distraction, la pauvreté sans fêtes et la tristesse désolée.

Des paysans, qui avaient eu l'occasion de voir le tableau de Courbet, auraient voulu l'avoir pour le placer, devinez où? Sur le maître-autel de leur église. Les *Casseurs de pierres* valent une parabole de l'Évangile; c'est de la morale en action. Je recommande cette idée paysanesque à M. Flandrin : elle pourra l'éclairer dans ses compositions religieuses.

Les *Demoiselles de la Seine*.

La pauvreté vous chagrine; ce labeur de cheval aveugle attaché au manége vous fait mal à voir. Vous admettez la tragédie, les infortunes éclatantes, le malheur héroïque; mais vous demandez s'il est de la dignité de l'art de reproduire ces vulgaires souffrances. On sait bien, dites-vous, que tout dans cette vie n'est pas rose et amour : nos hôpitaux, nos prisons, nos asiles, nos monts-de-piété, nos bagnes, sont les monuments gigantesques de nos douleurs. La peine, c'est chose acquise, tient plus de place en ce bas monde que la joie. Mais pourquoi les confondre? Pourquoi empoisonner le peu qui nous reste de félicité en mêlant les images de l'une à celles de l'autre. L'art a pour mission de jeter un voile de consolation et de décence sur la face misérable du siècle. Rome, qui bâtit le

Colysée, avait ses égouts et ses cloaques, où certes ne s'assemblèrent jamais ni le sénat ni le peuple. Ah! faites-nous grâce de votre réalité : elle est assez odieuse par elle-même, sans que vous y ajoutiez encore par les raffinements de votre *art critique*...

Et voilà justement en quoi consiste votre erreur, l'erreur de toutes les écoles d'art depuis le commencement du monde : vous voulez séparer ce qui est de soi inséparable, la lumière des ténèbres, l'esprit de la matière, la forme de la substance, la beauté de la laideur, le plaisir de la peine, l'art de la science et de l'industrie, l'idéal de la conscience, la jouissance du travail et de la maladie, la liberté de la servitude, la vie de la mort, la gloire de l'humiliation. Vous ne savez pas que la vie humaine se compose incessamment de l'union de ces contraires, mêlés à diverses doses. Vous vous êtes fait un type des dieux et un type de l'homme, un type de l'aristocrate et un type de l'esclave ; vous avez rêvé une existence de perfection et de béatitude, et une autre de damnation et de supplice; et vous avez dit : Ceci est l'Idéal, le Paradis, l'Art ; et cela est la Réalité, la Barbarie, l'Enfer. Et vous avez ainsi proscrit les neuf dixièmes du genre humain, vous réservant l'idéal et les condamnant au travail Nous rejetons vos catégories égoïstes; nous prétendons que l'art doit tout embrasser, à peine d'infamie pour lui et pour vous.

Mais il faut vous contenter. Voici du luxe, de l'élégance, du loisir, des pensées hautes et ambitieuses, d'ardentes passions. Contemplez et jugez.

Les *Demoiselles de la Seine :* titre dépourvu de sens, parfaitement imaginé pour tuer une œuvre. La Seine n'a rien à faire ici ; on ne la découvre seulement pas. L'auteur a voulu dire : *Deux jeunes personnes à la mode, sous le second Empire.* Mais ce titre aurait paru séditieux ; on ne le pouvait permettre. Notez cependant que l'Empire ne sert à désigner ici qu'une date ; de même que la Seine indique, par synecdoque, la civilisation parisienne. C'est tout ce qu'il y a de politique dans le tableau de Courbet.

Sous le premier Empire, à quoi songeaient les jeunes filles ? Je suppose qu'en 1812 cette idée fût venue à un peintre, comme elle est venue de notre temps à Courbet. Il aurait peint ses deux figures pleurant, comme les Troyennes de l'*Énéide* au bord de la mer ; lisant le bulletin de la Moskowa ou celui de la Bérésina ; pâles et amaigries, comme il convient à des demoiselles en train de coiffer sainte Catherine, et portant dans leur cœur le deuil de leurs amoureux. Grâce au ciel, nous n'en sommes pas là. Napoléon III a fait de grandes guerres ; il a livré de grandes batailles ; il a remporté de grandes victoires : on ne peut pas dire qu'il ait fait rareté d'hommes ; et si l'on épouse moins aujourd'hui, si la population semble diminuer, cela tient à d'autres causes. Nos idées ainsi que nos mœurs ont pris une autre direction. C'est ce que vont nous apprendre les deux figures qui posent là devant nous, sans qu'elles s'en doutent, et que le livret a appelées *Demoiselles de la Seine.* Demoiselles, oui ; car elles ne sont ni mariées ni veuves, cela se voit du premier coup ; elles ne sont pas même promises, peut-être par leur faute, et c'est pourquoi vous les voyez plongées dans leurs réflexions.

La première est une belle brune, aux traits accentués, légèrement virils, de ces traits qui donnent à une femme de dix-huit à vingt-deux ans des séductions sataniques. Elle est étendue sur l'herbe, pressant la terre de sa poitrine brûlante ; ses yeux, à demi ouverts, nagent dans une érotique rêverie. C'est Phèdre qui rêve d'Hippolyte :

> Dieux ! que ne suis-je assise à l'ombre des forêts !

C'est Lélia qui accuse les hommes des infortunes de son cœur, qui leur reproche de ne savoir pas aimer, et qui cependant repousse le timide et dévoué Sténio. Au premier abord, le sentiment qu'elle vous inspire est celui d'une pitié mêlée de crainte. On a une peur instinctive de ces créatures aux passions tantôt concentrées, tantôt bondissantes, jamais assouvies. Il y a en elles du vampire. Puis, à mesure que vous considérez *cette tête charmante*, étrangement magnétique, votre pitié tourne à la sympathie; vous vous sentez fasciné par elle, saisi du démon qui l'obsède. Vous voudriez, au prix de tout votre sang, éteindre l'incendie qui la consume. Fuyez, si vous tenez à votre liberté, à votre dignité d'homme; si vous ne voulez que cette Circé fasse de vous une bête.

L'autre est blonde, assise, semblable à un buste de marbre. Elle parle cependant; elle s'entretient tout haut avec elle-même; sa compagne ne l'écoute pas. Elle aussi poursuit sa chimère, chimère non d'amour, mais de froide ambition. Pourquoi ne serait-elle pas un jour princesse, comme tant d'autres, femme tout au moins d'un archimillionnaire? N'a-t-elle pas la jeunesse, la beauté, l'esprit, les talents? Serait-elle déplacée dans une haute position? Elle vaut bien sa pareille. Personne d'ailleurs ne pourra dire qu'il l'a épousée sans dot; elle a recueilli déjà; elle attend encore quelque chose; elle a su augmenter sa fortune, bien suffisante pour une femme seule. Elle possède des actions et des titres de rente; elle se connaît aux *affaires* et suit attentivement les cours. Elle ne joue pas : quelque sotte! elle opère sur bonnes valeurs achetées à propos, et dont elle sait, avec non moins d'à-propos, se défaire. Oh! on ne la prendra pas au dépourvu; elle ne se fait pas d'illusions; le fol amour ne la tourmente pas. Elle saura attendre : tout ne vient-il pas à point à qui sait attendre? Bien différente de son amie, elle est maîtresse de son cœur et sait commander à ses désirs. Elle gardera longtemps sa fraîcheur : à trente ans, elle n'en paraîtra pas plus de vingt. D'ici là, peut-elle manquer de rencontrer un lord, un prince russe, un grand d'Espagne ou un agent de change? Du reste, à quelque âge qu'elle se marie, elle n'aura pas d'enfants : c'est la première condition qu'une fille prudente met à son contrat de mariage.

Les *Demoiselles de la Seine* font pendant et contraste aux *Casseurs de pierres*; l'un des deux tableaux explique l'autre, le complète et le justifie. Tous deux sont dans la réalité, et tous deux puissants par l'idéal; il suffit, pour s'en convaincre, de s'arrêter quelques minutes à les considérer tour à tour. D'après les principes que nous avons développés, les deux sujets sont également du domaine de l'art. Demandez-vous cependant, après vous être rendu compte de votre double impression, laquelle de ces existences, celle de ces malheureux journaliers ou celle de ces élégantes, vous semble la plus antiesthétique, la plus démoniaque, sinon au point de vue de la misère matérielle, du moins à celui de la misère morale et de ses effroyables débordements. Ces deux femmes vivent dans le bien-être, entourées de tout ce que les arts de luxe peuvent ajouter de raffinements à l'existence. Elles cultivent ce qu'on appelle l'idéal; elles sont jeunes, belles, délicieuses; elles savent écrire, peindre, chanter, déclamer; ce sont de vraies artistes. Mais l'orgueil, l'adultère, le divorce et le suicide, remplaçant les amours, voltigent autour d'elles et les accompagnent; elles les portent dans leur douaire; c'est pourquoi, à la fin, elles paraissent horribles. Les *Casseurs de pierres*, au rebours, crient par leurs haillons vengeance contre l'art et la société; au fond, ils sont inoffensifs, et leurs âmes sont saines.

On a fait je ne sais plus quels reproches aux *Demoiselles de la Seine*. La seconde figure me paraît, à moi, trop effacée. J'aime, je l'avoue, que tout soit rendu et mis en saillie dans une peinture d'expression; plus le sens m'en paraît élevé et profond, moins je supporte les négligences. Je hais la pochade. Ces réserves faites, je demande si de telles conceptions ne sont pas dans la vraie donnée de l'art; si ce n'est pas du plus haut idéalisme, de cet idéalisme qui, au lieu de s'ériger en religion, double sa puissance en se mettant au service de la philosophie et de la morale.

CHAPITRE XVI

De la prostitution dans l'art. — Sévérité de l'école critique. Vénus et Psyché.

L'artiste a, comme la nature, la faculté de varier à l'infini les formes qu'il produit. Au lieu de chercher la perfection de la figure humaine, il peut employer toutes les figures; il le doit, dès qu'elles l'aident à réaliser le but supérieur de l'art : l'éducation du genre humain. En autres termes, son principe doit être : *Substitution de l'idéalisme de l'idée à l'idéalisme de la forme.*

Du premier coup d'œil on saisit l'importance de cette transformation, qu'avait entrevue Rembrandt lorsqu'il disait : Quand je cesse de penser, je cesse de peindre. L'absence d'idée, la faiblesse du principe moral chez l'artiste lui font complétement perdre l'intelligence de ses sujets. Uniquement préoccupé de la forme, pourvu que ses figures soient belles, il s'inquiète peu que son œuvre soit à contre-sens de la vérité ou de la moralité du thème dont il s'inspire.

J'ai vu, par exemple, bien des *Séductions de Joseph*,

bien des *Suzanne au bain;* or, je n'ai pas rencontré une seule de ces peintures qui répondît au sujet.

Pour peu que madame Putiphar soit jolie, on se dit, malgré soi, que Joseph est un sot; et la leçon morale tirée de l'Écriture sainte devient une provocation à l'adultère, par l'agacement même qu'elle cause. D'où vient cet échec perpétuel ? De ce que les artistes n'ont jamais su qu'une chose : éveiller la concupiscence par les yeux, sans savoir le premier mot de ce qu'il faudrait pour commander, par le même moyen, la retenue. Quand on est artiste médiocre, on ne se risque pas à de telles difficultés. Le peintre s'est dit, au contraire : Plus ma femme sera belle, plus par cela même ressortira la vertu de Joseph. — Mais cette vertu a besoin d'appui, de motifs, d'une protection d'en haut, c'est-à-dire de la conscience, et vous ne nous le faites pas voir. Il faut qu'à une image lascive il y en ait une autre qui s'oppose et décide le jeune homme.

Quand les anciens ont peint Hercule entre la Vertu et la Volupté, ils ont compris la difficulté : si la Vertu était absente ou manifestée par un logogriphe, par une belle maxime, Hercule succomberait. Mais qu'ont-ils fait ? Ils ont personnifié la Vertu elle-même, ils l'ont montrée au héros dans sa beauté héroïque. Dès lors, tout est dit : Hercule préfère la Vertu : c'est tout simple, elle est plus belle que Vénus même, et nous en ferions tout autant que lui. L'artiste alors serait bien malheureux, bien maladroit, si sa Vertu se trouvait moins belle que sa rivale.

Le même principe doit être suivi pour l'histoire de Joseph. Ici, pas d'allégorie : la femme de Putiphar est une personne réelle, et elle est seule. Que fallait-il lui opposer? L'image de son époux représentée dans l'appartement, Joseph invoquant l'*amitié* dont il est honoré, reculant devant une *trahison*, priant d'un visage consterné la pauvre femme de rentrer en elle-même, en lui montrant son protecteur, à qui il doit tout. — Au lieu de cela, rien : une belle femme presque nue, haletante d'amour, la gorge au vent, sollicitant de la voix, du regard, de la main, un beau jeune homme qui se refuse, on ne sait, on ne voit, on ne devine pas pourquoi; sans doute parce qu'il avait fait vœu de virginité! Et pour rendre la situation plus impossible encore, l'artiste ne manque pas de saisir l'instant où il y a lutte entre les deux personnages, la femme cherchant à retenir de vive force l'inflexible, qui ne craint pas de lui faire violence pour se dégager. Tout cela est absurde.

Dans *Suzanne au bain*, l'impossibilité est d'un autre genre. Je n'examine pas si l'on doit s'en rapporter au récit biblique, qui veut que Suzanne, une femme du plus haut rang, un modèle de fidélité conjugale et de pudeur, se soit déshabillée toute nue en plein air, seule dans un jardin, pour se baigner. Je ne puis, quant à moi, me figurer Suzanne, pas plus que Lucrèce ou toute honnête femme de notre temps, se mettant en pareil état : toutes se voilent, se dérobent à leurs propres regards. Mais les femmes turques et arabes en usent ainsi, même quand elles se baignent de compagnie. Je passe donc. Voici où commence ma critique.

Il s'agit d'une histoire sacrée et d'un fait cité en exemple à la jeunesse, à toutes les femmes. Suzanne, en un mot, est une héroïne de chasteté, une sainte. S'il en est ainsi et que l'artiste ait compris son sujet, Suzanne toute nue doit inspirer le respect, et ne pas plus éveiller de pensée immodeste que la Vénus de Milo dans sa nudité surnaturelle[1]. Alors on ne comprend plus que les deux sénateurs qui l'observent, contenus l'un par l'autre, frappés dans leur conscience, osent faire leur proposition ; c'est impossible, c'est hors du cœur humain, il y a contre-sens. Ce viol à deux sur la personne de Suzanne devient incroyable,

1. Mon compatriote, le sculpteur Huguenin, a senti la vérité de cette observation. Sa Suzanne, s'élançant indignée hors du bain aussitôt qu'elle se croit aperçue, n'est pas la femme molle qui s'abandonne à la Providence. Ses formes, légèrement carrées, sont d'un type très-ferme, très-beau et fort rare, type qui donne à tous l'idée de la femme forte et vertueuse. On sent qu'elle ne se taira pas devant la calomnie, qu'elle saura accuser et faire trembler ses accusateurs. Elle semble dire : *Les lâches!* — On a envie de détourner les yeux en la voyant, tant sa dignité impose. Une beauté ainsi conçue se fait respecter de suite : on sent que la volonté, la prudence, la conscience, l'énergie, tout est là. Ce n'est pas le type de la plupart des Suzanne.

et je n'y crois pas. — Mais nous sommes loin de là. Dans les mœurs orientales, dans ces délices trop vantées du harem, la femme qui se montre étant censée faire les avances, on est tenté d'applaudir aux deux corrupteurs, dont le seul tort en cette occurrence est peut-être de se montrer à deux, tandis qu'un seul eût pu réussir. C'est la brutalité des deux hommes qui fait ici la vertu de Suzanne; j'y croirais davantage s'il n'y avait qu'un tête-à-tête.

Pourquoi les artistes n'ont-ils seulement jamais soupçonné ces difficultés? Pourquoi tant de tableaux représentant Suzanne au bain, une Suzanne qui, au lieu d'inspirer le respect, provoque le désir? C'est que les artistes, de moins en moins moralistes ou philosophes, ne cherchent plus dans les sujets qu'une occasion de peindre le nu, de montrer des femmes dans une attitude plus ou moins provoquante.

Le culte de la forme était une tentation à laquelle l'humanité devait succomber plus d'une fois; toujours il a tendu à se substituer au but supérieur de l'art. Il en est de lui comme d'un général qui, après avoir commandé ses concitoyens dans la guerre contre l'étranger, leur demande la couronne, et, au lieu de consacrer leur indépendance, en fait ses sujets; le but de la guerre cependant n'était pas de produire la royauté ni de récompenser le général, mais d'assurer la liberté.

L'adoration de la forme arriva à son plus haut degré d'intensité chez les Grecs, qui l'identifièrent avec leur religion. C'est contre cette idolâtrie que réagit saint Paul en lui opposant son spiritualisme. Le christianisme élève la religion bien au-dessus de l'art. Quant à la synthèse qu'ont essayée les artistes de la Renaissance, elle n'a pu longtemps se soutenir ; l'idée chrétienne baissant de jour en jour, chez les protestants aussi bien que chez les catholiques, le culte de la forme a repris son absolutisme et règne encore aujourd'hui.

L'école critique, en subordonnant la *forme* à l'IDÉE, ne peut tomber dans les méprises que nous reprochons aux artistes qui n'ont pas de principes. Sans nier aucunement le mérite de la beauté, qu'elle peut se donner le plaisir de chercher et de peindre, l'école critique la rend plus variable, plus *significative*, et elle fait sortir l'art de ce but étroit et puéril qui consistait à faire des figures sans idée, des corps sans âme. Parvenu à cette hauteur, l'art ne peut plus descendre : bon gré, mal gré, à l'avenir, il faut qu'il pense. L'idéalisme de la forme, bien plus tenace que le polythéisme, est définitivement vaincu ; il ne pouvait l'être que par l'idée.

La beauté ne sera ni avilie ni dédaignée. Seulement, il faut le reconnaître, elle ne règne plus seule ; elle partage avec l'idée, et sa prérogative n'est même pas la plus grande. L'idée peut subsister par elle-même et sans la beauté ; elle ne lassera jamais. La beauté seule n'est rien. C'est ainsi que dans notre société, idéaliste sans doute, mais beaucoup plus *rationnelle,* positive, critique et pratique qu'il ne semble, une femme vertueuse, intelligente, active, propre, mais sans beauté, trouve vingt maris pour un, tandis qu'une belle personne, si elle n'a que sa figure, ne trouve rien. — Ne séparons plus les deux sœurs, je le veux ; tâchons que l'idée soit belle et la beauté intelligente : par là nous serons à l'abri de toute déception comme de tout regret. Mais le résultat le plus important du criticisme ou de la substitution de l'idéalisme de l'idée à l'idéalisme de la forme, c'est l'affranchissement de l'art de toutes les atteintes de la prostitution.

Vaste sujet qui demanderait un livre, et que je me borne à traiter sommairement.

Il existe un rapport intime entre l'*idéal* et la *volupté;* on peut même dire que celle-ci est fille de celui-là : c'est la jouissance goûtée en artiste, idéalisée. L'idéal excite à la possession. Celui qui rêve la beauté veut l'avoir ; dès qu'il en jouit, son idéalisme devient volupté. L'art, en tant qu'il a pour objet d'éveiller l'idéal, surtout celui de la forme, est donc une excitation au plaisir. Si la passion qu'il excite est l'amour, c'est un *agent pornocratique*, le plus dangereux de tous.

Aussi voyons-nous qu'excepté au moyen âge, où l'art, réagissant contre l'idolâtrie, s'est fait l'interprète de la spiritualité chrétienne, partout il a été un agent de corruption. Il l'est aujourd'hui autant que jamais. — Le culte multiplié d'Astarté, Aphrodite ou Vénus; les fêtes orgiaques, dyonisiaques ou bacchanales; les lamentations sur la mort d'Adonis, les jeux floraux, les prostitutions sacrées, le priapisme universel, les poésies érotiques, l'amour vulgivague, omnigame, en sont les monuments. Ajoutons encore les théâtres, les danses, le vin, la bonne chère. — Ainsi tout se tient : le raffinement des arts amène la corruption.

La vérité de ce rapport est si vraie, que le même effet se produit chez les raffinés de la dévotion et chez les raffinés de l'art. — Dès l'origine du christianisme, l'*idéalisme idolâtrique*, aboli quant au dogme chez les néophytes ou païens convertis, prit immédiatement une nouvelle forme, plus licencieuse encore, dans le mysticisme[1]. Les sectes innombrables des

1. Nous connaissons tous deux amours.

L'un, idéal, éthéré, divin, *platonique*, uranien, céleste; tous nous l'avons éprouvé : ce qu'il y a de plus héroïque, de plus divin, de plus idéal. C'est celui-là que la raison et la justice recherchent de préférence, le premier à qui l'on doive des autels. Les fiançailles sont délicieuses, divines. Le mariage de la religieuse avec l'époux céleste est une noce spirituelle après laquelle il faudrait que l'âme fût ravie à la terre.

Cependant il y a un autre amour sans lequel le premier serait stérile ; amour terrestre, fougueux, passionné, reproducteur de la vie, conservateur de l'amour divin lui-même; par lequel se forme l'amour conjugal, et d'où naît l'amour maternel. — Dans le mariage, en effet, existent les deux amours. Il faut l'avouer, nous

gnostiques, les carpocratiens, les adamites, une foule d'autres, ne faisaient guère que continuer, sous le drapeau du Christ, les mystères de l'amour. Ils sont restés en horreur dans l'histoire. Les flagellants, les quiétistes ou molinistes sont connus. Tout cela est bien le résultat de l'idéalisme. L'art moderne ne fait toujours que cela ; il est d'autant plus corrupteur qu'il n'a pas l'excuse de la religion, de la tradition, de l'indifférence publique et qu'il est en opposition formelle avec la pudeur des mœurs et les tendances morales de l'époque.

Quelle raison de nous donner des Ariane, des Hébé, des Héro, des Sapho, des nymphes? Pourquoi même des Suzanne, des Ève, des Putiphar?

A l'exposition de 1863, que je n'ai parcourue qu'une fois d'un pas très-rapide, il y avait dans la grande salle, à la place d'honneur, une figure de femme nue, couchée et vue de *dos*, que j'ai supposée être une Vénus Callipyge. Tout en exhibant ses épaules, sa taille souple, sa riche croupe, cette Vénus, par un

aspirons à l'un et à l'autre comme au souverain bien. La volupté nous charme, nous enlève de vive force ; elle a sa légitimité, son droit; — c'est le démon sans doute, tandis que l'autre amour est l'ange : tous deux en lutte, en antagonisme ; mais malheur à qui excite le cœur humain au culte de l'un ou de l'autre : il les gâte tous deux. Il faut se taire, n'en parler que par échappées, et se montrer prudent et sobre aussi bien dans l'idéal que dans a passion.

effort de bonne volonté, tournait la tête du côté du spectateur : yeux bleus et malins comme ceux de l'Amour, figure provoquante, sourire voluptueux; elle semblait dire, comme les trotteuses du boulevard : Veux-tu venir me voir?

Cette *Callipyge* est du *réalisme*, après tout, — je n'examine pas si elle est bien faite ; — et Courbet ne pourrait la renier si l'art n'avait d'autre principe que de reproduire ce qui lui plaît, sans considération de la *fin* sociale. Mais comment se fait-il que la police, qui refuse les tableaux de Courbet, ait admis cette immoralité ?

Toute peinture voluptueuse, dit-on, toute représentation du vice peut avoir, en dernière analyse, son utilité morale. Pourquoi ne pas admettre cette Callipyge au même titre que les *Demoiselles de la Seine?...* — Pourquoi? Parce que, dans ce dernier tableau, l'intention morale n'est pas douteuse; parce qu'à côté du vice idéalisé le peintre a mis le correctif dans cette langueur désespérante qui ronge la malheureuse et qui fait entrevoir ses infortunes. Tandis qu'ici il n'y a aucun préservatif : c'est la Vénus vulgivague dans son triomphe. — Comment rendre une telle peinture morale? Il n'y aurait eu qu'un moyen : c'était de lui mettre un chancre à l'anus. La syphilis et la débauche sont sœurs chez nous ; venez, jeunes gens, et voyez ! voilà ce qu'il y avait à dire. Mais ici le dégoûtant et l'horrible eussent fait soulever le cœur et crier anathème. C'était impossible.

Si le jury faisait son devoir quand on lui envoie de pareilles choses, il les renverrait en morceaux. Qu'est-ce qu'un jury qui n'a pas même le sentiment de la pudeur, à qui il faut apprendre que l'art n'est rien en dehors de la morale? Est-ce que l'Académie des beaux-arts, comme celle des lettres, n'est pas sœur de l'Académie des sciences morales?... — Mais de quoi vais-je m'aviser?... On enseigne à l'Académie des sciences morales la doctrine de Malthus, que l'Académie des beaux-arts montre en effigie. Malthus, ce sont les courtisanes de Pradier et de Clésinger.

Si le public comprenait l'injure qui lui est faite, il mettrait le feu à l'exposition. Les artistes le traiteraient de Vandale; il les enverrait à Cayenne. Mais le public offensé a perdu toute initiative. Quant à la jeunesse, qui se pique d'en avoir une, elle est réellement complice. Elle, qui donne un charivari à M. About, ne fait rien contre les fornicateurs, rien contre ces lascivetés qui déshonorent non-seulement nos artistes, mais notre société et notre pays; rien contre ce commerce de peintures licencieuses, de gravures et de photographies obscènes qui font de Paris la *grande prostituée* des nations, l'empoisonneuse de l'univers.

Toutes les expositions abondent en sculptures et peintures de ce genre, qui, m'assure-t-on, se vendent très-bien. La demande détermine la production, disent les économistes. Or que recherche surtout la clientèle des artistes? Des sujets licencieux.

Une femme, riche et galante, demandait à un artiste de lui décorer un boudoir dans lequel elle verrait son image nue reproduite en autant de situations qu'il en pourrait imaginer. Beaucoup d'argent à gagner ; mais quel échec, quelle insulte pour le talent de l'artiste[1] !

Un peintre m'a raconté qu'un jour un personnage haut placé, qui le protégeait, lui dit, après lui avoir payé le tribut d'éloges que méritait une de ses figures : Tout cela est très-joli, mais pas assez gai; vous m'entendez?... — Fort bien!...

Les artistes intelligents sont consternés de cette honte, et ne savent qu'y faire. — Un statuaire à qui je demandais, à mon retour de Belgique, ce qu'il faisait, me répondit d'une voix sombre : Je fais des *c...* ! — Il s'associait injustement à la tourbe des prostitués, ministres de la luxure publique. Je n'ai jamais rien entendu de plus terrible. Il faut être Cambronne ou un artiste de talent aux abois, pour trouver de ces expressions que la vérité ne peut dissimuler, mais que le talent le plus consommé n'ose répéter.

1. Si j'avais été le peintre, je lui aurais répondu : Faites votre ménage vous-même, madame; faites-le tous les jours; ayez des enfants ; et vous verrez votre image plus belle que je ne saurais vous la faire.

... Un jour, dans le tableau de *Vénus et Psyché*, refusé en 1864, Courbet a entrepris de faire par la peinture ce que les moralistes Ézéchiel et Juvénal ont fait par la poésie : la satire des abominations de son temps. Mais les moyens du peintre ne sont pas ceux de l'écrivain. Il n'oserait peindre les *phallus* des Assyriens et des Égyptiens; il n'oserait montrer Ooliba dans la posture décrite par le prophète : *Denudavit quoque fornicationes suas, et discooperuit ignominiam suam;* il ne pourrait nous faire voir Messaline à son vingt-cinquième accouplement; ni cette autre bramant comme une biche en rut à la vue d'un artiste; ni celle-ci pissant, au clair de la lune, contre la statue de la Pudeur; ni celle-là dont il est dit :

Ipsa medullinæ frictum crissantis adorat.

Ces choses sont impossibles à la peinture. Le peintre a donc été forcé de prendre un déguisement. Pas le moindre geste indécent, pas la moindre attitude lubrique, pas même de nudité complète. Une blonde endormie, qu'une jeune fille prendra naturellement pour une Psyché attendant l'Amour; une brune arrivant dans la nuit, à pas de loup, et la regardant d'un œil qui peut exprimer la jalousie comme autre chose. Les habitants d'Ornans ont dû y voir deux femmes qui, pendant la canicule, ont ôté leurs chemises pour

15.

être plus à l'aise et ne pas étouffer. D'autres personnes les ont prises pour des baigneuses.

Il faut être au courant des choses pour comprendre l'artiste. Il faut avoir lu George Sand (*Lélia*), Théophile Gautier (*Mademoiselle de Maupin*) ; il faut connaître l'hypocrisie d'impudicité de notre époque ; il faut se rappeler qu'on a reproché à Courbet de ne pas savoir peindre le nu, et que lui reproche à ses critiques de n'estimer dans le nu que l'image de la volupté. Il faut savoir que Pradier a été appelé le statuaire du quartier Breda ; qu'aux artistes du premier mérite, qui cherchent la beauté noble, héroïque, on demande de *jolies choses*, des figures *délectantes ;* que les Lucrèces mourantes fatiguent. Il faut avoir vu les expositions des dernières années ; il faut savoir que M. de Nieuwerkerke a fait acheter à l'empereur une *Léda* tenant un cygne entre les cuisses...

C'est à tout ce monde que Courbet dit par son tableau : Vous êtes un ramassis de rufiens et de tartufes ; je vous connais, je sais ce que vous voulez et que vos souteneurs vous demandent. Ce n'est pas de peindre le nu que vous vous souciez ; ce n'est pas de la belle nature que vous avez faim ; c'est de saleté. Tenez, voilà comme on peint le nu, et je vous défie d'en faire autant. Et voilà ce que vous cherchez tous, race de pédérastes et de tribades. . . . .

. . . .

Affranchi du culte absolutiste de la forme, dirigé par l'idée, transformé par la critique, épuré par la morale, l'art rentre aujourd'hui dans sa mission naturelle. C'est en France, dans le pays du *droit*, qu'il devait trouver son équilibre..... Mais nous laisserons échapper encore cette gloire qui nous est offerte.

L'art, jadis adoré, est destiné de nos jours, s'il poursuit sa route légitime, à éprouver la persécution. Elle est déjà commencée. Les artistes véridiques seront honnis comme ennemis de la forme, et peut-être punis comme outrageant la morale publique, excitant à la haine des citoyens les uns contre les autres.

CHAPITRE XVII

Les *Curés*, ou le *Retour de la Conférence*.

La police,

> . . . . . On ne s'attendait guère
> A la trouver en cette affaire,

la police donc, puisque, pour nos péchés et par notre sottise, elle se fourre partout, a vu, dans le tableau dont nous allons rendre compte, une haute impiété : d'un côté, outrage à la morale religieuse, d'autre part, excitation au mépris d'une classe de citoyens, fonctionnaires publics, dans l'exercice de leurs fonctions. En conséquence il a été décidé, par ordre supérieur, que ledit tableau serait exclu de l'exposition. Or, quand la police, quand l'autorité chez nous dit une chose, il ne manque pas de personnages, soi-disant graves, gens d'esprit de profession, préposés ou auxiliaires officieux de la censure, affidés du saint-office, qui des deux mains applaudissent. Je n'ai point à critiquer ici la mesure prise contre le tableau de Courbet par l'autorité. Lorsque l'autorité fait une chose, le respect nous commande de supposer qu'elle avait des raisons suffisantes pour la faire. En dehors de la question d'art, il y a la politique..... Mais on attribue à un écrivain de la presse périodique ce jugement, bien autrement sévère que l'exécution silencieuse de la police : « Le tableau de M. Courbet est une *mauvaise action.* » Voilà le gros mot lâché, la police, à tous les points de vue justifiée : la conception d'un artiste, la plus extraordinaire peut-être dont il ait jamais été fait mention dans les fastes de l'art, déshonorée. Il est heureux pour Courbet qu'on lui ait interdit la publicité : sans cela, vous les eussiez vus tous, ces entrepreneurs de critique, fruits secs de la littérature et de l'art, faiseurs et défaiseurs de réputations, s'en venir l'un après l'autre, comme les chiens de Panurge, lâcher leur urine sur une œuvre dont ils ne sont pas même capables de saisir l'idée.

Quoi! ce serait pour satisfaire une vaine pensée de médisance, pour exciter l'hilarité d'un public grossier, indigne d'être appelé voltairien, qu'un homme, à qui l'on ne refuse après tout pas plus le bon sens que le talent, aurait bâti cette vaste machine, alors qu'il lui suffisait d'un pied carré de toile; ce serait pour foudroyer une peccadille de trois ou quatre malheureux curés de village qu'il aurait lancé ce coup de tonnerre! Des ecclésiastiques de campagne se sont réunis pour conférer entre eux des choses de leur ministère; la conférence finie, ils se sont mis à table; la conversation s'animant, les plus vieux ont pris une pointe. Une fois en chemin pour s'en revenir, le grand air les a étourdis; on devine le reste. Vraiment, si c'est là tout ce que l'artiste a voulu nous apprendre, il s'est trop donné de peine, et c'est fort inutilement qu'il a dépensé son génie et ses veilles.

Mais, hâtons-nous de le dire, il s'agit ici de bien autre chose. Ce qu'a voulu rendre Courbet, ce n'est point une scène plus ou moins risible d'ébriété; ce n'est pas même le contraste, relevé avec malice, entre la gravité sacerdotale et une infraction aux lois de la tempérance : tout cela est du lieu commun le plus fade, indigne, je le répète, des honneurs de la grande peinture. Ce qu'a voulu montrer Courbet, à la façon des vrais artistes, c'est l'impuissance radicale de la discipline religieuse, — ce qui revient à dire de la pensée idéaliste, — à soutenir dans le prêtre la vertu sévère qu'on exige de lui; c'est que la perfection morale cherchée par la foi, par les œuvres de dévotion, par la contemplation d'un idéal mystique, se réduit à de lourdes chutes, et que le prêtre qui pèche est victime de sa profession, bien plus qu'hypocrite et apostat.

Qui ne voit ici que l'idée d'une semblable composition ne pouvait tomber dans le cerveau d'un artiste que le jour où l'art, si longtemps esclave de son idéalisme dogmatique, aurait brisé sa chaîne, et, par la conscience définitivement acquise de son principe et de sa destinée, aurait obtenu l'intelligence de l'idéal religieux, sous tant de rapports semblable à l'idéal des anciennes écoles? Le *Retour de la conférence* est essentiellement de notre époque : il y a vingt-cinq ans, comme il y a vingt-cinq siècles, il était impossible.

Le prêtre, pour son malheur, est, comme l'artiste romantique et classique, adorateur de l'idéal et de l'absolu; il n'en est pas le metteur en œuvre; il n'est pas le maître de son idée, pas plus que de ses impressions; il en est l'esclave; c'est ce qui fait sa misère morale, et tôt ou tard amène une chute honteuse. Son dogme consiste à nier la vertu de l'homme et l'efficacité de sa conscience, absolument comme l'artiste classique e.. nie la beauté; à mettre toute sa confiance dans la grâce divine, qui seule peut le préserver de la tentation; semblable encore en cela à l'artiste qui fuit le secours de la réflexion et de la science, et ne compte que sur l'inspiration. Si bien enfin que, tandis que l'artiste arrive à l'impuissance par son idéal, le prêtre, dont la vie doit servir de modèle à ses frères, aboutit à l'immoralité par la théologie. C'est en vain qu'il invoque dans son ardente prière, l'Esprit de vie et de sanctification : *Veni, creator Spiritus;* il n'en sera pas visité; il ne doit s'attendre à aucun reconfort. Car le principe de notre vertu est en nous-mêmes, n'attendant pour se développer que le service de ses deux puissants auxiliaires, le travail et l'étude.

Quiconque méconnaît cette vérité cherche le péril et succombera infailliblement. Mais la vie parfaite, selon l'Église, est une vie de contemplation et de foi ; les fonctions du ministère sacré ne sont pas de l'action, mais de l'adoration ; la théologie n'est pas une science, c'est un mystère. Certes, la vertu sacerdotale, là où elle se rencontre, est admirable ; elle tient du miracle ; mais, de même que l'art qui se livre à la tyrannie de l'idéal, elle repose sur le vide, et c'est ce qu'a supérieurement observé Courbet. Entre le prêtre, dont la conscience n'est affermie qu'en Dieu, et l'artiste, dont le génie ne se repaît que d'idéalités formelles, spirituelles, d'idoles, l'analogie est complète : ils périront l'un et l'autre de la même dissolution.

La scène qu'a représentée Courbet en est un exemple. Est-ce que des membres de l'Institut, dînant ensemble à la suite d'une discussion, se griseraient ? Le fait est possible ; il ne se suppose pas. Et quand, par hasard, ce petit malheur serait arrivé à l'un d'eux, que s'ensuivrait-il, soit pour la moralité du personnage, soit pour le scandale donné au public ? Absolument rien : ce serait comme la colique, l'indigestion, le rhumatisme, un accident qu'on ne relèverait même pas. Tant nous sommes convaincus, dans notre for intérieur, que le péché n'approche que très-difficilement l'homme d'action et d'idée. Travaillez, pensez, méditez, observez, aimez dans la mesure des affections légitimes, et les séductions de la chair et de l'idéal seront impuissantes contre vous : *Non appropinquabit ad te malum;* vous résisterez aux assauts de la concupiscence et de l'orgueil, *et conculcabis leonem et draconem.* Je vais plus loin : supposez qu'une fois, par exception, ces mêmes ecclésiastiques se réunissent pour traiter d'affaires temporelles, soit politiques, soit industrielles, soit scientifiques; ce jour-là, soyez-en certain, il ne leur arrivera pas malheur. Qu'est-ce donc qui les rend si faibles? qu'est-ce qui les entraîne à ces écarts de régime, sujets de raillerie pour les paysans? C'est qu'avant de se mettre à table ils ont, pendant une ou deux heures, parlé de théologie. Aussi pourquoi se moque-t-on de leur intempérance? Précisément parce que, dans la sincérité de leur âme, ils ne sont occupés que de Dieu et de la religion. Là est la supériorité morale de la science profane sur la science sacrée, de l'action sur la contemplation.

Voyons maintenant dans ses détails le tableau de Courbet.

Chacun sait que le clergé rural est astreint par ses règlements à des conférences mensuelles ayant pour objet d'entretenir l'esprit de corps parmi les ecclésiastiques d'un même canton et de les exercer à la discussion des questions théologiques. Ces réunions pieuses, qui ont lieu tantôt chez l'un, tantôt chez l'autre, sont naturellement suivies d'un banquet confraternel, espèce de pique-nique, où les épanchements de l'amitié succèdent aux ardeurs de la controverse. Dans ces rapprochements, qui forment certainement le meilleur de la vie sacerdotale dans les campagnes, les esprits s'animent, les cœurs se dilatent, tout se réunit pour donner au repas son plus grand entrain. C'est l'effet de cette joie, semi-religieuse, semi-épicurienne, idéaliste et par conséquent sensuelle, que l'auteur du tableau a voulu peindre au vif, en représentant un groupe de prêtre rentrant au logis à la sortie d'une conférence cantonale.

La scène se passe en Franche-Comté, dans la plus belle vallée du Jura, la vallée de la Loue. Au premier plan on voit un groupe de quatre prêtres, dont l'un, incapable de traîner sa vaste corpulence, a été hissé sur un âne, qui plie sous le faix. C'est le doyen ; il compte quarante années de services ; depuis longtemps il a passé l'âge de ferveur ; son front insoucieux, ses lèvres lippues, son œil en ce moment quelque peu lubrique, son port de Silène décèlent un joyeux convive parvenu, dans cette existence somnolente, idéaliste et sensualiste tout à la fois du curé de campagne, à un haut degré de matérialisation. On ne sait vraiment où peut se tenir l'âme dans cette épaisseur de chair. Excellent homme au fond, qui ne compte pas un ennemi parmi ses paroissiens. Il est soutenu à gauche (la droite du spectateur) par un jeune vicaire qu'on prendrait pour son fils, si ce n'était plutôt son neveu; bellâtre montagnard, giton de sacristie, miroir à dévotes, cherchant avant tout, dans la carrière ecclésiastique, les joies positives du bien-être, de la vie abritée et d'une confortable dévotion. Peut-être cet intéressant lévite, à la mine prospère, mais décente, n'a-t-il pas encore conscience de tous les vices que le peintre véridique a fait jouer sur son visage. Ne vous y fiez pas cependant : ses joues potelées, ses yeux roulants, ses formes arrondies n'en disent que trop, et la police correctionnelle nous fait de temps en temps d'effrayantes révélations. A droite est un curé d'âge mûr, mais vif et vert, à lunettes bleues, au teint bilieux, figure de fouine ou de diplomate, Talleyrand rustique, qui retient par le bras le Silène chancelant. Prudent et expérimenté, il comprend les inconvénients du scandale, et voudrait sauver au moins les apparences. Aussi voit-on qu'il ne pardonne pas à son vieux confrère son état d'ivresse. — Buvez tant que vous voudrez, semble-t-il lui dire; mais restez chez vous et allez vous coucher ! — A la bride de l'âne est un abbé de bon ton, l'hôte du château et des bonnes maisons du pays, adoré des dames, faisant de la musique avec les demoiselles, au bréviaire doré, aux souliers bouclés, au bas bien tiré, confesseur de comtesses, ecclésiastique du monde à destination spéciale, aspirant évêque. La médisance ne l'atteint pas encore ; il baisse la tête, comme s'il voulait se dérober aux regards, et s'efforce, en entraînant l'âne rebelle, d'abréger ce voyage, qui met sa pudeur au supplice.

Derrière ce groupe marche un séminariste, à la figure candide, plein d'une ferveur juvénile, et dont l'ambition secrète, que jusqu'à présent il n'a confiée qu'à Dieu et à son confesseur, est de se consacrer aux missions lointaines, et qui rêve le martyre. Un peu décontenancé par ce qu'il voit, il soutient avec une sollicitude pleine de charité un vieil ecclésiastique trébuchant et frappant la terre de sa canne, comme s'il venait de pourfendre d'un argument péremptoire les hérétiques, les philosophes, les juifs et tous les ennemis de l'Église. A côté d'eux, et pour compléter ce deuxième groupe, s'avance carrément un curé d'un type à part : c'est le prêtre herculéen, taillé à angle droit, terrible de visage, admiré des paysans pour la rudesse de ses allures, buvant, fumant et jurant, exerçant sur ses paroissiens un ascendant irrésistible par son énergique vulgarité. Les fonctions de sa modeste cure, l'administration de sa fabrique ne suffisent pas à sa puissante activité. Il a fait irruption dans le temporel; il s'est jeté dans les œuvres profanes ; il plante, il cultive, il exploite, il entreprend, il trafique, il spécule, il soumissionne; il est marchand de bois, de grains, de liquides, de chevaux. Transportez par la pensée cette vigoureuse et inflexible nature au douzième siècle : ce sera, pour peu que les circonstances le favorisent, un Pierre de Castelnau, un saint Dominique, un Amaury. Il sera fondateur de l'inquisition, il marchera à la tête de l'armée croisée contre les hérétiques, ordonnera le massacre des populations insurgées, sans distinction d'âge ni de sexe. De quelle voix il eût fulminé l'anathème : *Hors de l'Église point de salut! — Tuez tout : Dieu reconnaîtra les siens!*... Il a plu à la Providence de le faire naître au dix-neuvième siècle, après Voltaire et la Révolution, quand la philosophie et le droit de l'homme ont établi partout leur prépondérance : ce n'est qu'un pauvre curé de campagne dont la fougue s'exhale dans des affaires de maquignonnage ou d'insipides conférences, *inter pocula*. Oh! si le bon Dieu savait tirer parti de ceux qui l'aiment!... Ce qui l'indigne en ce moment est la pauvreté de moyens de ses confrères : — Femmelettes! fait-il d'un geste de suprême dédain, qui ne savent porter un verre de vin! — Et son mouvement est si brusque que son chapeau a sauté à terre et que le chien du doyen jappe contre lui de détresse.

A distance respectueuse vient le groupe des servantes, auxiliaires de la cuisinière du banquet, et qui rapportent sur leurs têtes, dans des paniers, quelques bons restes pour le déjeuner du lendemain. La servante du prêtre est un de ces êtres indéfinissables qu'on ne rencontre que dans le monde de l'idéal : ni concubine ni épouse, mais plus que domestique; disgracieuse, béate, à la démarche équivoque, à l'œil louche, qui a sa part d'influence dans le gouvernement spirituel du troupeau, triste associée de ce triste berger d'hommes.

Toute cette troupe passe devant un vieux hêtre, dans une excavation duquel est placée sous grille une statuette de la Vierge immaculée. La piété des populations, excitée par le clergé, a multiplié les croix et les images pieuses à travers les campagnes, au bord des chemins, dans tous les carrefours. Ainsi le prêtre, vivant à l'ombre du clocher, près des sépultures fidèles, entouré d'images saintes, de vases consacrés, de signes bénits, d'objets de toutes sortes formant le mobilier du culte, sacré lui-même de la main de l'évêque; le prêtre, dont tous les instants doivent être marqués par une élévation de cœur vers Dieu, qui à chaque pas est rappelé à la sainteté de sa vocation par les monuments que lui-même a érigés de ses mains, ne peut faire un pas sans s'exposer à outrager mortellement sa religion; pour peu que sa vigilance se relâche, sa vie ne sera qu'un long sacrilége.

Tout à fait à gauche du tableau, et comme pour en exprimer la moralité, se trouvent un paysan et sa femme, piochant la terre au bord de la route sur laquelle ils voient venir à eux le cortége, et distraits un moment de leur travail par le spectacle auquel ils assistent. Le paysan, grossier, illettré, n'en est pas moins de son époque. Il n'a rien lu, il ne demande point à rien lire ; ni Voltaire, ni Rousseau, ni Dupuis, pas plus que le docteur Strauss ou M. Renan. Philosophes, théologiens, artistes lui font également pitié. Sans avoir rien appris, il hante peu l'église. Esprit positif et pratique, comme le Martin de *Candide*, il a perdu la foi au ciel et l'estime du clergé. Ce n'est pas lui qui risque de s'égarer dans les rêveries du piétisme et les sublimités de l'idéal ; il va droit au fait et à la chose ; c'est le réalisme fait chair. *Qui travaille prie !* je ne sais qui lui a soufflé à l'oreille que ce mot était du Nouveau Testament ; il se l'est tenu pour dit. A la vue des saints hommes en goguette, devant ce foudroyant contraste entre la spiritualité présomptueuse du ministre de l'autel et la réalité bachique de son existence, il est pris d'un rire fou ; et ce rire, dont l'implacable rusticité vous choque, n'en est pas moins communicatif ; impossible, après quelques minutes d'examen, de s'y soustraire. L'homme le plus grave, le plus indulgent, le moins porté à la satire, comparant le prêtre tel que le veut son institution avec ce que le fait la fatalité d'une existence contradictoire, ne peut s'empêcher de penser que le bon Dieu, en instituant le sacerdoce pour le blanchiment des consciences, a voulu se donner la comédie. Quant à la femme du paysan, dominée par les enseignements de son enfance, fidèle au divin amour, mais douloureusement affectée par ce dont elle est témoin, elle prie Dieu de pardonner à se fragiles ministres, qu'elle promet d'écouter toujour comme les dispensateurs de ses grâces, investis pa lui-même du pouvoir de lier et d'absoudre.

Remarquez les oppositions que l'artiste, sans le chercher, a répandues dans son œuvre : la vulgarit de la scène contrastant avec la beauté du paysage le comique de la situation avec la gravité de la profes sion; la superstition de la paysanne avec l'indévotio de son mari; l'âne avec celui qui le monte, etc. L paysan, trapu, osseux, couleur de terre, ajoute, pa son hilarité triviale, au scandale donné par les homme d'église, aux corps bien nourris, aux joues potelées e relevées de vermillon. La femme, carrée, courtaude déprimée dans son corps et dans son âme, créatur sacrifiée, n'est point faite, il s'en faut, pour relever pa l'idéalisme de sa personne l'inconduite des acteur principaux. Qui dira ce que pensent, ce que senten ces servantes de curés, êtres neutres, en qui l'air de l sacristie a tué, avec la piété vraie, tout sentiment fé minin? Cela n'a ni cœur ni âme : vieilles filles qui on appris le vice sans l'amour, la bigoterie sans la reli gion. La plus étonnante figure du tableau est peut-êtr celle de l'âne, qu'on serait tenté de déclarer le plu raisonnable de tous, *zôon logicon*, si son humeur récal citrante ne nous avertissait qu'il est incurable dans so ânerie, et qui semble placé là pour symboliser l'abêtis sement de l'homme par le transcendantalisme de la foi.

Mais ce que nous ne devons pas oublier, à peine de perdre le sens du tableau et d'en fausser complétement l'effet aussi bien que l'intention, c'est que ces prêtres sont tous sincères dans leur religion. Ils ont la foi de Jésus-Christ, ne vous y trompez pas ; à part le doyen et son neveu, signalés comme douteux, les autres sont de vrais et zélés croyants. Ce qui les distingue entre les mortels est cette alliance d'une vertu si fragile avec l'énergie d'une croyance qui semble faite pour tout dompter, les passions et la chair, le monde et le diable. Telle est l'inévitable réaction de la nature contre l'idéal : à force d'exciter en eux l'amour des choses célestes, ils sont tombés dans le sensualisme. L'esprit du siècle, esprit de mollesse et de volupté, les a saisis; ils aiment à bien vivre et à rien faire ; ils pèchent avec leurs pénitentes, leurs ouailles, et ils ont appris à n'en pas beaucoup rougir. *Nous sommes hommes comme les autres*, disent-ils avec une tranquille humilité ; ce n'est pas une raison pour injurier notre foi et nous accuser d'hypocrisie. Et plus ils pèchent, plus ils s'imaginent *se sauver* par la pratique de leurs sacrements et la méditation de leurs mystères, jusqu'au jour où, le démon du quiétisme s'emparant d'eux tout à fait, ils laissent de côté tout à la fois les exercices de la piété et les prescriptions de la morale.

S'il n'existait pas une raison supérieure à toute foi

religieuse, une morale plus haute que celle des cultes autorisés par les lois; si, comme autrefois, l'Église était la mère et la providence de l'État, certes, le tableau de Courbet serait d'une haute inconvenance: en montrant au grand jour les peccadilles du sacerdoce, il ébranlerait les fondements de la morale, et l'on aurait eu raison de le proscrire. Mais depuis la Révolution le rapport entre la religion et la société a été changé; le législateur a pris sous sa protection le pontificat; le droit de l'homme s'est fait juge et maître du droit canon; la morale s'est posée comme une dictée de la conscience, non plus comme un ordre d'en haut; en sorte que la question de savoir laquelle offre le plus de garantie, d'une vertu fondée sur la droite raison ou d'une vertu établie sur l'idéal, s'est fatalement posée, et que la liberté de la discuter est devenue un article de notre droit public. Que dis-je? la question est implicitement résolue contre l'Église par la constitution du pays; et quand Courbet a composé son tableau, il n'a fait que se rendre l'interprète de la loi et de la pensée universelle. Son œuvre avait droit de bourgeoisie à l'Exposition, droit à l'Académie et au Musée.

CHAPITRE XVIII

Courbet : sa personnalité. — Mes réserves.

J'ai passé en revue les principales œuvres de Courbet, et j'en ai dit mon appréciation au point de vue de l'Idée. Je n'ai pas insisté sur les défauts de ses ouvrages : le manque de perspective et de proportions; certaines teintes noires uniformes, comme dans le tableau des *Curés;* des exagérations telles que le rire du paysan, un peu forcé; certaines négligences qui trahissent le débraillé; une tendance à la charge, qui est dans le génie de l'homme; de la *brutalité* parfois; quelque chose de choquant provenant, selon moi, de ce qu'il n'a pas la haute conscience de son art et de son principe. Je n'entends donc pas me faire son apologiste quant à ce qui est du métier : je n'ai aucune autorité pour cela. Je reste sur mon terrain, la pensée de l'œuvre et de l'école; et c'est pourquoi, avant d'aller plus loin, je tiens à dégager mon idée de l'homme.

Un jour, lorsque je commençais à m'occuper de ce livre, je dis à Courbet que je prétendais le connaître mieux que lui-même; que je l'analyserais, le jugerais et le révélerais au public et à lui tout entier. Cela parut l'effrayer; il ne douta pas que je ne commisse faute sur faute; il m'écrivit de longues lettres pour m'éclairer, lettres qui m'ont appris fort peu de choses, et me fit sentir que je n'étais point artiste. A quoi je répliquai que j'étais artiste autant que lui : non pas artiste peintre, mais artiste écrivain, attendu qu'il m'était fréquemment arrivé dans mes ouvrages de faire trêve momentanément à la dialectique pour l'éloquence; et, comme l'art est le même partout, que je me croyais parfaitement compétent dans la question. Ceci parut le calmer un peu, et il ne songea plus qu'à se faire connaître à moi tel qu'il croit être, ce qui n'est pas tout à fait la même chose que ce qu'il est.

Courbet, plus artiste que philosophe, n'a pas pensé tout ce que je trouve : c'est tout simple. Assurément il n'a pas conçu son sujet des *Curés* avec la puissance que j'y vois et que j'indique. Je crois qu'il a eu l'intuition de son principe en peintre, en vertu de son innéité, non en penseur, à plus forte raison en philosophe. Il a beaucoup hésité et varié dans son expression. Mais, en admettant que ce que j'ai cru voir dans ses figures soit de ma part illusion, la pensée existe; et comme l'art ne vaut que par ses effets, je n'hésite pas à l'interpréter à ma manière. Si j'exagère son importance comme penseur, il n'y a pas de mal : cela sert du moins à faire comprendre à mes lecteurs ce que je veux et que je cherche.

Courbet est un véritable artiste, de génie, de mœurs, de tempérament, et, comme tel, il a ses prétentions, ses préjugés, ses erreurs. Tout d'abord il se croit, à l'exemple de ses confrères, un homme universel. — Il faut en rabattre.

Doué d'une vigoureuse et compréhensive intelligence, il a de l'esprit autant qu'homme du monde; malgré cela il n'est que peintre; il ne sait ni parler ni écrire; les études classiques ont laissé peu de traces chez lui. Taillé en hercule, la plume pèse à sa main comme une barre de fer à celle d'un enfant. — Quoiqu'il parle beaucoup de série, il ne pense que par pensées détachées; il a des intuitions isolées, plus ou moins vraies, quelquefois heureuses, souvent sophistiques. Il paraît incapable de construire ses pensées: en cela encore il est purement artiste[1].

Dans ses généralisations irréfléchies, il croit que tout est changeant, la morale comme l'art; que la justice, le droit, les principes sociaux sont arbitraires comme ceux de la peinture, et que lui, libre de peindre ce qu'il veut, l'est également de suivre les coutumes, de s'af-

1. Le logicien et l'artiste sont en antithèse, les deux extrêmes; mais, précisément pour cette raison, ils se comprennent et même se ressemblent. Ils sont l'un et l'autre comme l'idée et l'idéal; le même bon sens les gouverne et les sauve.

franchir des institutions : en quoi il se montre aussi peu avancé que le dernier des artistes. Ceci prouve tout simplement que chez lui, comme chez le commun de ses confrères, l'idéalisme prévaut sur les hautes facultés sociales, et que sa vertu est faible.

Il se fait encore l'apologiste de l'orgueil ; en cela, il se montre tout à fait artiste, mais artiste de second ordre ; car, s'il avait la sensibilité supérieure, il sentirait esthétiquement que la modestie a son prix ; que si elle est quelquefois une hypocrisie, elle ne l'est pas toujours. La modestie est une des choses les plus délicates qu'il soit donné à l'homme de goûter ; celui en qui le sophisme a étouffé ce sentiment n'est plus un homme : c'est une brute.

Je me suis permis cette petite digression, étrangère à l'art, parce que j'ai remarqué chez Courbet une certaine ronerie, commune à beaucoup d'autres : il s'efforce de tout amener à ses idées ou d'étendre ses idées sur des choses qu'il comprend mal et qui ne sont pas niables ; en revanche, il érige volontiers en maxime la négation des choses qui sont au-dessus de lui.

Revenons à notre sujet, l'art, les principes.

On peut définir Courbet : Une grande intelligence dont toutes les facultés sont concentrées en une seule. S'il avait pu se catégoriser, il serait plus logicien qu'artiste. Rien d'étonnant qu'à l'heure qu'il est, il se cherche encore lui-même et ne se connaisse qu'à moitié. Aussi aurais-je force réserves à faire sur ses maximes en fait d'art.

Par exemple, Courbet ne veut pas que l'artiste travaille sur commande. Ce précepte, qui montre combien il tient à la spontanéité et à l'indépendance, ne peut s'accepter d'une façon absolue. L'artiste, en vertu de sa faculté esthétique, doit savoir comprendre et sentir ce qui plaît aux autres, le reproduire en le rectifiant et l'embellissant : sans cela il n'a pas toute l'étendue de sensibilité que suppose l'art.

Sans condamner formellement le passé de l'art, Courbet veut qu'on le mette de côté et qu'on ne s'en occupe plus. Le passé, dit-il, ne peut servir que comme éducation ; on ne doit s'inspirer que du présent dans ses œuvres. Je n'accepte pas cette conclusion, moyen commode de se poser soi-même en prince de l'art et artiste unique. L'humanité ne doit rien perdre de ses idées et de ses créations ; elle accumule ses richesses et se sert de tout. Il faut marcher, mais en tout conservant. Je reviendrai sur cette idée ; je me contente, quant à présent, de poser mes réserves.

Courbet se dit le plus personnel et le plus indépendant des artistes. Oui, indépendant de tempérament, de caractère, de volonté, comme les enfants gâtés qui ne font que ce qu'ils veulent. Oui, personnel en ce sens qu'il est trop souvent occupé de lui-même et quelque peu fanfaron de vanité : ce qu'il y a de plus répréhensible dans ses peintures, c'est justement ce qui laisse voir sa personnalité à lui. Il a fait un tableau purement personnel dans son *Allégorie réelle*, qui ne vaut pas mieux que ses *Filles de Loth*. L'originalité de l'artiste se montre dans le choix des sujets, la manière dont il les conçoit et les exécute. Ceci accordé, Courbet fait comme tous les vrais artistes : il s'identifie avec son idée, la creuse, ne songe plus qu'à elle et en fait une représentation d'autant mieux réussie, qu'elle est plus impersonnelle et qu'elle plaît à plus de monde. Le peintre, comme l'historien, le poëte, le dramaturge, le romancier, le comédien, doit s'effacer derrière ses personnages.

Tout en reconnaissant à Courbet les caractères d'un initiateur, je ne puis admettre sa prétention d'avoir révélé à l'art des horizons complétement inconnus jusque-là. D'abord le génie ne se produit jamais isolé : il a ses précédents, sa tradition, ses idées accumulées, ses facultés grossies et rendues plus énergiques par la foi intense des générations ; il ne pense pas seul dans un individualisme solitaire : c'est une pensée collective grandie par le temps. En second lieu, l'école française va dans la même direction que Courbet, sans que ni lui ni elle, peut-être, l'aient su. C'est par la peinture de paysage et d'animaux qu'elle revient à la nature et aux choses de la démocratie. Il suffit de citer les noms les plus connus : Rousseau, Fromentin, Daubigny, Corot,

Barye, Rosa Bonheur, Marilhat, Millet, Brion : tous doivent aboutir au criticisme.

Courbet n'a inventé ni réalisme ni idéalisme, pas plus que la nature. Ce qu'il fait a été fait avant lui; il l'est aujourd'hui par d'autres que lui, souvent ses rivaux, quelquefois ses vainqueurs. Tout ce qu'on a dit à son occasion et qu'il a débité lui-même est dépourvu de bon sens [1].

J'ai entendu Courbet appeler ses tableaux des allégories réelles : expression inintelligible, d'autant plus qu'elle le mettait en contradiction avec lui-même. Quoi! il se dit réaliste, et il s'occupe d'allégories! Ce mauvais style, ces définitions fausses lui ont fait plus de tort que toutes ses excentricités; il est réaliste, et il revient par l'allégorie à l'idéal!

La vérité est que, comme je l'ai dit déjà, Courbet, dans son réalisme, est un des plus puissants idéalisateurs que nous ayons, un peintre de la plus vive imagination. Je n'en voudrais comme preuve que son *Combat de cerfs*, pour l'exécution duquel ces animaux n'ont certes pas posé devant lui. Son petit

1. Courbet m'écrit que l'art de l'idéal gouverne les deux tiers des mortels : en quoi il a raison. Il demande qu'on combatte l'idéal : en quoi il a encore raison. Mais il ne se doute pas qu'en combattant l'idéal je fais passer la majorité du genre humain des rangs de l'idéal dans ceux de la science et du droit, que je deviens son maître, et qu'il n'est plus, lui et tous ses confrères, que mon collaborateur subalterne.

Pêcheur de chavots serait universellement admiré s'il pouvait être compris : c'est une scène de la vie des enfants d'Ornans pêchant, avec une fourchette, de petits poissons dans la Loue, et qui fera merveille sur la fontaine qu'on doit bâtir au milieu de la ville. L'idéalisme de Courbet est des plus profonds; seulement il n'a garde d'inventer rien. Il voit l'âme à travers le corps, dont les formes sont pour lui une langue, et chaque trait un signe.

Courbet, en effet, saisissant les rapports de la figure corporelle et des affections et facultés de l'âme, de ses habitudes et de ses passions, s'est dit : Ce que l'homme est dans sa pensée, son âme, sa conscience, son intelligence, son esprit, il le montre sur son visage et dans tout son être; pour le révéler à lui-même, je n'ai besoin que de le peindre. Le corps est une expression; par conséquent la peinture qui le représente et l'interprète est un langage. Un philosophe ferait une psychographie; je ferai un tableau. Déshabillons cet homme, et nous allons voir. Voilà le réalisme de Courbet : la représentation du dehors pour nous montrer le dedans. Mais cette représentation n'est plus un simple portrait, une photographie, pas plus que la Vénus de Praxitèle; elle se compose de traits recueillis et combinés ensemble d'après l'observation des réalités : en cela, c'est une pure idéalisation. Dans la *Baigneuse*, la beauté féminine idéale est sous-entendue ; ce n'était pas ce que l'artiste voulait mettre en lumière ; ce qu'il a voulu montrer, c'est l'âme bourgeoise. Pour mieux faire ressortir son idée, il a composé une figure idéale, au moins en ce sens ; et cet idéal est fulgurant, il étonne, il consterne. Voilà comment Courbet marie ensemble ces deux éléments, l'idéal et le réel, l'imagination et l'observation. Si j'étais ministre, ambassadeur ou empereur, je me garderais de me faire peindre par lui.

En résumé, Courbet, peintre critique, analytique, synthétique, humanitaire, est une expression du temps. Son œuvre coïncide avec la *Philosophie positive* d'Auguste Comte, la *Métaphysique positive* de Vacherot, le *Droit humain*, ou *Justice immanente* de moi ; le droit au travail et le droit du travailleur, annonçant la fin du capitalisme et la souveraineté des producteurs ; la phrénologie de Gall et de Spurzheim ; la physiognomonie de Lavater. Il doit immensément au bonheur qu'il a eu de vivre à Ornans ; s'il était né, s'il avait grandi dans une Académie, il ne serait pas lui-même. C'est la liberté qui lui a enseigné sa voie[1]. Il a mis la

1. Chose à remarquer, et qui témoigne du vice universel des *écoles*, des *méthodes*, *traditions*, dont on ne peut nier l'utilité générale, mais qui deviennent trop souvent aussi des *routines*, des causes de préjugés, des chaînes pour l'esprit : c'est là que se perpétuent les erreurs, que se constitue l'immobilisme, l'esprit de résistance ; les solidarités entre talents médiocres, les coteries, les intrigues, dont la plus haute expression se trouve dans les Aca-

main sur une pensée haute et féconde; il n'a pas su encore la dominer, l'énoncer, bien qu'il l'ait servie avec éclat. Cette pensée, on le voit, l'a rempli; elle lui a donné dans les commencements une vanité folle, dont tout le monde a parlé, mais qui, aussi joyeuse que naïve, a fait douter de l'homme et de son idée, et empêché presque de les prendre au sérieux. Puis, la contradiction et une ardente polémique sont venues; elles ont poussé Courbet jusque dans les voies de l'excentricité et du paradoxe. Trop exalté par des gens qui ne l'ont pas compris, trop abaissé par d'autres qui ne le comprennent pas du tout, il a eu le malheur de n'être pas, dès le premier jour, classé et

démies. (Voyez surtout l'Académie française, celle des Beaux-Arts et celle des Sciences morales.) On ne sait lequel est le plus funeste à l'art, de l'appui du pouvoir ou de ses gênes, des écoles et académies ou de la liberté. Je ne voudrais point de professorat, pas de *Conservatoire* (mot atroce); des maîtres tout simplement et des apprentis qui restent libres. Le professorat et l'école ont abouti à la dissolution complète, à la négation de tout principe et de toute règle, tandis que la *liberté* pure a fait trouver à Courbet ses véritables lois. Or l'*absence de principes est servitude*, — LES RÈGLES SONT LIBERTÉ.

L'écrivain et l'artiste ne se sèment ni ne se cultivent : il n'y a point de *callipédie* au moyen de laquelle on puisse, à volonté, s'en procurer. Voyez les élèves de l'Ecole normale : choisis parmi les lauréats des colléges, élevés dans cette serre chaude, ils ont perdu, par leur éducation même, l'originalité, la personnalité, la loi. Ce sont des sceptiques, des écrivains trop bien élevés pour qu'il y ait en eux rien de spontané, de fort, de soudain, d'immédiat ; ce sont de pédantesques médiocrités.

ramené à sa phalange[1] : cela l'aurait calmé, et il eût fait, avec un juste sentiment de lui-même, moins exagéré, quelques chefs-d'œuvre de plus en évitant de graves reproches.

Maintenant, il faut que Courbet le sache : il doit marcher, il n'a que faire de parler de lui davantage; on sait ce qu'il veut, où il va; on l'attend aux œuvres. Ses confrères sont aussi éclairés que lui. Il aura des successeurs, des continuateurs, des rivaux, sans que ceux-ci aient à craindre que leur réputation en souffre, et qu'on leur fasse moins bonne justice. Les idées n'ont pas de propriétaires, et, de même que l'inventeur de la peinture à l'huile ne peut revendiquer la palme du talent, pour cette découverte, sur ceux qui en ont usé après lui, de même Courbet ne saurait prétendre à la supériorité du talent sur ceux qui le suivent, du seul fait de l'idée grande et heureuse qui l'a éclairé le premier.

1. C'est ce que je viens d'essayer de faire. Mais Courbet, comme tous les artistes, veut être infini comme le monde, mystérieux comme l'idéal, surtout seul de son genre et de son espèce parmi les peintres. Je crains fort que, tout en lui rendant pleine justice et lui faisant une position splendide, il ne se trouve médiocrement satisfait. Ne l'aurai-je pas défini, classé, catégorisé, mis à sa place? Quelle audace! Sa réputation y gagnera, mais sa vanité en souffrira. Essayez donc de contenter ces messieurs. Vous pouvez vous entendre avec un philosophe, un savant, un entrepreneur d'industrie, un militaire, un légiste, un économiste; avec tout ce qui calcule, raisonne, combine, suppute; mais avec un artiste, c'est impossible.

CHAPITRE XIX

Les écoles : conservation et progrès.

Aujourd'hui l'*école* dite réaliste existe. Cette école, que j'appelle *critique*, c'est-à-dire humaine, philosophique, analytique, synthétique, démocratique, progressiste, est dominante; mais elle n'a pas encore tout à fait conscience d'elle-même. Elle ne se sait pas; elle manque de théorie; elle n'a pas su se définir, poser ses principes et ses lois. Déjà le faux et l'abus s'y glissent; les plus insignifiantes productions s'étalent : elles se disent réalistes, et cela suffit.

Prendre dans la rue ou à travers champs un groupe, une baraque quelconque, des ustensiles de ménage, et en faire un tableau, ce peut être du réalisme, je ne dis pas non, mais ce n'est rien. Et si cela a pu servir d'*exercice* à l'artiste, c'est, comme œuvre d'art, néant : j'aime mieux une photographie : elle me coûte cinquante centimes et n'a pas de prétention. Il ne faut pas s'imaginer qu'il suffit de peindre ou de modeler le premier venu, ouvrier, paysan, bourgeois ou autre, pour être un artiste de la nouvelle école.

Ici est la **grande erreur**, l'erreur des erreurs, qui ferait promptement tomber l'art, et, par la banalité, par le dégoût, nous refoulerait vers la mythologie. Il faut penser et faire penser; il faut que le tableau ait une portée, un but; sans cela je le dédaigne. Comme fantaisie, comme expression idéale ou poétique, je n'en veux pas : j'aime mieux du Raphaël, du David, de l'Ingres.

Il n'y a pas, il ne peut pas y avoir d'art purement réaliste, par conséquent pas de genre ou d'*école réaliste;* le réalisme, n'étant que la base matérielle sur laquelle l'art travaille, est par lui-même au-dessous et en dehors de l'art.

L'art est essentiellement idéaliste; par conséquent l'idéalisme, dans son acception la plus générale, ne peut pas davantage servir à distinguer une école, un genre ni une époque. Mais l'idéalisme se produit sous diverses formes : c'est ici qu'il devient possible de distinguer des genres divers.

L'étude que nous avons faite de l'évolution de l'art nous en a donné les *moments*, correspondant à autant de *genres*, et pouvant servir à qualifier autant d'*écoles*.

Nous avons donc, comme premier degré de l'art, l'école *typique*, dont le genre consiste à reproduire les types humains, types de race, de caste ou autres, comme faisaient les anciens Égyptiens et Assyriens. Dédaignée aujourd'hui, — nous ne faisons plus que des portraits d'individus, — l'école typique aurait à faire le portrait de race : travail immense et très-utile pour l'ethnographie. J'ai peu voyagé, et j'ai pu constater qu'en France, le *Franc-Comtois*, le *Lyonnais*, le *Bourguignon*, l'*Auvergnat* ne se ressemblent point. Que serait-ce si, hors de France, on étudiait les types de l'Europe et du monde entier ? L'Anglais, l'Allemand, le Juif, présentent bien des différences. Le Moscovite et le Polonais, que je persiste à considérer l'un et l'autre comme Slaves, n'en ont pas moins. Je ne dis rien des Chinois. — D'où vient donc que les artistes ne font aucune distinction dans leurs tableaux de tous ces types? L'art pour eux n'a qu'une figure : ce qui est absurde. — Toutes les races doivent être conservées, représentées dans leur type, dans leur physique, dans l'expression de leurs tempéraments et aptitudes. La seule école qui, depuis les Égyptiens, ait respecté cette règle, est l'école hollando-flamande ; elle nous a si bien familiarisés avec le type de sa race, qu'un Parisien qui ne connaît des Pays-Bas que les tableaux du Louvre, une fois arrivé à Bruxelles, à Bruges, Gand, Anvers, Amsterdam, se croit en pays de connaissance.

La seconde école, indicative du deuxième degré d'art ou d'idéalisme, est l'école *allégorique*, symbolique, mythographique, hiéroglyphique. Née avec la religion, avec les symboles, elle a accompli son œuvre; elle n'a rien à faire. Ses monuments imités servent à l'ornementation des palais, des jardins, des livres...

La troisième école est à la recherche de la beauté pure, de la beauté caractérisée par la proportion et l'harmonie. J'appelle cette école *idolâtrique*, parce que son idéalisme aboutit au culte de la forme pour la forme. C'est par le travail des statuaires que s'est constituée la religion polythéiste ; c'est le culte de la beauté visible qui a fait adorer les dieux. Depuis le christianisme, ce culte et l'école d'art qui le représentait avaient disparu. Mais l'école est ressuscitée au quinzième et au seizième siècle ; et, les dieux à part, elle s'est emparée de l'attention et de la faveur.

La quatrième école, c'est l'école chrétienne, *spiritualiste* ou religieuse. Ici l'artiste cherche à faire apparaître, non plus l'idéal de la forme, mais celui du sentiment religieux. Il donne de l'expression à ses figures, mais une expression mystique, surnaturelle. La beauté extérieure est négligée, effacée, pour laisser paraître la beauté intérieure, qui est celle de l'âme. Or, aussi longtemps qu'il y aura des religions ou des sentiments religieux sur la terre, il y aura une peinture spirituelle, témoignant du sentiment de vénération, d'adoration, d'élévation de l'âme vers la Divinité, de pureté intérieure, de mortification, de soumission. L'*idolâtrie* et la *spiritualité* sont corrélatives et se font pendants.

Cinquième école. — Comptons, si l'on veut, pour une école le mouvement depuis la Renaissance jusqu'à nos jours, et qui, sans parler des imitations idolâtriques, mythologiques, symboliques, se distingue par deux choses : 1° l'union de la beauté à la spiritualité (Vierges, Christs, etc.) ; 2° l'application arbitraire des règles du beau et de l'expression à des personnages humains, historiques ou hypothétiques. Quant à la division des classiques et des romantiques en deux écoles, je ne l'admets pas ; ce qui seulement les distingue, c'est le plus ou moins d'importance donné, par les premiers à la beauté de la forme, par les seconds à l'expression du sentiment. Les uns et les autres sont des *fantaisistes* qui, unissant tout, mêlant tout, créent en dehors de l'observation, de la croyance et de la morale. C'est toujours au fond la même adoration de l'idéal, la même prétention de la peinture d'exister par elle-même et pour elle-même, la même absurdité de l'art pour l'art.

La sixième et dernière école, celle qui indique le degré le plus élevé de l'idéalisme, est l'école *critique*. Art raisonneur, art penseur, art réfléchi : il a compris qu'il doit exister une harmonie entre la nature et la pensée ; — art d'observation : il étudie, dans l'expression des traits, les pensées et les caractères ; — art essentiellement moralisateur et révolutionnaire : il fait, par les moyens qui lui sont propres, la critique des mœurs.

Parvenu à ce degré d'élévation, l'art n'est plus ni vénal ni prostitué ; il ne peut pas le devenir : la prostitution est son contraire.

Puisque toutes ces écoles et les genres qu'elles représentent sont autant de *moments* ou époques diverses dans la grande évolution de l'art ; que chacune vient se résoudre dans la dernière, il s'ensuit qu'aucune ne peut entièrement s'évanouir et disparaître. L'art, en se développant, doit tout retenir ; il ne lui est pas défendu de revenir quelquefois sur lui-même, d'obéir à l'inspiration de son enfance et de sa jeunesse, et de prouver que, comme il est progressif, il est universel et éternel. Notre civilisation, d'ailleurs, est si compréhensive, si vaste, qu'elle admet toutes les œuvres ; qu'elle ouvre à tout ce qui est bon, beau, utile, un débouché.

Ainsi, que nous placions dans nos jardins, nos parcs, nos parterres, nos carrefours, sur nos monuments, des statues mythologiques ou allégoriques, la Jeunesse, l'Abondance, Cérès, Bacchus, des faunes, des nymphes, des Vénus, des Apollon, c'est notre droit ; et pourquoi pas ? Pourquoi renoncer à ces souvenirs ? Pourquoi proscrire nos premières années, rougir de notre jeunesse ? Pallas, Mnémosyne et les Muses sont-elles donc si mal placées à l'Académie ? la statue de la Nature, *alma parens rerum Natura*, au musée d'histoire naturelle ? Melpomène, Erato, Terpsychore au théâtre ? Thémis au palais de justice ? des sphinx sur nos poêles et nos cheminées? des griffons sur nos fauteuils?...

Pourquoi interdirais-je l'illustration des fables de La Fontaine, des contes de Perrault, et, à plus forte raison, de l'histoire d'Hérodote, de Tite Live? Un écrivain a essayé de restituer le caractère historique de Jésus; sans doute il n'a pu faire qu'une œuvre conjecturale : pourquoi la peinture n'essayerait-elle pas de restituer, d'après les historiens, les figures des grands hommes? Par la même raison, je ne défends ni Christs, ni Vierges, ni martyrs.

Le tort, l'erreur, c'est de confondre tout cela dans la même estime; d'accorder à des choses si diverses d'idées la même importance artistique; de juger tout d'après la même critique, et d'oublier que ce qui peut être tolérable, digne d'éloge même, comme art conventionnel, souvenir d'une époque qui n'est plus, il est absurde de le citer comme témoignage de l'art contemporain, et de l'opposer aux œuvres anciennes.

Ainsi, tandis que pour la gent académique, la peinture dite d'histoire, servant à représenter des événements et des personnages d'une époque éloignée, est le premier de tous les genres, elle n'est pour moi qu'un genre secondaire. Elle n'est pas vraie, d'une vérité positive; elle est toute d'hypothèse, et ne peut servir qu'indirectement, par voie de fiction, au grand but de l'art : c'est de l'illustration, du décor, de l'archéologie. Cela peut avoir son agrément, son utilité pédagogique, mais qui reste fort au-dessous de la destinée vraie de l'art.

Bien au-dessous encore sont les illustrations romantiques de Dante, de Gœthe, de Shakespeare et de tout un moyen âge fantastique : Velléda, Françoise de Rimini, Faust, Marguerite, Méphistophélès : représentations de personnages fabuleux, créés à l'image des artistes, dans des poses, des attitudes plus ou moins forcées ou intéressantes.

Sur les romans prétendus historiques, sur celui de *Notre-Dame de Paris*, par exemple, pareille observation. Ce qui prouve combien on doit se méfier de ces sortes de livres, c'est que, même en se renfermant dans l'actualité, le romancier est sujet à faillir, et ne saisit pas toujours exactement les caractères ; il fausse et dénature la vérité qu'il a sous les yeux et fait des personnages à son image.

Un roman dont la fable est placée au moyen âge, — plus loin encore, au temps des Romains et des Carthaginois, — perd de plus en plus de sa vraisemblance et de son sérieux, pour devenir une œuvre de curiosité. Les œuvres conjecturales doivent être présentées comme conjectures. Les histoires de Martin, de Monteil, de Michelet, peuvent nous rapporter les monuments des mœurs de nos pères et parfois essayer de nous les représenter au vif[1]; il est impossible d'en faire un roman vrai, pas plus que de parler latin ou grec comme les contemporains de Cicéron ou de Démosthènes.

La traduction du premier chant de l'*Iliade* par M. Littré est un tour de force pour lequel il a fallu beaucoup de talent et de science, un prodige de philologie; je n'oserais y voir une œuvre littéraire.

L'humanité, en gagnant des siècles, ne peut s'oublier elle-même. Mais ses mœurs changent et ses goûts; et nos arts, en tant qu'ils nous regardent directement, ne peuvent plus être ce qu'ont été les arts de nos pères. Là est la grande conciliation des époques et le vrai génie des artistes. Aux *élèves*, par conséquent, toute la

1. Nous ne manquons ni d'études ni de matériaux historiques. Avons-nous vraiment une histoire?

Nous avons l'histoire providentialiste (Bossuet, Ancillon, Cantu);

L'histoire soi-disant philosophique (Gibbon, Raynal);

L'histoire classique (Vertot);

L'histoire chauvinique (*Victoires et Conquêtes*, Vaulabelle);

L'histoire apologétique et bavarde (Thiers : *Histoire du Consulat et de l'Empire*);

L'histoire doctrinaire (Thiers : *Histoire de la Révolution*);

L'histoire épique (Michelet);

L'histoire-roman (Lamartine);

L'histoire jacobinique et déclamatoire (Louis Blanc);

L'histoire-journal (Buchez);

Enfin des manuels d'histoire, cours d'histoire, résumés d'histoire : simples cahiers de professeurs destinés à la jeunesse qui se prépare au baccalauréat.

Nous n'avons pas d'histoire, parce que nous ne sommes pas devenus nous-mêmes.

partie décorative ; aux *maîtres* les peintures du temps présent. — Ne plus confondre les rangs !

Toujours l'art produira des choses d'un idéalisme plus ou moins profond, selon le besoin qu'on en aura. Ainsi on devra refaire de la peinture typique; on ne renoncera jamais à l'allégorie ni à la beauté ; on fera de la religion et de la fantaisie ; mais tout, en dernière analyse, devra s'expliquer, se compléter par la peinture critique ; tout devra pivoter sur ce genre suprême, l'art critique.

L'idéal doit être subordonné à la vérité et à la justice, parce que celles-ci nous poussent sans cesse à l'action, à la recherche ; tandis que l'idéal nous retient dans l'inertie et nous amollit. L'idéaliste est satisfait ; il s'admire, il dédaigne, il est étranger à tout. Le justicier est plus modeste : rien de ce que pensent ses frères et de ce qui leur arrive ne le trouve indifférent.

L'idéalisme doit toujours être ramené à la *science* et à la *conscience*, à la *vérité* et au *droit*, qui sont ses fins-subordonné au jugement dont il n'est que le préparateur et l'auxiliaire. Dieu, idéal de justice, est-il séparé de la justice : il devient pour nous un principe d'iniquité.

Au temps des Grecs et à la Renaissance, le beau étant pris pour le resplendissement du vrai, selon le mot de Platon, on avait le droit d'en conclure que l'on ne pouvait s'égarer dans la voie de l'idéal : l'idéal et l'idée, comme le beau, le vrai et le juste, étant identiques. Mais nous avons remarqué et nous persistons à dire que la beauté recherchée seule, et abstraction faite de la vérité et du droit, sans une conscience suffisante de la justice et sans une philosophie parallèle, n'est qu'une donnée incomplète, un mirage corrupteur.

L'identité de plus en plus approchée de ces trois éléments, *beauté*, *science* et *justice*, est aussi le but où nous allons, en vertu du progrès.

CHAPITRE XX

Beauté divine et beauté humaine.

L'école critique, comme celles qui l'ont précédée, n'est à son tour qu'un moment dans l'évolution historique de l'art; elle est la préparation d'une nouvelle phase, que nous pouvons déjà pressentir, et qui aura pour but d'allier, dans un idéal inconnu aujourd'hui, la beauté morale à la beauté physique, de créer ce que j'appellerai la BEAUTÉ HUMAINE; car nous ne connaissons encore que la *beauté divine*, dont la plus haute expression nous a été donnée par l'art grec.

La beauté antique est l'image de l'équilibre; c'est la beauté des dieux, l'idéal, le parfait, l'immuable par conséquent. D'après les données de l'art et de la mythologie, on se demande en quoi Vénus pouvait être plus belle que Pallas et Junon, et sur quoi Pâris pouvait motiver son jugement. Le Grec, adorateur de l'une et de l'autre, pouvait-il admettre que sa divinité eût dans sa personne aucun défaut? Impossible : chez toutes trois la beauté devait être divine, immortelle, parfaite.

Cela est si vrai, que les statues des dieux et des déesses ne se distinguent entre elles par aucune supériorité de ce genre, à moins qu'il n'y ait de la faute de l'artiste. Comme formes viriles, Jupiter, Neptune, Mars, Mercure, Apollon, Bacchus se valent. Hercule est un peu au-dessous ; mais Hercule n'est qu'un demi-dieu, puis c'est un athlète. Si fort et si beau que soit l'athlète, fût-il, comme Hercule, Persée, Castor et Pollux, issu d'un dieu, il est un peu au-dessous du divin, dont la puissance ne se manifeste point par énergie musculaire, mais par énergie divine. Il en est de même des déesses, des nymphes : la beauté chez toutes est égale. Qu'on feuillette les poëtes : à peine trouvera-t-on entre elles, selon la dignité, une différence de taille.

Une autre preuve de la vérité de cette observation, c'est que dieux et déesses se distinguent par leurs attributs représentés symboliquement : Jupiter tient la foudre, Mercure son caducée, Apollon la lyre, Neptune le trident ; Bacchus est couronné de pampres ; Amphitrite est traînée sur une coquille ; Junon a la couronne, la royauté et le paon ; Pallas l'égide, la tête de Méduse et la chouette ; Vénus sa fameuse ceinture. — Quelques-uns, il est vrai, prétendent que celle-ci avait les cheveux blonds et les yeux noirs, tandis que Pallas était brune ; c'est un *on-dit*.

Aussi lisez attentivement l'histoire, et vous verrez

que ce qui détermina Pâris, ce fut la promesse que lui fit Vénus de le faire jouir de la plus belle femme de la Grèce, d'une beauté comparable à elle-même.

A cette beauté idéale, absolue, divine nous devons de temps en temps nous référer. Mais il est une beauté moins régulière, moins géométrique, beauté mobile, passionnée, fougueuse comme la vie, comme la force en action, comme la santé en éruption : c'est la beauté du diable. Inférieure à l'autre pour la correction, la précision, la dignité, la placidité, la sérénité, le calme, le divin, mais bien plus attrayante, plus capiteuse, plus entraînante, par l'expression, la passion, la vie, le mouvement, elle nous enlève, nous emporte, et nous l'aimons à la folie. Les Grecs, dans leurs fables, semblent avoir pressenti sa supériorité.

Remarquez, en effet, que généralement il n'y a guère d'*amour* entre les dieux. Junon est mariée à Jupiter, Amphitrite à Neptune, Proserpine à Pluton, Rhée à Saturne : tristes ménages. Les Muses, les Grâces, Pallas, Artémis restent vierges. Les dieux préfèrent les mortelles aux habitantes de l'Olympe. Voyez Jupiter et Calisto, Io, Maïa, Léda, Sémélé, Danaé, Alcmène, Europe; Neptune et Théophane, Tyro, Iphimédie; Apollon et Daphné, Cassandre, Coronis, Clymène. Les déesses également se donnent de préférence aux humains, bergers ou princes : Diane et Endymion, Cybèle et Atys. Vénus se prodigue à tous, dieux et mortels : Jupiter, Apollon, Mars, Bacchus, Mercure, Adonis, Anchise, Butès.

Ne dirait-on pas un aveu échappé aux poëtes, que la beauté du diable est plus belle que la beauté divine? Les dieux et les déesses se délaissant mutuellement pour courir les beautés mortelles : il y a là toute une révélation; la beauté divine de Pallas et de Junon laissant Pâris froid, celle de Vénus le ravissant d'un regard tant soit peu lascif, quel aveu! L'art grec est jugé par ces amoureuses aventures, si naïvement racontées dans la mythologie.

De même qu'il restait quelque chose à faire : en religion après la révélation d'Orphée; en morale après l'instruction de Socrate; en politique après Platon et Aristote; de même, après l'art grec, il restait à créer l'art humain.

Or, après deux mille ans, après toutes les transformations de l'art, nous ne savons pas encore ce qu'est la beauté humaine. Car, si nous avons recueilli dans notre race de beaux exemples de vertu et d'héroïsme, nous n'avons pas encore vu l'homme tout à la fois vertueux, courageux, intelligent, savant, libre et heureux. Il faut la réunion de toutes ces conditions, qui font aujourd'hui, comme autrefois, l'objet de notre recherche, pour créer la beauté virile.

Les Égyptiens n'ont pas connu la beauté humaine, puisqu'ils ne sont pas sortis des symboles et des types;

que les figures de leurs dieux, à forme humaine, sont elles-mêmes typiques; puisqu'ils n'ont pas osé, en se représentant eux-mêmes, nous montrer, dans la variété de l'expression et la vérité de nature, leurs visages; puisque enfin ce que nous savons de leurs institutions prouve qu'ils n'étaient ni heureux ni libres.

Les Grecs ne l'ont pas connue, puisqu'ils ont cherché l'idéal pur, et que leur démocratie ne fut jamais que tyrannie, jalousie, anarchie et bientôt ruine. La plus belle âme grecque fut celle de Socrate, le plus laid de tous. Les Grecs, si artistes, étaient-ils heureux, libres et sages?

La statuaire du temps de l'empire romain s'applique à des sujets plus humains et triomphe de difficultés plus grandes en devenant plus expressive. Le *Gladiateur* et le *Laocoon* sont en progrès sur Phidias.

Le moyen âge n'a pas connu la beauté humaine : il la fuyait, il la haïssait; l'Évangile lui prêchait pénitence. La beauté était pour lui la source du péché.

Les artistes de la Renaissance s'en sont peut-être moins éloignés que les Égyptiens, les Grecs, l'empire romain et le moyen âge; car leurs saints et leurs vierges appartiennent à l'humanité; mais ils ne l'ont vue que dans la sainteté et la béatification.

Cette beauté humaine, si rare, nous la cherchons, et il nous appartient de la produire, puisque nous voulons réaliser les conditions rationnelles du bien-être, de la quiétude et du progrès. L'homme ne sera dans la plénitude de sa beauté que quand il existera dans la plénitude de son intelligence, de sa liberté et de sa justice : jusque-là nos œuvres, si elles ne sont pas des critiques, tombent dans la fantaisie, la contrefaçon, le mensonge et la POSE.

Voyez toutes nos peintures de mythologie, de religion, d'histoire, de batailles, de genre : pas un personnage naturel ; tous sont contorsionnés, convulsionnés ou drapés en charlatans. Jusque dans leurs photographies, nos célébrités contemporaines posent. Les attitudes mêmes sont devenues typiques. Costume à part, on reconnaîtrait au geste, à l'expression de la tête, le guerrier, le tribun, le prêtre, le magistrat, l'ouvrier. La femme, à quelque condition qu'elle appartienne, n'a qu'une manière de poser, qu'un type ; ce type, le plus considérable de notre époque, type inconnu des Grecs, des Romains, des Italiens de la Renaissance, où la beauté divinisée, sanctifiée n'avait rien d'humain, c'est le type de la jolie femme[1].

1. Le règne de la jolie femme est contemporain de celui des banquiers capitalistes, des bourgeois millionnaires, de la féodalité mercantile et industrielle, du régime constitutionnel, de la philosophie éclectique.

La jolie femme est quelque chose d'essentiellement dix-neuvième siècle; elle est ce qu'elle est, ce que nous savons tous, ce qu'il est impossible de définir. Elle peut ajouter à cela d'être paysanne ou bourgeoise, reine ou grisette, femme de banquier ou d'avocat, institutrice ou actrice, sérieuse ou dissipée, sage ou légère, sotte ou

Rien de plus facile que de faire le portrait d'un charlatan ; si j'osais en citer des exemples, ils abon-

spirituelle, mondaine ou dévote. — Elle peut être tout cela indifféremment. Ce que nous appelons une jolie femme peut s'accommoder de tout.

Élégante et cossue, elle a fondé l'empire de la mode ; mais elle n'a jamais su créer un ensemble harmonique, et toutes ses fantaisies de chiffonnière sont au-dessous des costumes les plus anciens et les plus barbares : chinois, indiens, turcs, arabes, russes, suisses, etc. Elle a introduit, je ne sais comme, les corsets, les paniers et les crinolines ; elle a enlaidi les hommes, mêlant arbitrairement tous les costumes et ne sachant en créer ni conserver aucun. Elle fait de la promiscuité à sa manière en uniformisant le vêtement, sous prétexte de l'embellir. Elle associe volontiers les bijoux dévots à ses toilettes.

Reine des bals, des eaux, des redoutes, des spectacles, des concerts et des fêtes, c'est à la clarté des bougies, des lustres, des illuminations, des feux d'artifice, que la jolie femme resplendit dans toute sa beauté et qu'elle ravit le cœur des princes, des militaires et des bourgeois ; c'est là qu'elle fait la conquête d'un mari, prélude, bien souvent, de tant d'autres conquêtes.

Ce qu'elle est le matin, je l'ignore : belle de nuit, fleur des salons, elle se lève un peu tard, un peu pâle et fatiguée. Elle n'a rien de commun avec la fraiche Rosée, fille du Crépuscule et de l'Aurore, qui s'évanouit chaque matin aux baisers du Soleil levant.

Il y a une littérature des jolies femmes, une musique des jolies femmes, un art des jolies femmes ; il y a même une science des jolies femmes. Mais il n'y a ni philosophie, ni politique, ni droit des jolies femmes, bien qu'il y ait une dévotion des jolies femmes.

La jolie femme est capable de jalousie, bien différente de la femme forte de Salomon, qui prend en pitié son infidèle. Elle ne supporte pas la critique : alors elle fait rage, elle trépigne, elle égratigne ; elle jouerait du poignard. Heureusement sa main de jolie femme est incapable de porter des coups assurés.

La jolie femme peut être coquine ; il répugne qu'elle soit criminelle : ce serait un monstre. Elle n'a le sublime ni de la vertu ni du génie ; son triomphe est dans les régions moyennes.

Elle est la muse des poëtes méconnus, le génie des esprits

dent sous ma plume. Rien de plus difficile que de portraire un savant modeste, un grand homme simple, un honnête homme. Il n'y a pas de type connu, et si l'on s'en tient à l'individualité, il est impossible d'échapper à l'un ou à l'autre de ces inconvénients : ou de forcer l'expression du sujet, ou de compromettre l'œuvre par sa vulgarité même.

Sans doute il y a des vertus individuelles, d'honnêtes et excellents individus. Mais ce sont des *individus*, incapables de fournir un type, et sur la physionomie desquels il est impossible de saisir au passage cette expression de vertu, d'héroïsme, de dévouement, conséquemment le genre de beauté que nous désirons.

La vertu,—c'est le christianisme lui-même qui nous l'a appris, — est modeste ; elle ne s'étale pas, elle fuit le grand jour ; rien de plus difficile que de la saisir dans un éclair des yeux ou un reflet du visage. Demandez à un honnête homme, à une digne femme de se remettre dans l'attitude qu'ils avaient quand il leur est échappé telle ou telle bonne action ; chargez un de vos modèles mercenaires de jouer ce rôle. Le ridicule d'une semblable prétention saute aux yeux.

La vertu humaine, qui doit chez nous remplacer la vertu ou piété chrétienne, n'est pas encore assez déve-

moyens, l'ange des idées modestes, des mœurs indulgentes, des vertus flexibles, la fortune des maris complaisants, la récompense des ambitieux sans principes, la fée des caractères effacés, la gardienne des capitulations de conscience.

loppée pour s'être montrée typiquement sur nos visage : les plus honnêtes, les plus savants, les plus braves, les meilleurs, enfin, n'ont bien souvent que des visages vulgaires : rien, du reste, qui les caractérise; car, comme la conscience humaine ne saurait être toujours tendue; comme le comble de la vertu, au contraire, est de devenir facile, naturelle, commune; comme elle ne *pose* pas à la façon des moines, des prêtres, des héros grecs ou des sénateurs romains, elle ne peut être, au moins jusqu'à nouvel ordre, nettement saisie et fixée par le peintre; ce qui en rend la reproduction impossible, et tout essai intolérable.

La conclusion de tout ceci est que le comble de l'art, ce sommet auquel doivent aspirer les artistes, est encore loin de nous; d'autant plus loin qu'il faudra des générations pour créer les types ou modèles, des observateurs très-habiles pour les découvrir, et un public pour les reconnaître et les comprendre.

Que faire donc aujourd'hui? Attendre que la société, en réformant son organisation économique et politique, ait pu réformer ses mœurs; qu'en réformant ses mœurs, elle ait pu modifier, recréer les visages. Alors il sera possible au peintre d'observer et de reproduire. Jusque-là, nous ne pouvons que suivre l'œuvre de critique; nous n'avons pas de béatifications à faire; nous n'avons à prononcer que des condamnations...

CHAPITRE XXI

Affirmation de l'école critique. — Objections. — Incident personnel.

L'école critique dit : [illegible]t ne s'est occupé jusqu'à présent que des dieux, des héros et des saints : il est temps qu'il s'occupe des simples mortels. A force d'idéaliser, de symboliser, de se chercher des modèles au-dessus de la condition et de la destinée, il a fini par s'entourer de fictions ; il s'est perdu dans le vide... Qu'avait donc l'art à faire de nous autres, misérables humains, tourbe servile, ignoble, disgracieuse et laide ? me direz-vous. — Une chose fort intéressante, la plus glorieuse de toutes : il avait à nous améliorer, à nous aider, à nous sauver. Pour nous améliorer, il faut d'abord nous connaître ; pour nous connaître, il faut nous voir tels que nous sommes, non dans une image fantastique, indirecte, qui n'est plus nous. Grâce à l'art critique, l'homme deviendra miroir de lui-même, et c'est dans sa propre figure qu'il apprendra à contempler son âme. Or, cette exhibition de l'âme humaine exige plus de pénétration, d'étude, de génie, plus de science d'exécution qu'il n'en a fallu à Phidias et à

Raphaël pour produire leurs chefs-d'œuvre. Qu'on ne dise donc pas que l'avénement de la nouvelle école constitue une décadence. Malgré la multitude des rapins et des croûtes, nous marchons, nous nous dégageons, nous sommes à cent piques au-dessus des artistes de la première Révolution et du premier Empire : chose dont on ne se doute pas du tout à l'Académie des beaux-arts.

C'est étrangement méconnaître la pensée de l'école critique que de croire qu'elle donne les laideurs morales et physiques dont elle fait la peinture pour des beautés sans pareilles, et qu'elle aspire à changer en cela l'opinion des hommes. Elle soutient, chose incontestable, avouée par tous les temps, que le laid, l'horrible même a son rôle dans l'art; qu'il n'y sert pas seulement à effrayer les imaginations en leur faisant voir les divers degrés de la dégradation morale et physique, et que de pareilles leçons, aujourd'hui nécessaires, exigent de l'artiste une profondeur d'observation, une puissance de synthèse et d'idéalité supérieures.

Songez que nous ne peignons plus des immortels, affranchis de la laideur, comme de la souffrance et de la maladie, supérieurs à toutes les influences du dehors, dont la nature incorruptible et la forme inaltérable ne peuvent jamais avoir qu'une expression, ni par conséquent différer d'elles-mêmes. Il s'agit de créatures passagères, souffrantes, malades, sujettes à l'erreur et au vice, esclaves du péché, et qu'il faut ramener à la santé et à la raison, pour de là les conduire à la vertu. L'artiste a donc pour mandat de les reproduire dans toutes leurs affections, passions et dégradations, comme dans tous leurs perfectionnements. Cette immense variété lui appartient; elle est de son ressort, et voilà pourquoi, plus l'expression est changeante, plus l'art doit s'éloigner de tout arbitraire.

Si le hasard ou la maladresse seuls présidaient à de telles œuvres, si c'étaient des caricatures ou de simples portraits, assurément l'exécution en serait de peu de valeur, puisque le plus maladroit pourrait y réussir. Mais nous avons observé déjà que ces compositions, sérieuses dans leur idée, ne le sont pas moins dans la forme. Elles ne sont pas des charges, des hyperboles, qui ne demandent qu'un peu de malice dans l'esprit et très-peu d'art dans l'exécution; ce sont des compositions typiques, prises sur nature, sur plusieurs natures, et reproduites dans une composition rationnelle où la forme laisse deviner l'idée, où la laideur, tout en montrant le vice, laisse deviner encore à la fois la beauté naturelle et la vertu innée : ce qui rend ces œuvres les plus difficiles de toutes.

On insiste et l'on dit :

Mais quelle nécessité de recourir à ces moyens extrêmes, et quel plaisir, autre que celui d'une énorme difficulté vaincue, l'artiste peut-il se promettre de son œuvre? Il existe de beaux garçons et de jolies filles dans la classe des paysans : pourquoi ne pas s'en tenir à ces modèles? Dans la bourgeoisie, le clergé, la magistrature, l'armée, il y a pareillement de nobles visages, comme il y a de grandes vertus et de nobles cœurs. Pourquoi ne pas s'en tenir à ces natures distinguées? L'humanité peut-elle être trop belle, trop honorée? Et faut-il que l'homme occupe son talent, sa faculté poétique et imaginative à se rabaisser encore? Ne vaut-il pas mieux l'encourager par de beaux exemples que l'humilier par l'image du vice? L'empereur Constantin disait que, s'il voyait un prêtre tomber dans une faute, il le couvrirait de son manteau impérial. Constantin comprenait la vraie pédagogie ; il avait le vrai sentiment de l'art. Mieux vaut excitation que dépression. Beaux modèles que visages de canailles et de damnés! A quoi bon cet étalage de la vilenie paysanesque, de la graisse bourgeoise et de l'épicurisme clérical? L'art que vous préconisez est celui de l'enfer ; nous aimerions mieux celui du séjour céleste. Là-bas Tisiphone, dit-on, présente aux réprouvés un miroir où ils se reconnaissent : ce qui les rend à eux-mêmes insupportables ; envoyez-nous plutôt un ange gardien qui nous fasse voir tels que nous pouvons être, et que nous serons en suivant la sagesse.

Ainsi, répliquerai-je à ces critiques, vous n'acceptez l'art que comme une flatterie, un enjolivement perpétuel, un mensonge, et, le mot vient tout seul, une SÉDUCTION? Ce qu'il vous faut, ce sont des Vincent de Paul se faisant galériens par charité; des Fénelon bandant les plaies des blessés; la sœur ou dame de charité apparaissant, comme l'ange de consolation, dans un galetas; c'est Hippocrate, majestueux, refusant les présents d'Artaxerce; Lucrèce, plus belle que Vénus même, se poignardant après l'attentat de Sextus; Sabine entre un robuste Tatius et un jeune et superbe Romulus, faisant tomber les armes parricides; ce sont des saintes Marguerite ravissantes; des saintes Cécile charmantes; des mères de douleur comme Niobé; des saints Sébastien plus beaux que Mercure, Bacchus et les faunes; et jusqu'aux volontaires de 92 arrivés en sabots, peignés et musqués comme des ci-devant! — Que la *Fileuse* regorge de santé, bien; mais qu'elle soit élégante, svelte, aérienne comme il convient à la femme, et que l'indique le fil ténu qu'elle tire de ses doigts. — Que la bourgeoise, à quarante ans, soit potelée, si cela vous plaît; mais que cette beauté charnue rachète ce que l'âge lui a donné de trop par le charme particulier à la rose qui va se défleurir, au fruit qui va bientôt tomber, et qui donnent toute leur saveur et leur parfum. Voilà ce que vous demandez : du fard, des dents fausses, du vermillon, du carmin, des confitures, du raffinage, des compensations, et toujours du mensonge, de la corruption.

Est-ce là l'ouvrier au dix-neuvième siècle? dites-vous en voyant les *Casseurs de pierres*. Non, pas tout à fait, assurément; c'est une des scènes de sa vie, une des fatalités de son existence; la conclusion d'une vie de travail mal salarié, mal servi par l'intelligence, sans dignité, sans élévation. A cela vous répondez : Très-bien. Mais que M. Courbet nous fasse à cette heure, dans sa beauté virile et sa dignité intelligente, l'OUVRIER !

Où voulez-vous qu'il le prenne? Un ignorant vous peindra un bel homme, à nez aquilin, barbe noire et pleine, au torse de Milon, aux bras d'athlète, un front de génie par-dessus le marché, avec l'éclair de la liberté dans les yeux. Il lui mettra un marteau à la main, et vous direz : *Voilà l'ouvrier.*

Mensonge : c'est une figure de fantaisie, de la pose. J'en ai vu de ces ouvriers, bons diables au fond, mais qui déjà posaient comme types, comme si leur image, fixée par le pinceau, eût dû passer à la postérité. Et je pensais en les regardant : *Pose, mensonge.*

Quant à moi, je l'avoue, j'ai horreur du mensonge, de la fiction, de la convention, de l'allégorie, de l'hypocrisie, de la flagornerie, aussi bien dans la peinture que dans la politique et dans le style; je ne veux pas plus être le flatteur des masses que celui des princes; et s'il est vrai, comme tout le monde le reconnaît, que nous vivions à une époque de décadence, où le courage civique est anéanti, la vertu privée en souffrance, la race déprimée, tous les sentiments faussés et dépravés, je dis que, loin d'en faire un sujet de dissimulation, il faut commencer par dire et montrer la chose telle qu'elle est. Autrement c'est se moquer de nous. Il faut nous administrer le foie de morue, et l'on nous propose de l'eau sucrée !... — Notre époque, riche en police, mais vide de principes et de mœurs, calme à la surface, est au fond révolutionnaire. Il faut que l'art le soit aussi. Toute régénération suppose préalablement une mort ; toute restauration une démolition. Voyez le christianisme : lui aussi a conçu l'homme immortel, idéal, vivant au commencement dans un paradis terrestre, et destiné à une félicité surnaturelle. Cependant il prêche confession, absolution, pénitence. La confession, c'est la peinture telle qu'il nous la faut aujourd'hui. Point de quartier !... Courbet a dans la tête des militaires, des magistrats, des académiciens, des électeurs, des candidats, des banquiers, des agioteurs, des professeurs, des ouvriers, des étudiants, des religieuses, des femmes de la halle, du quartier Saint-Germain et du quartier Breda, de la haute industrie et de la racaille, comme il a des curés, des paysans, des prostituées et des bourgeoises. Qu'il nous montre tout ce monde ; qu'il fasse défiler devant nous toutes ces tristes réalités, et nous lui en serons reconnaissants. Qu'il nous scalpe, nous anatomise, nous déshabille :

c'est son droit et son devoir. En nous exécutant de la sorte, il sert l'histoire et la postérité.

Honneur donc à Courbet qui, le premier parmi les peintres, imitant Molière et transportant la haute comédie du théâtre dans la peinture, a entrepris sérieusement de nous avertir, de nous châtier, de nous améliorer, en nous peignant d'abord tels que nous sommes; qui, au lieu de nous amuser avec des fables, de nous flatter avec des enluminures, a eu le courage de faire voir notre image, non telle que l'a voulue la nature, mais telle que la font nos passions et nos vices.

En vain vous lui dites : Éveillez cette jolie commère; faites passer dans ce corps, un peu plus aminci, une étincelle électrique; sur ce front, sur ces lèvres, mettez une lueur, un sourire d'intelligence; au lieu de quinze cents francs, votre fileuse en vaudra quinze mille, et vous entrerez parmi les Immortels. De même, n'auriez-vous pu mettre, dans l'*Enterrement*, la figure de vos prêtres plus en harmonie avec la grandeur du saint ministère? avoir plus d'égard à notre délicatesse, dans ces têtes de bedeaux, dans ces paysans dans ces bourgeois? Que vous en eût-il coûté? En seriez-vous moins un grand artiste?

Courbet répond : Ce que vous me demandez est un mensonge, une chimère, une création allégorique, un accouplement de choses qui se repoussent, une combinaison impossible. C'est là mort de l'art, la négation de moi-même. Vous me reconnaissez quelque talent, et vous ne voyez pas que la vérité seule me soutient; que je serais bientôt au niveau de tant d'autres; que mon esprit serait dépravé, ma main sans vigueur, mon pinceau *avachi*, si je vous écoutais. Eh quoi! vous voulez que, pour représenter une fileuse, je prenne mon modèle sur le boulevard des Italiens ou au quartier Breda? Indignité! Montrez-moi des Lucrèce, des femmes de sang royal tenant la quenouille, et je vous ferai des Lucrèce; mais je ne saurais les inventer. Ce que je vous donnerais comme tel serait de la fantaisie, de l'idéalisme, c'est-à-dire, eu égard à nos mœurs, toujours de la prostitution. Considérez donc, je vous prie, que de nos jours la beauté humaine et digne, la vraie beauté, ne se rencontre parmi nous que dans la souffrance et la douleur; que nous ne la trouvons presque plus dans nos mesquines passions. Voilà pourquoi mes femmes qui pleurent à l'*Enterrement* sont belles; et il m'en a peu coûté, je vous jure, pour les faire ainsi; voilà pourquoi mon *Duelliste mourant* est beau; pourquoi mes jeunes gens qui échangent un *franc regard d'amour* en revenant de la foire sont intéressants; pourquoi cette *Demoiselle de l'Empire*, respirant Vénus tout entière, brûlée de désirs, et qui semble vouloir dévorer le gazon, garde un reflet de beauté, la force de la passion lui rendant un reste de dignité que le vice a ravagée. Vous me citez les Hollandais et les Flamands qui, dans leurs kermesses, leurs noces, leurs assemblées, dans leurs intérieurs de ménage, et jusque dans leurs cabarets, sont réjouissants ; ils plaisent, ils amusent. Sans doute ! Mais ceci prouve une fois de plus ce que je viens de dire : c'est qu'il n'y a de ressource pour l'artiste que dans la vérité de l'observation. Les auteurs de ces peintures avaient sous les yeux une société gaie, riche et riante ; ils furent plus heureux que nous. Aujourd'hui, savez-vous qui pose devant le peintre ? L'avarice, le jeu, l'orgueil, la luxure, la mollesse avide et désœuvrée, le parasitisme féroce, la prostitution. Je ne puis rendre au public que ce qu'il me prête : ce n'est pas ma faute s'il recule devant son image.

L'art humain, critique, tel qu'il s'est révélé sous nos yeux, est rebuté, d'abord par l'imbécillité publique, le préjugé, la corruption ; puis par l'hostilité des Académies, de l'Église, des coteries et du pouvoir. Les mêmes causes qui, depuis soixante-dix ans, ont arrêté le développement de la liberté, arrêtent l'essor de l'art : préjugés populaires, ignorance nationale, goût faux, défaillance de caractère, corruption sourde, égoïsme. Nous chérissons notre indignité, nous adorons notre servitude, nous bénissons nos priviléges et notre agiotage, pères du paupérisme.

Ces causes se manifestent encore sous une autre forme : la décadence littéraire. Toute inspiration meurt, parce que la justice est morte.

L'art renaîtra un jour, et la littérature avec lui, et la liberté pareillement. Je ne crois pas que ce soit de sitôt, ni surtout en France.

La France, bien étudiée, n'a cessé de proclamer, depuis soixante-dix ans, par toutes les bouches de la renommée, son incurable impuissance. Elle veut bien qu'on l'amuse ; elle exige même, l'hypocrite, qu'on garde en l'amusant certaines convenances : rien ne la délecte comme une polissonnerie fine, une impudicité voilée. Au fond elle ne se soucie ni de littérature ni d'art, pas plus que de droit ou de morale. Tout ce qui se débite à cet égard dans les académies, les colléges, les journaux, les théâtres, les cours, est fiction pure, à laquelle personne ne croit.

Il faudrait, par un effort de raison, sortir l'art de la vieille ornière : on ne le fera pas ; *l'artiste est traité comme l'écrivain.*

Qui fait vivre une littérature? Les idées nouvelles, produites avec vigueur et jeunesse ; non les discours académiques.

Je puis me citer sans orgueil, parce que je souffre depuis vingt-cinq ans persécution. J'ai contribué pour ma part, part petite, si l'on veut, au progrès de la langue et de la littérature. Trois hommes, dans l'économie politique, Say, Blanqui, Bastiat, bien que leurs écrits fourmillent d'erreurs, que leurs théories soient essentiellement contradictoires, et qu'aucun d'eux n'ait su comprendre la loi fondamentale de la science, ont enrichi par leur style la langue dans laquelle ils écrivaient. J'ose me nommer à côté de ces trois économistes. Or, qu'ai-je recueilli?

Je ne me plains pas qu'on m'ait combattu : il ne s'agit point en ce moment des doctrines, mais du style; du fond, mais de la forme. S'est-il trouvé un seul professeur d'humanités pour dire à ses élèves, au public, qu'au dix-neuvième siècle, depuis la Restauration, il se manifestait dans la littérature française un genre nouveau, genre fort difficile, puisque chez les écrivains ordinaires il tombe fatalement dans la banalité et l'ennui, mais qui, par ses analogies avec le style juridique, n'en constitue pas moins un des domaines de la langue? Est-ce que l'on se doute dans les colléges, à l'Institut, qu'une littérature comprenne d'autres genres, — en vers, que le poëme épique, dramatique, didactique, la chanson, l'ode, la fable, le conte; — en prose, que le roman, l'histoire, l'éloquence religieuse, politique, académique ou judiciaire? Est-ce que l'on s'imagine qu'une langue aussi bien constituée que la nôtre puisse servir à autre chose qu'à des livres connus d'avance?

Qu'ai-je recueilli pour ma part? Des procès, des

condamnations, la prison, l'exil. Pourquoi ne puis-je obtenir l'autorisation de publier un journal? Le public, sauf de rares exceptions, n'a pas le temps de lire des livres et des brochures : il veut qu'on lui donne l'instruction en détail; il consent volontiers à consacrer une demi-heure par jour à la lecture, pendant son déjeuner ou son dîner; il ne va pas au delà. Force est donc à toutes les idées, à toutes les questions, à toutes les opinions, à toutes les causes, de passer par la presse périodique, dont les feuilles se distribuent depuis cinq jusqu'à vingt centimes.

Le gouvernement, qui le sait, ne le veut justement pas; il fait de la presse un privilége accordé à des hommes sûrs, sans préjudice des poursuites rigoureuses exercées contre les livres et les brochures. Et pour sauver une dynastie, une personnalité, une politique, on exécute l'*esprit* d'un peuple; on tue l'idée avec la forme.

Et il y a des écrivains, soi-disant libéraux, qui applaudissent, en disant que la presse est impuissante!...

L'art est traité comme l'idée, comme la littérature, comme la presse. On dit aux artistes : De quoi vous plaignez-vous? Que vous manque-t-il? La religion, l'histoire, la fantaisie, la nature entière ne vous offrent-elles pas un champ assez vaste? Faites-nous des tableaux de piété, des scènes de la vie des grands hommes, de beaux paysages; faites-nous des drôleries, vous savez?... et soyez sûr que l'amour-propre national est trop ami de la gloire pour ne pas vous récompenser.

On nous rase, on nous châtre, on nous met les menottes et la muselière; on nous coupe la langue, et nous trouvons cela gentil; et quand M. de Girardin en plaisante, nous disons : C'est tout de même un homme qui a des idées, que ce M. de Girardin!...

CHAPITRE XXII

De l'art dans ses rapports avec la conscience.

Un critique d'art, dont j'ai lu avec intérêt la curieuse brochure, M. Wintz, se moque spirituellement de ceux qui prétendent qu'on ne peut peindre que *ce qu'on a vu*. C'est le contraire en effet, dit-il : on peint, d'après ce qu'on a vu, ce que l'on n'a pas vu. Mais il y a un point que M. Wintz doit accorder : on n'est réellement artiste qu'en peignant ce que l'on *croit*, ce que l'on *aime*, qu'on *espère* ou qu'on *hait*. Or, qui croit aujourd'hui à la vie éternelle, aux miracles, par exemple?...

Le prêtre dans l'exercice de ses fonctions ne signifie plus rien pour nous ; c'est un acteur : couvrez un mannequin d'une soutane, il vous servira tout autant. Représenter le prêtre à l'autel, ou en chaire, ou au catéchisme, ou au lit du malade, a été la prérogative de l'art chrétien, qui n'est plus de notre siècle. Une peinture de prêtres dans l'exercice de leurs fonctions n'aurait de valeur aujourd'hui qu'autant qu'elle mettrait en lumière la contradiction secrète qui existe entre la conscience de ces hommes, leur vie privée, leur foi;

comme, par exemple, lorsque le confesseur, exhortant une vieille à l'article de la mort, lui demande sa fortune pour l'Église.

Les tableaux de religion, c'est un fait reconnu par tous, sont aujourd'hui d'une médiocrité désespérante. Pourquoi ? Parce qu'il n'y a plus de conscience religieuse, ni chez les artistes ni dans la masse.

L'art dépérit promptement quand il cesse d'intéresser vivement la conscience, quand il lui devient indifférent, quand il n'est plus pour elle qu'un objet de curiosité ou de luxe. En dépit de la valeur qu'ils ont pu acquérir comme hommes de métier, nos artistes seront donc toujours inférieurs aux anciens lorsqu'ils voudront refaire leurs œuvres. Non-seulement ils leur sont inférieurs, mais encore ils nous intéressent bien moins.

Que me fait l'art égyptien avec ses pyramides et ses symboles ? Sujet d'étude historique, d'archéologie, d'histoire de l'âme et de l'art lui-même, il est pour moi objet de curiosité pure. Mais après ? Est-ce que ma conscience ressemble à une conscience égyptienne ?

Que me font les monuments de l'art grec lui-même ? Je puis bien, par comparaison, juger que les artistes grecs étaient incomparablement plus habiles que les Égyptiens ; que leurs œuvres sont plus belles, dénotent un sentiment plus profond et plus pur du beau, par conséquent témoignent d'un progrès de l'art. J'en conclurai que, nonobstant les textes admiratifs de quelques vieux historiens, la conscience grecque, au siècle de Phidias, est supérieure à la conscience égyptienne du temps de Sésostris. Tout cela je le vois, je le constate ; je m'y intéresse comme homme, comme le fils de famille aux reliques de ses aïeux ; mais, encore une fois, que me font ces statues de dieux et de déesses, ces bas-reliefs des temples, ces colonnades, ces portiques ? Qu'est-ce que tout cela me dit ? Absolument rien. Qu'importe à mon âme ? L'art grec aussi bien que l'art égyptien est fini, épuisé, et l'humanité dure toujours.

Sans doute, pour les apprentis artistes, ces vieux monuments sont d'une grande importance : ils montrent les origines et sont devenus pour nous des moyens, des éléments ; nous y découvrons les inventions de la taille des pierres, de la colonne, les applications de la statique. Mais tout cela a perdu sur nous son action esthétique.

La Vénus de Milo me paraîtra, si vous voulez, le chef-d'œuvre de la statuaire. Très-bien ! que voulez-vous que j'en fasse, moi citoyen du dix-neuvième siècle, à peine dégagé du christianisme ? Si je réfléchis que cette statue était l'image d'une divinité, cela me fait sourire, et tout le charme esthétique s'évanouit. Je mettrai sur ma cheminée une réduction de cette figure, comme j'y mets une coquille rare, une pièce de porcelaine ou un vase de cristal. Encore, pour ces derniers objets, n'ai-je pas besoin d'étude : tandis qu'une statuette de la Vénus suppose chez le propriétaire qu'il connaît la mythologie, qu'il a été au collége, qu'il a lu les auteurs, qu'il a une teinture de l'histoire des arts, qu'il a compris que les Grecs sont au nombre de nos aïeux. Que de truchements entre l'art grec et moi ! que de moyens termes !

Par exemple, pourquoi ces Vénus sont-elles nues? Qui a pu se permettre de les représenter ainsi, quand on punirait l'exhibition de la statuette nue d'une bourgeoise ? Quel rapport entre cette nudité et ma conscience? Comment me persuaderai-je que les dieux doivent être représentés, qu'ils sont nus, et cela précisément parce qu'ils sont des dieux ? Quelle excitation morale puis-je attendre de ces Vénus, de ces nymphes, de ces Grâces, de ces Muses ? Je sais que le caractère de beauté divine des statues grecques est de n'éveiller aucun sentiment déshonnête : cela devait être vrai surtout des Grecs. Mais moi, pendant le premier quart d'heure, je resterai calme ; si je prolonge ma contemplation, si j'y reviens tous les jours, cette beauté finira par me suggérer des pensers impurs ; preuve qu'elle n'est pas faite pour moi, que sa perfection n'est que relative et son action esthétique temporaire ; hors de son milieu elle devient laide.

En un mot, je veux bien que l'œuvre d'art plaise à

mon imagination; je consens même à ce qu'elle flatte mes sens, bien que ma liberté s'effarouche de cette flatterie, comme une vierge recule au contact d'une main d'homme étranger; mais j'exige avant tout qu'elle parle à mon intelligence et à mon cœur, et que, s'élevant plus haut encore, elle arrive à ma conscience. Pour cela, il faut qu'elle soit la représentation et le produit de cette conscience, qu'elle en soit le miroir, l'interprète, et, par suite, l'excitateur.

C'est par ce rapport secret qu'une œuvre d'art, médiocre de conception et d'exécution, peut exciter au plus haut degré le sentiment esthétique, par suite toutes les facultés de conscience; tandis que, si ce rapport manque, si l'âme est devenue coriace, la plus belle œuvre demeure stérile; elle est esthétiquement comme si elle n'était pas.

Les hommes qui aiment les femmes pour leur jeunesse, leur beauté, leur grâce, leur douceur, les trouvent aimables dans toutes leurs toilettes. Je ne nie pas que la parure n'ajoute à la beauté; l'art n'est point l'ennemi de la richesse; seul au contraire il peut lui donner du prestige; mais il la supplée avec avantage.

Un simple ruban d'une personne aimée sera précieux, tandis que la plus belle robe de mariée, la plus riche corbeille de mariage sera sans intérêt pour ceux à qui la nouvelle épouse est étrangère. Que leur font ses colliers, ses bracelets, ses dentelles?

Quand j'étais enfant, l'église où j'allais tous les dimanches me paraissait le plus beau, le plus grandiose des édifices ; pourquoi ? A cause du rapport intime entre la destination du monument et l'état religieux de ma conscience. Avec le temps, la réflexion m'en eût découvert les défauts ; j'aurais eu d'autres conceptions architectoniques ; mais un grand effet esthétique n'en eût pas moins été produit, qui, s'épurant par l'analyse, aurait créé en moi une puissance de développement et de progrès, laquelle n'eût pas existé sans cela.

Ce ne sont pas les chefs-d'œuvre les plus somptueux, les plus sublimes qui opèrent les plus grands effets : ils sont eux-mêmes le point culminant d'un progrès esthétique créé par des œuvres beaucoup moindres. Non que je veuille dire qu'il est inutile que les artistes se donnent tant de peine ; j'entends seulement qu'ils travaillent en vain, s'ils ne se mettent en rapport direct et intime avec la conscience de leur siècle ; tellement en vain que, cette condition essentielle négligée, l'art, sans objet, sans but, sans raison, sans direction, sans critère, finit par se dégrader et n'être plus de l'art ; c'est de la bimbeloterie.

Remarquez avec quel soin le Lévitique décrit les ornements, au fond si pauvres, du Tabernacle, et le livre III des Rois, le temple de Salomon. Comme on sent, en les lisant, que l'âme tout entière du peuple est suspendue aux lèvres du narrateur; que son cœur, sa pensée, son amour, sont dans ces monuments! Jamais le théâtre grec, le cirque romain éveillèrent-ils un enthousiasme égal à celui que produisait le seul espoir de la visite du temple, de l'ascension à Jérusalem? Les psaumes en sont pleins : *Lætatus sum in his quæ dicta sunt mihi : in domum Domini ibimus.* Comme le législateur s'empare des cœurs par l'image du beau! Et en même temps comme, par la religion et la rationalité surexcitée, il augmente l'énergie du sentiment esthétique et provoque les manifestations de l'art! Cela se passait cependant chez un peuple dont la religion proscrivait la peinture et la statuaire.

Est-ce que nos expositions de peinture, avec leurs milliers de tableaux, de gravures, de statues, ont jamais produit sur les masses un effet comparable à celui de la procession de la Fête-Dieu et de la visite des tombeaux le jeudi saint? Quoi de plus pauvre cependant que les moyens mis en œuvre par le clergé et les paroisses? Mais les consciences étaient à l'unisson : tous prenaient part à la chose. Aussi, de même que l'empereur Napoléon Ier avouait qu'il ne trouvait rien de plus beau, quant à lui, qu'une armée rangée en bataille et exécutant ses évolutions, de même, au temps de la foi, nul catholique ne pouvait se vanter d'avoir vu rien de plus beau que la procession.

Il y a cinquante ans, la première chose que faisait

un homme qui arrivait pour la première fois dans une ville, dans un simple village, était d'en visiter les églises; c'étaient, avec les hôtels de ville, les seuls monuments d'art qui eussent de l'intérêt.

Qu'on ne s'étonne pas du développement qu'a pris l'art religieux à toutes les époques, sans distinction de genre, architecture byzantine, gothique ou gréco-romaine, peinture, statuaire, musique : c'est de tous les arts celui qui, aux époques de foi, saisit, intéresse, touche le plus vivement les masses.

Dans l'Église, dans la religion, tout est poésie et musique. Il y a un poëme, sorte de drame lyrique, j'ai presque dit d'opéra, pour chaque jour de l'année, avec un chant approprié. Toutes les célébrations se chantent, Avent, Noël, Carême, la passion de Jésus-Christ, sa résurrection, son ascension, l'institution de l'Eucharistie, l'assomption de la Vierge, la commémoration des saints. Il y a une mélopée pour la prière ou *pater*, une autre pour la profession de foi ou *credo*, une autre pour la consécration ; il y a un office des morts, un office du mariage, un office de la première communion.

La franc-maçonnerie a des gestes, des signes, des batteries, des formules.

L'armée a des sonneries, des fanfares pour toutes les actions du soldat : la diane ou le réveil, le rappel, l'assemblée, la générale, le pas ordinaire, le pas accéléré, le pas de charge, la retraite, le boute-selle, le couvre-feu ; l'élément de guerre enfin.

Tous les peuples ont obéi à cette loi : il y a des fanfares pour la chasse, le pacage, la pêche, le travail des rameurs ; des danses guerrières, danses religieuses, danses de mariage, danses de société.

En 89, nous avons fait la révolution aux chants de la *Carmagnole*, du *Ça ira*, de la *Marseillaise*, du *Chant du départ*, comme autrefois les Spartiates aux chants de Tyrtée, et les Francs aux chants de leurs bardes.

Pendant ma captivité à Sainte-Pélagie, en 1849, il y eut jusqu'à quatre-vingts prisonniers politiques, nombre minime, si l'on pense aux milliers de déportés de cette triste époque. Tous les soirs, une demi-heure avant la fermeture des cellules, les détenus se groupaient dans la cour et chantaient la *prière ;* c'était un hymne à la Liberté attribué à Armand Marrast. Une seule voix disait la strophe, et les quatre-vingts prisonniers reprenaient le refrain, que répétaient ensuite les cinq cents *malheureux* détenus dans l'autre quartier de la prison. Plus tard ces chants furent interdits, et ce fut pour les prisonniers une véritable aggravation de peine. C'était de la musique *réelle*, réaliste, appliquée, de l'art *en situation*, comme les chants à l'église, les fanfares à la parade, et aucune musique ne me plaît davantage.

Je ne comprends pas la musique de concert et de

salon; je ne m'explique pas qu'elle amuse et fasse plaisir. Ce sont des leçons qu'on répète, et je ne suis pas professeur. Autant j'aime le *Stabat* à l'église, dans les soirées de carême, le *Dies iræ* à une messe de mort, un oratorio dans une cathédrale, un air de chasse dans les bois, une marche militaire à la promenade, autant tout ce qui est hors de sa place me déplaît. Le concert est la mort de la musique.

Lorsque, par hasard, à une grande cérémonie ou solennité publique, il y a de la musique, elle est sans rapport avec l'objet de la réunion. A une distribution de prix on jouera l'ouverture de la *Dame blanche;* à une érection de statue, une symphonie de Beethoven; à un comice agricole, un air de la *Favorite;* dans une assemblée d'actionnaires, rien du tout.

Le Corps législatif se réunit : pas de musique, si ce n'est pour escorter l'empereur, lorsqu'il vient lire son message. On a fait ce qu'on a pu pour bannir l'éloquence, qui semble désormais comique et de mauvais goût; on parle de sa place, de la façon la plus commune, la plus bourgeoise, comme chez nos voisins les Anglais.

Jadis, en se mettant à table, on récitait le *Benedicite*, et, après le repas, les *Grâces;* c'était de la civilité, de l'art autant que de la dévotion. En entrant à l'école, on invoquait l'Esprit-Saint. Dans les cours de la Sorbonne et du Collége de France on ne dit plus rien :

pas le moindre signe qui rappelle le sérieux, la dignité de la chose ; on entre là comme à l'estaminet, et l'on se met à écouter comme on se met à boire au cabaret.

Toute la justice était entourée de formalités qui étaient aussi de la poésie : cela est réduit à l'expression la plus simple.

Beaucoup de ces usages antiques ne peuvent se rétablir ; jadis sérieux et dignes, ils nous paraîtraient puérils et ridicules. Mais nous ne pouvons rester sans compensations. L'art, produit et excitateur de la conscience, naît avec l'homme et la société. Dès le premier jour il se révèle, non à titre de fantaisie, mais comme faculté sérieuse, manifestation essentielle de l'être, condition de sa vie ; il entre dans la réalité, dans l'intimité de l'existence ; l'art enveloppe comme d'un manteau de gloire l'humanité : c'est sa destinée ; c'est son but. Toute notre vie, nos paroles, nos actions, même les plus vulgaires, nos habitations, tout ce que nous faisons, tout ce que nous sommes, appelle l'art et demande à être relevé par lui. C'est lui qui nous sauve de la grossièreté, de la banalité, de la vulgarité, de la trivialité, de l'indignité ; lui qui nous civilise, nous urbanise, nous polit, nous ennoblit.

On chantera un jour à la moisson, à la fenaison, à la vendange, aux semailles, à l'école, à l'atelier. Aujourd'hui nous ne chantons plus, si ce n'est des gaudrioles et de plates inepties ; nous haïssons les vers, nous défigurons notre prose, et nous dansons le cancan.

Nous ne pouvons vivre dans cette barbarie; il faut nous en relever à tout prix, tout en conservant notre gravité scientifique et notre positivisme industriel. Ce sont d'autres *moyens* à employer, d'autres *formes* à créer, d'autres *agencements* à imaginer. Il faut que la terre devienne, par la culture, comme un immense jardin, et le travail, par son organisation, un vaste concert.

Quel concours l'art nous apporte-t-il dans cette entreprise de rénovation? Aucun; nous n'avons pas de production artistique nationale, pas même de critère pour l'appréciation des œuvres produites, parce qu'il n'y a, au fond de la conscience publique, que doute, scepticisme, absence de principes, oubli du droit, esprit d'agiotage, de parasitisme, d'arbitraire; dédain de toute philosophie et religion; impudicité, vénalité, prostitution.

La bourgeoisie contemporaine, grossière et fastueuse, s'imagine qu'elle peut tout avec des écus; qu'il n'y a qu'à offrir des *encouragements*, distribuer des prix, des croix, des pensions; faire des lois sur la propriété littéraire, pour susciter des écrivains et des artistes. Elle est toujours comme M. Jourdain, demandant qu'on lui mette en style à la mode sa déclaration d'amour : « Belle marquise, vos beaux yeux... » Comment faire entendre à ces gens, pour qui l'idée n'est de rien, que, dans la littérature comme dans l'art, l'idée est tout; qu'on ne sera jamais un Tacite quand on pense comme MM. Guizot et Thiers; que, pour écrire le *Vieux Cordelier*, il fallait se faire guillotiner?...

CHAPITRE XXIII

Témoignages esthétiques de la conscience nationale. — Monuments et embellissements modernes de Paris.

L'art a un rapport intime avec la religion, la philosophie, la justice, l'utile, en un mot avec toutes les FACULTÉS DE CONSCIENCE, qu'il a pour but de reproduire, de manifester, d'exciter. Comme on peut juger de la conscience d'un peuple d'après sa religion, ses lois, son gouvernement, son économie, on peut en juger aussi d'après ses manifestations esthétiques. Et puisque le gouvernement, la religion, les lois, la philosophie, l'art, sont en raison de l'énergie de la conscience, on peut conclure de la faiblesse, du retard ou de la corruption des premiers à l'infirmité, à la décrépitude ou corruption de la seconde.

Quels témoignages esthétiques notre époque laissera-t-elle aux générations futures?

Je ne reviendrai pas sur la statuaire et la peinture prostituées. Je me bornerai, dans ce chapitre, à demander leur signification aux monuments et embellissements modernes de Paris.

Il est de la dignité d'un peuple civilisé d'avoir des musées d'antiques. Cela importe à l'histoire, au sentiment de notre progrès, à l'intelligence de l'art à ses diverses époques, et conséquemment à la nôtre, au sentiment de solidarité avec nos aïeux.

J'approuve, en conséquence, les restaurations de cathédrales, de palais, quand les frais n'en sont pas trop élevés; les acquisitions de statues. Mettez ces objets dans vos musées, salles, cours et jardins; ne les mettez pas sur vos places publiques, où les monuments nationaux ont seuls droit de figurer.

Que fait l'obélisque de Louqsor sur la place de la Concorde?... Il fallait le mettre au centre de la cour du Louvre.

Dans l'antique Égypte, l'entrée d'un temple était précédée au moins de deux obélisques, placés de chaque côté, en avant de la porte, comme deux sentinelles. Quelquefois, entre la porte et les obélisques, se trouvait une double rangée de personnages gigantesques. Or, qu'étaient ces obélisques chargés d'hiéroglyphes? Des pierres portant une inscription servant à indiquer l'époque de la construction, le nom du fondateur, l'occasion de la fondation et toutes ses circonstances : véritable notice du monument, sorte d'abrégé de son histoire, de sa destination, à peu près comme nos inscriptions tumulaires, ou comme la table placée au commencement d'un ouvrage, en indiquant la substance et en donnant l'analyse.

La destination de l'obélisque n'était donc pas seulement architecturale ou artistique; elle avait un but mnémonique, un caractère positiviste. La forme était celle d'une aiguille, parce que les caractères se lisaient de haut en bas, et que l'élévation offrait ici plus d'avantage à l'écriture que la dimension horizontale. Les obélisques étaient couplés comme les deux battants de la porte, parce que la symétrie le voulait ainsi.

Or, voyez le singulier peuple que nous sommes! Nous avons été chercher à grands frais, avec la permission du pacha d'Égypte, Arabe ou Turc d'origine, qui se moque des antiquités, *un* des obélisques du temple de Louqsor; nous l'avons dressé au milieu de la place de la Concorde, où il fait une aussi étrange figure que ferait un prie-Dieu dans la salle de la Bourse; et nous avons eu grand soin de mettre sur le piédestal de ce singulier monument, d'un côté une inscription qui indique l'année, le règne sous lequel fut amené l'obélisque; de l'autre, la figure des machines qui servirent à son érection : en sorte que nous avons l'air de l'avoir transporté à Paris uniquement pour nous donner le plaisir de voir comment un ingénieur, sorti de notre École polytechnique, parviendrait à le dresser! Certes, je ne mets pas la civilisation française au-dessous de celle des Égyptiens de

Sésostris ; mais j'ai peine à me figurer qu'ils eussent été capables d'une pareille ânerie... Quoi ! sur cette place révolutionnaire, qui a changé déjà deux ou trois fois de nom, où tant de grandes scènes se sont passées, nous n'avons su élever que deux fontaines mythologiques, assez jolies du reste, et un obélisque égyptien !...

Nos arts sont du bric-à-brac. Nous faisons d'une église un panthéon aux grands hommes ; nous inscrivons sur le frontispice de cette église une dédicace usurpatoire, menteuse ; car l'église de Soufflot a été dédiée à sainte Geneviève ; c'est la deuxième cathédrale de Paris. Par contre, nous refaisons du temple de la Gloire, parallélogramme imité des Grecs, une prétendue église (la Madeleine), sans cloches, sans chapelles, sans horloge, sans forme chrétienne. L'ensemble de nos monuments dénote un peuple dont la conscience est vide et la nationalité morte. Nous n'avons rien dans la conscience, ni foi, ni loi, ni moralité, ni philosophie, ni sens économique, mais faste, arbitraire pur, contre-sens, déguisement, mensonge et volupté.

Traversez le pont de Solferino, et demandez-vous ce qu'il fait là. Une simple passerelle pour les piétons suffisait : elle leur eût épargné quelque cent mètres pendant que le jardin des Tuileries est ouvert. Mais le pont est bien bâti, d'une belle coupe et paraît solide ;

c'est donc un pont pour les voitures. Quel chemin leur épargne-t-il? Aucun. Aurait-il été uniquement construit pour recevoir le nom d'une bataille gagnée par Napoléon III? Ce qui porte à le supposer, ce sont les douze socles qu'on y avait ménagés, six de chaque côté, pouvant recevoir chacun une Victoire et en porter le nom. Malheureusement les victoires qu'on a voulu illustrer ne sont qu'au nombre de six : Montebello, Palestro, Turbigo, Magenta, Melegnano, Solferino. Comment s'est-on tiré de la difficulté? En répétant deux fois chaque nom sur le monument. C'est risible! On aurait pu tout aussi bien les répéter dix fois : cela aurait fait un kaléidoscope.

Pourquoi un pont de Solferino et un pont de l'Alma; un boulevard de Magenta et un boulevard de Sébastopol? pourquoi une rue de Turbigo? On peut me répondre : Parce que nous avons déjà un pont d'Austerlitz et un pont d'Iéna; une rue de Castiglione et une rue de Rivoli. Mais pourquoi, sous Louis XIV, n'avions-nous pas une rue de Rocroi, une rue de Denain? Parce que le bon sens disait que, pour être logique, il eût fallu avoir aussi une rue de Bleinheim. On laissait aux annalistes le soin de raconter les victoires et les défaites. Pourquoi n'en avons-nous pas usé de même? Mon orgueil de patriote est satisfait de lire sur les plans de Paris les rues de Rivoli, de Castiglione, d'Austerlitz et autres. Mais, pour être justes envers l'empereur et envers nous-mêmes, pour rendre la leçon efficace, il eût fallu avoir aussi les rues de Trafalgar, de Vittoria, de Leipzig, de Waterloo[1].

Transportons-nous à la place Vendôme, et levons les yeux vers le couronnement de l'édifice.

La statue de Napoléon, avec le petit chapeau et la redingote grise, était belle, non sans majesté, et d'un grand caractère, de plus populaire. Cette statue était vraie ; on n'en a pas voulu. Il est certain que Napoléon Ier lui-même, simple, naturel et grand parfois dans sa vie quotidienne, sous ces rapports vraiment sculptural, avait l'amour des costumes et des déguisements. Mauvais goût assurément.

Mais pourquoi Napoléon n'a-t-il pas adopté, au lieu de la pourpre romaine, la chape de Charlemagne, le restaurateur de l'empire romain, l'intermédiaire entre César et lui : Charlemagne, avec qui Napoléon, soutien de l'Église, vainqueur des coalitions étrangères, eut

1. L'histoire de Paris était écrite dans les anciens noms des rues et des places. Ces noms, par eux-mêmes, étaient véridiques, sincères, impartiaux ; ne trahissant ni orgueil ni chauvinisme ; ne mentant pas. Si quelque accessoire venait s'y ajouter, il n'altérait en rien les témoignages antérieurs : il ne faisait qu'y joindre le sien. L'arc de triomphe de Louis XIV prenait le nom de *porte Saint-Denis*. Le monument parlait assez par lui-même ; personne ne songea à donner à la rue Saint-Denis le nom de rue Louis XIV, ou de Strasbourg, ou de Flandre. Ce serait détruire l'histoire que de changer les noms des rues d'Enfer, de Vaugirard, Mouffetard, Saint-Jacques, Laharpe, des Prouvaires, et tant d'autres jusqu'à présent respectés.

plus de rapport qu'avec César, conquérant de la Gaule, mais chef de parti, vainqueur du patriciat, dictateur perpétuel? — C'est que, dans le monde féodal ou moyen âge, la France est, comme *royaume*, l'antithèse de l'*empire*, et qu'en fin de compte Charlemagne n'est pas gaulois; il n'est pas de la race, de la civilisation gallo-romaine : il est germanique.

Pourquoi alors Napoléon, s'il tenait à affirmer contre le germanisme la prépotence gallo-latine, ne s'est-il pas simplement posé en continuateur de Hugues Capet, Louis le Gros, Philippe-Auguste, saint Louis, Charles V, Louis XI, Louis XII, François Ier, Henri IV, Richelieu et Louis XIV? Pourquoi cette contrefaçon de l'empire romain, cette renonciation à la succession de Charlemagne, à la royauté française?

Combien de mensonges, d'inconséquences, de contresens, de non-sens accumulés pour se donner un titre et un costume de fantaisie, et faire de l'art faux, antinational, impopulaire, absurde !...

On vient de rendre à Napoléon le costume des empereurs romains. Je ne comprends absolument rien à cette restauration. J'ai regardé du mieux que j'ai pu cette incroyable statue; je l'ai regardée du jardin des Tuileries; je l'ai regardée de la place même; je l'ai regardée de droite et de gauche, par devant et par derrière, et le scandale n'a fait que s'accroître ; contresens, ridicule, fausseté, laideur, tout s'y trouve.

Napoléon est représenté en empereur romain, dit-on; pourquoi pas plutôt en empereur des Français? Que signifie cette allusion aux Césars? Est-ce parce que Napoléon III écrit l'histoire du premier d'entre eux? Est-ce un pronostic? un symbole? un mythe? une espérance?...

Ce prétendu empereur romain porte le globe surmonté de la croix. De mauvais plaisants ont dit qu'il ressemblait à un homme en déshabillé, tenant son bougeoir à la main et qui allait se coucher. Comment cet empereur prétendu romain peut-il être orné de cet insigne, qui fut celui de Charlemagne, l'empereur catholique, et de ses descendants? Quel est ce mélange d'empire chrétien, papal, et d'empire césarien, polythéiste? Car c'est bien pour tout le reste un empereur romain qu'on a voulu faire, à l'instar de ceux dont il nous reste des effigies : cuirasse sur la poitrine, jupe, jambes nues. Ici la cuirasse bombée semble empruntée aux musées impériaux; la jupe, montée trop haut, jusqu'au creux de l'estomac, comme les robes affreuses du premire empire, donne à l'empereur la tournure d'un cuisinier. Vu de loin, on le prendrait pour un zouave, à la veste collante par en haut, flottante par en bas, qui se confond avec le large pantalon, au-dessous duquel paraissent les jambes; et la tête emmanchée sur un long cou, comme celle d'un vautour sur son cou pelé.

La nouvelle statue de Napoléon est un signe du temps. En France, depuis Louis XIV, l'architecture, la statuaire, la peinture, ont de plus en plus dépouillé tout caractère de nationalité. Qu'est-ce que la colonne de la place Vendôme? Une très-servile imitation de la colonne Trajane. Qu'est-ce que la Bourse? qu'est-ce que la Madeleine? qu'est-ce que Notre-Dame de Lorette? qu'est-ce que Sainte-Clotilde? qu'est-ce que l'Arc de triomphe de l'Étoile, et celui du Carrousel?

Ce qu'il y a de mieux dans les embellissements de Paris, ce sont, avec les halles centrales, dont je parlerai tout à l'heure, les *squares*, d'importation anglaise, et les bancs sur les boulevards, dont nous n'avons pas non plus l'initiative. En 1858, il n'y en avait point à Paris; à la même époque, je les ai trouvés à Bruxelles partout.

Ici je prévois une objection.

Les Grecs, va-t-on me dire, nous ont laissé cinq ordres d'architecture. Les Romains ont inventé la voûte; puis est venu le roman. Les races du nord, dont les pignons étaient fort élevés en vue des eaux de pluie et des neiges, ont inventé l'ogive et le gothique. A partir de la Renaissance, on a mis la voûte romaine sur l'entablement grec, et l'on a fait Saint-Pierre de Rome, les Invalides et le Panthéon. C'est bien beau, assurément, d'autant mieux que l'on paraissait être à bout d'art. Que voulez-vous qu'on invente encore ? Il n'y a pas trente-six manières de filer et de détacher des colonnes, de leur donner une base, un chapiteau ; d'élever un dôme ou une cave, d'établir un pont, un aqueduc... Nous nous obstinons à demander du nouveau aux architectes : ils ne peuvent nous donner raisonnablement que de l'ancien. Après nous avoir fait du grec et du romain, ils nous ont fait du gothique et de la Renaissance. Maintenant que nous sommes blasés sur toutes ces imitations, ils nous donnent de l'oriental. A la place de la voûte ronde, ovale ou surbaissée, ils nous font des oignons, des bulbes de tulipes. Plus nous leur demanderons du nouveau, plus, pour nous satisfaire, ils tomberont dans l'irrationnel et dans l'absurde, dans le ridicule et dans le laid.

Sans doute ! mais que prouve tout ceci ? Que son but une fois rempli, l'*utile* une fois réalisé, l'art, comme recherche d'expression, doit savoir s'arrêter ; qu'autrement il dégénère en enfantillage ; que, dans le régime actuel, les encouragements, fort mal entendus, encore plus *inutiles*, donnés à l'art, sont une mystification.

Rendons-nous compte des choses en les prenant de plus haut.

Quel est le but de ce grand développement de littérature, auquel nous assistons en France depuis le dix-septième siècle ?

C'est de nous apprendre ceci : qu'un honnête homme

doit savoir parler et écrire correctement dans sa langue, s'énoncer avec clarté et précision; et, suivant sa profession, être en état de rédiger, avec ordre, élégance, un procès-verbal, un rapport, une proclamation; formuler et motiver son opinion, soutenir une conversation. S'il est professeur, il doit s'élever plus haut encore : raconter les modèles, les expliquer.

Ce point obtenu dans une mesure suffisante, l'honnête homme laissera aux écrivains de profession la prose et les vers, les romans et les drames; aux professeurs l'érudition, l'archéologie, les annales. A l'occasion, son éloquence naturelle, soutenue d'une raison saine et d'une conscience forte, saura se faire jour : il laissera l'art oratoire aux avocats et aux artistes, qui ne l'égaleront jamais.

Souvent il arrive que le goût commande d'employer pour tout idéal la *vérité nue*, l'idée ou réalité pure. Cette règle est surtout de mise en littérature, où le style simple, clair, précis, correct, dépourvu de figures, doit, autant que possible, former la majeure partie du discours. Il en est de ce style comme de la plastique des Grecs, qui dédaignait les ornements, et, dans les moindres choses, brillait toujours de la seule beauté de la forme. Ce style, qui se dissimule en quelque sorte lui-même pour ne laisser voir que son idée, est le plus *idéal* des styles. C'est celui qui fait la supériorité de voltaire. C'est aussi le plus difficile à atteindre. Une idée ainsi exprimée est comme un diamant taillé qui, aussi limpide, aussi transparent que l'air, est pourtant facilement aperçu dans ce même air; tandis que la flamme d'une bougie, portée au grand jour, est éteinte.

Il est vrai qu'un pareil style suppose une idée qui le soutienne; sans cela on n'a que des mots. Aussi la plupart des écrivains font autrement. Soit impuissance, soit manque d'idées, soit mauvais goût, — car la simplicité du style exige plus d'art que les figures et images, — ils se livrent à toutes les fantaisies, à tous les exercices inimaginables.

Ce que je dis de la littérature, je le dis des arts plastiques, de la peinture, de la statuaire, de l'architecture.

Si la valeur décorative d'un monument est de révéler par l'extérieur sa destination, les deux chefs-d'œuvre architectoniques de Paris sont, sans contredit, la prison Mazas et les halles centrales.

Quand on regarde, du haut du chemin de fer de Vincennes, les longues galeries rayonnantes de la nouvelle Force, avec ses murs sans crépi, ses douze cents cabanons, ses jours de souffrance, ses barreaux serrés, ses promenoirs de dix mètres carrés, on sent comme un froid au cœur, une constriction à l'estomac : on devine que tout ici a été combiné avec science et patience, afin de rendre aux malheureux, détenus derrière ces grilles, la vie aussi insupportable qu'elle peut l'être dans une société où les corrections corporelles ont fait place aux tortures morales. Et quand on songe que les prisonniers enfermés dans ce gigantesque tombeau sont des prévenus, c'est-à-dire des accusés présumés innocents jusqu'à jugement contradictoire, on se demande quel châtiment la loi réserve aux condamnés, aux criminels, et quelle idée morale préside au régime des prisons en France. Mazas est une conception architecturale digne de prendre place à côté des œuvres les plus philosophiques de l'école critique. La vue de ce monument ne peut que hâter, par l'horreur qu'il inspire, la réforme des lois et coutumes de nos gouvernements, en matière de prévention comme de répression. Qu'on me cite un monument à nos gloires d'un idéalisme aussi saisissant, d'un enseignement plus profond !

Les halles centrales ont causé grand scandale dans la gent académique, élèves et maîtres. Là, en effet, pas de colonnes, pas de pilastres, pas de corniches, pas d'attiques ; ni chapiteaux, ni modillons, ni cartouches, ni statues, ni bas-reliefs ; de la pierre dans les fondations, du fer depuis le sol jusqu'à la couverture, une toiture de verre et de zinc : rien de tout cela n'a été prévu par l'Institut et l'École. Aussi les halles sont-elles un monument de la barbarie ; un vol fait aux artistes pour lesquels les travaux de la ville et de l'État sont une propriété ; un détournement de commande au profit des modestes dessinateurs, modeleurs et fondeurs de l'usine de Mazières.

Mais le public s'est rangé du côté des industriels contre les artistes, et il a eu raison. L'idéal d'un marché, où s'entassent des matières promptement putrescibles, serait qu'il fût à ciel ouvert; l'inclémence de notre climat ne le permettant pas, le mieux serait que la couverture fût en quelque sorte suspendue par une attache en haut, comme une lampe au plafond; le point d'appui manquant encore de ce côté, les colonnes destinées à soutenir le toit doivent tenir aussi peu de place que possible; beaucoup d'air, beaucoup d'eau, tel était le programme utilitaire, sanitaire. L'ingénieur des halles centrales l'a compris : rien de trop dans son monument; il n'a cherché que le simple, et il a trouvé le grandiose. Que les académiciens préfèrent un entassement de pierres, plus ou moins symétrique, sans air, sans lumière, avec le typhus en permanence, comme dans l'espèce de bastille ou de prison qui subsiste encore en face de l'église Saint-Eustache, ou les autres marchés de Paris clôturés de murs : le public sait maintenant ce que peut et doit être un monument d'utilité publique, et il ne sera plus dupe des charlatans de la forme et de l'idéal, sans conscience et sans idée.

Le but de l'art est de nous apprendre à mêler l'agréable à l'utile dans toutes les choses de notre existence; d'augmenter ainsi pour nous la commodité des objets, et par là d'ajouter à notre propre dignité.

La première chose qu'il nous importe de soigner est l'*habitation*. La grande affaire est que le peuple soit bien logé : chose d'autant plus convenable qu'il est souverain et roi.

Or, la demeure du citoyen, de l'homme moyen, n'a pas encore été trouvée. Nous n'avons pas le *minimum* de logement, non plus que le *minimum* de salaire. Les artistes demandent des travaux, c'est-à-dire des palais, des églises, des musées, des théâtres, des *monuments ;* leur art n'a pas abouti à nous loger; au contraire, le luxe des bâtiments auquel ils nous poussent est devenu un auxiliaire de misère.

Il faut comparer une ville de Hollande, de Suisse, avec les cités espagnoles ou orientales : c'est là qu'on devinera la destinée de l'art.

L'art n'a rien fait des Grecs, des Italiens, des Espagnols, demeurés *iconolâtres*. Voyez Constantinople, Rome et Naples. Pour que l'art accomplisse sa destinée, qu'il atteigne sa dernière limite et remplisse son but, il faut que l'homme ait appris à estimer son âme et sa conscience plus que son corps.

Voyez le ménage d'une femme des Pays-Bas, et comparez ce ménage avec celui d'un bas-bleu ou d'une courtisane. Voyez aussi les villages protestants de Suisse (Vaud et Neuchâtel), et comparez-les avec les villages catholiques français qui les touchent.

La liberté, la personnalité, la dignité de caractère, qui distinguent les Suisses, les Hollandais, c'est de l'ART RENTRÉ. Or, cet art-là est fort négligé en France, il faut le dire.

Je laisse de côté la question du bon marché, sans lequel la vie n'est qu'une servitude. — Si la république n'est pas le droit, me disait un honnête homme, je me moque de la république. — Je dis de l'art et des villes : si l'art et l'édilité ne savent pas nous loger à bon marché, je me moque de l'architecture et de l'édilité. Or, nous sommes bien loin de là.

En vain nous engouffrons dans ces maisons monstres un mobilier plus ou moins somptueux et artistique : buffets, bahuts et tables sculptés, tableaux, statuettes, pianos, etc. La belle compensation ! c'est la fiction que nous prenons pour la réalité.

Je donnerais le musée du Louvre, les Tuileries, Notre-Dame, — et la Colonne par-dessus le marché, — pour être logé chez moi, dans une petite maison faite à ma guise, que j'occuperais seul, au centre d'un petit enclos d'un dixième d'hectare, où j'aurais de l'eau, de l'ombre, de la pelouse et du silence. Si je m'avisais de placer là dedans une statue, ce ne serait ni un Jupiter ni un Apollon : je n'ai que faire de ces messieurs ; ni des vues de Londres, de Rome, de Constantinople ou de Venise : Dieu me préserve d'y demeurer ! J'y mettrais ce qui me manque : la montagne, le vignoble, la prairie, des chèvres, des vaches, des moutons, des moissonneurs, des bergerots.

Comment ne voyons-nous pas que ce débordement d'œuvres d'art, de monuments des arts, n'a d'autre but, par une affreuse ironie, que de nous entretenir dans notre indigence? Si notre éducation était faite, si nous exercions nos droits, si nous vivions de la vie libre, est-ce que nous aurions besoin d'écoles d'art et de prix de Rome? Est-ce que ce nouveau Paris ne nous ferait pas horreur? Nous nous serrons le ventre, et, faute de consommations plus réelles, nous nous repaissons de spectacles!

Une agglomération de mille petits propriétaires, logés chez eux, exploitant, cultivant, faisant valoir chacun leur patrimoine, leur industrie et leurs capitaux, s'administrant et se jugeant eux-mêmes, ce chef-d'œuvre politique, dont tous les autres ne sont que des accessoires, voilà ce que nous n'avons jamais su réaliser.

Artistes, professeurs et prêtres, académiciens et philosophes, tous font également mal leur devoir; ils se sont faits instruments de misère et de dépression.

Il faut mesurer le degré d'abaissement des masses chez un peuple par l'exagération de ses œuvres d'art et l'importance donnée à ses artistes. Ç'a été le secret des sacerdoces et des despotes de tromper le paupérisme des masses par le *prestige* des monuments.

L'Égyptien pouvait-il se plaindre en voyant s'élever ces obélisques, ces sphinx, ces pyramides, ces temples gigantesques ?

Quand l'engouement artistique s'empare des Grecs, ils sont perdus : les Romains ne les nomment plus que *Græculi*, *Grécillons*, comme les Belges nous appellent *Francequillons.*

L'empire une fois installé, les grands monuments s'élèvent dans Rome corrompue et dégénérée : le Panthéon, le Colysée, etc.

Le catholicisme fonde ses cathédrales sur la servitude; la Rome de Léon X paye ses artistes avec l'argent des indulgences. Plût à Dieu que Luther eût exterminé les Raphaël, les Michel-Ange et tous leurs émules, tous ces ornementateurs de palais et d'églises !

Les artistes, une fois le but de l'art manqué, sont devenus les auxiliaires naturels du sacerdoce et du despotisme contre la liberté des peuples. Ministres de corruption, professeurs de volupté, agents de prostitution, ce sont eux qui ont appris aux masses à supporter leur indignité et leur indigence par la contemplation de leurs merveilles.

Et nous les préconisons, ces artistes, comme les premiers des mortels ! nous les divinisons ! nous les prenons pour chefs et modèles, nous leurs donnons quittance de toutes les vertus civiques et humaines! Pourvu qu'ils nous flattent, nous amusent, nous chatouillent, pourvu qu'ils nous fassent poser, nous sommes contents!...

Avec eux, nous avons trouvé le secret de vivre dans une gueuserie superbe. Nous avons eu les républicains de la forme; nous avons maintenant les moralistes de l'idéal; et nous avons trouvé ce secret, que le dévergondage de l'esprit et l'impudicité des sens, c'est la liberté.

Nous nous saturons de romans, de spectacles, de parades, d'exhibitions, de feux d'artifice; nous recherchons le mensonge et toutes ses gloires.

La GLOIRE : voilà notre pain quotidien, pain quotidien des races lâches, vaniteuses, qui, après avoir brillé un instant au premier rang, deviennent la risée des nations.

CHAPITRE XXIV

Mœurs artistiques. — Simples conseils.

Les artistes, gens de lettres, auxquels se joignent quelques dévots et philosophes, forment une caste à part, caste indisciplinable et servile, corrompue et corruptrice, qui, sans se remuer beaucoup, agissant avec lenteur, a fait dans tous les temps beaucoup de mal et peu de bien. Ils sont adorateurs de la forme, idéalistes en toute chose.

1° En religion, ils dédaignent le dogme et les pratiques du culte, qu'ils laissent au vulgaire, et ne font cas que de la contemplation et de l'union avec Dieu.

2° En politique, ils méprisent les principes, le droit, les définitions, les formes judiciaires, l'équilibre des forces, et préfèrent l'inspiration des masses, la fraternité; ils dédaignent les constitutions, la forme du gouvernement; tout leur est égal.

3° En économie sociale, ils suivent les maximes de la philanthropie et de la charité, plutôt que celles du droit et de la science.

4° En justice, ils préfèrent l'équité au droit : c'est

un prétexte à l'arbitraire ; la fraternité et la communauté sont leur idéal.

5° En morale, ils sont pour les mœurs libres : le bon cœur innocente tout ; dans leur vie débraillée, ils se croient les plus indépendants : ils sont les plus serviles des hommes.

6° En littérature, ils sont ennemis des genres, des règles.

7° En peinture, nous les connaissons.

Les qualités et les défauts des artistes se déduisent naturellement de la faculté qu'ils mettent en jeu et de la passion qu'ils servent. Ils forment une classe à part, impérieuse par l'idéal, mais inférieure par la raison et la moralité. Ils ont des prétentions très-hautes au génie, à la gloire. Distingués, élégants, sensuels, cupides, capricieux, vaniteux, avides d'éloges et de récompenses, ils appartiennent à qui les flatte et les paye, et sont plus souvent les auxiliaires de la corruption que de la régénération. Ils n'ont jamais su trouver eux-mêmes leur chemin ; ce sont les révolutions qui le leur montrent, ainsi que nous l'avons remarqué chez les Égyptiens, les Grecs, les Hollandais.

D'un côté les artistes font de tout, parce que tout leur est indifférent ; de l'autre ils se spécialisent à l'infini. Livrés à eux-mêmes, sans phare, sans boussole, obéissant à une loi de l'industrie mal à propos appliquée, ils se classent en genres et espèces, d'abord selon la nature des commandes, puis selon le moyen qui les distingue. Ainsi il y a des peintres d'église, des peintres d'histoire, des peintres de batailles, des peintres de genre, c'est-à-dire d'anecdotes ou de farces, des peintres de portraits, des peintres de paysages, des peintres d'animaux, des peintres de marine, des peintres de Vénus, des peintres de fantaisie. Tel cultive le nu, tel autre la draperie. Puis chacun s'efforce de se distinguer par un des moyens qui concourent à l'exécution. L'un s'applique au dessin, l'autre à la couleur; celui-ci soigne la composition, celui-là la perspective, cet autre le costume ou la couleur locale; tel brille par le sentiment, tel autre par l'idéalité ou le réalisme de ses figures; tel autre rachète par le fini des détails la nullité du sujet. Chacun s'efforce d'avoir un *truc*, un *chic*, une manière, et, la mode aidant, les réputations se font et se défont. Une cause de succès dans la peinture religieuse, depuis plusieurs années, a été, par exemple, de peindre les patriarches et les personnages de l'Ancien Testament en costume arabe : Abraham est un vieux Bédouin.

Les littérateurs ne procèdent pas autrement. L'un cultive l'antithèse, l'autre la comparaison et la métaphore ; celui-ci aime les descriptions et la pompe ; cet autre recherche la périphrase et l'épithète ; il en est qui ne parlent que par exclamations, apostrophes, prosopopées. Le *pindarisme* enfin, la phraséurgie, constituent pour certains auteurs tout l'art d'écrire. — Louis-Philippe disait de M. Villemain qu'il commençait par faire sa phrase, et qu'ensuite il cherchait quelle idée il mettrait dedans. — Avec cette recette, ils traitent de tout, politique, philosophie, histoire. On en a vu faire pendant trente ans illusion au public et étouffer le sens commun sous leur réputation usurpée.

Ces puérilités, ces ficelles, prouvent qu'artistes et littérateurs, aujourd'hui moins que jamais, ne savent où ils vont.

L'artiste vit isolé, sa pensée est solitaire; il ne reçoit pas de secours; aucune chaleur, aucune lumière ne lui vient du dehors; il n'a ni foi ni principes; il est livré à l'athéisme de ses sentiments et à l'anarchie de ses idées. Il ne sait par où saisir le public; c'est une mêlée où personne ne se connaît et où chacun tire de son côté. Toute solidarité est brisée. Comment produiraient-ils des œuvres populaires, eux qui ne savent rien de l'âme du peuple? Comment plairaient-ils aux gens instruits, eux dépourvus de fortes études et traitant l'art en haine et dérision de la science? Voyez-les se battre les flancs, se frapper le front, demander au café, aux veilles, à toutes les excitations factices une inspiration qui les fuit; succomber à l'ennui, au dégoût, avant même d'avoir mis la main à l'œuvre, et rimer malgré Minerve!... entreprendre, sans foi, des tableaux religieux; sans principes, des sujets monarchiques, socialistes, républicains, ne se doutant pas que lorsque les convictions sont mortes, l'art est mort, et que pour le ranimer, il faut se refaire homme !...

Tout ici est solidaire : l'art faux, la mauvaise littérature, la politique de chauvins, les mauvaises mœurs, la critique vénale, la fausse éloquence, la poésie absurde, l'histoire phraséurgiste, la morale quiétiste, la négation de la justice.

Platon touchait juste quand il chassait les artistes et les poëtes de la république ; je ne demande pas qu'on les mette hors la société, mais hors le gouvernement ; car si l'artiste, dans ce qu'il a de meilleur, est conduit et inspiré par la société, celle-ci, en revanche, est perdue si, à la fin, elle se laisse inspirer et mener par lui. Or voilà justement notre cas.

Depuis 89, nous adorons la *fantasia ;* nous sommes livrés aux dilettanti. Mirabeau est plus admiré comme virtuose que comme politique : en quoi on a fait de lui un homme prodigieux dont nous ne sommes pas encore dignes ; Robespierre est le virtuose du club ; Napoléon Ier le virtuose des batailles, écrasé à la fin partout, faute d'avoir eu une idée. Nous n'avons même plus le sens de notre histoire.

De tous les agents de notre dissolution intellectuelle et morale, le plus énergique a été sans contredit le romantisme. L'école n'a compris ni son siècle ni sa mission ; même quand elle a recherché la popularité, elle s'est égarée. Elle a faussé le goût des masses, les a corrompues et faites à son image. Le romantisme a été de l'idéalisme à corps perdu, du pastiche, de la fantaisie folle et sans nom, en dernière analyse de la corruption. Le goût, le style, la langue, la critique, les idées et les mœurs, tout est dépravé. Ce n'est ni l'empire ni Louis-Philippe qui nous ont faits ce que nous sommes : c'est le romantisme épicurien, idéaliste, immoral. Sous prétexte de faire mieux que le bien, plus vrai que la vérité, plus juste que le droit, il a perdu chez nous la conscience. La morale des romantiques, renouvelée des jésuites, est comme l'art pur : c'est la négation des règles de la justice, des prescriptions du droit et du devoir ; c'est la charité mise au-dessus des lois ; c'est la fraternité violant la liberté et la responsabilité ; c'est l'amour effaçant les plus grandes scélératesses, un bon mouvement rachetant un million de crimes.

Le sultan Mourad (*Légende des siècles*, par V. Hugo) a épouvanté le monde de ses forfaits. Il a fait étrangler ses huit frères, noyer les vingt femmes de son père ; il a éventré ses douze enfants pour une pomme volée ; il a fait murer vivants vingt mille prisonniers ; il a anéanti des villes, exterminé des provinces ;

> Il fit un tel carnage avec son cimeterre,
> Que son cheval semblait au monde une panthère.

Puis un jour, dans Bagdad, il voit un pourceau ladre égorgé, se débattant contre la mort. Les moustiques et le soleil de midi torturent le porc et lui rendent l'agonie terrible. Mourad, du pied, le repousse à l'ombre,

> Et de ce même geste, énorme et surhumain,
> Dont il chassait les rois, Mourad chassa les mouches.

Le soir même il est pris d'une fièvre et meurt. Il arrive devant le souverain juge. De tous les points s'élève la clameur des suppliciés : — Justice ! ô Dieu vivant ! — Mais le porc crie à son tour : — Grâce ! il m'a secouru. — Et Dieu conclut par cette épouvantable profession de foi :

> Il suffit, pour sauver même l'homme inclément,
> Même le plus sanglant des bourreaux et des maîtres,
> Du moindre des bienfaits sur le dernier des êtres.
> Un seul instant d'amour rouvre l'Eden fermé;
> *Un pourceau secouru pèse un monde opprimé.*

Morale de hauts coquins et de puissants seigneurs; morale à l'usage des bourreaux du genre humain et des grands mangeurs d'hommes dont parle l'Écriture ! Ai-je eu tort de dire que le premier acte de la révolution sociale devrait être de jeter au feu toute la littérature romantique?

Au sortir d'une pareille pourriture, ce n'est pas assez de nous purifier; nous avons à nous refaire tout entiers...

L'art fleurit aux époques d'institution religieuse, de réforme morale, de révolution politique o philosophique. Cela est facile à comprendre : l'art est lui-même l'expression des réformes, qui toutes se résolvent en un mot : la production de la justice, la création de l'humanité. Ainsi la Renaissance et la Réforme conjurées ont eu pour pendant une explosion artistique et littéraire dans toute l'Europe ; ainsi la révolution philosophique de Descartes et de Kant a amené la réforme littéraire en France et en Allemagne. Les mêmes conditions qui font les grands penseurs et les grands écrivains nous redonneront de grands artistes, et l'école de l'avenir, une fois instituée, ne faiblira plus.

L'artiste, comme le littérateur, doit être de son temps : ce n'est qu'à cette condition que ses œuvres passeront à la postérité ; — il doit être de son pays[1] : par là seulement il sera humanitaire ; — il doit être de sa religion (opinion), s'il tient à être véridique et admiré des philosophes ; — il doit se montrer concret dans son *idée* : ce n'est que par là qu'il aura un idéal.

1. Une question sort de là : est-il bon à l'artiste de voyager sans cesse ? Je ne le crois pas ; il n'est pas fait pour rendre l'homme universel, ni le paysage ou éden universel ; il a été organisé pour exprimer une idée, une forme, qui généralement est celle de son pays et de ses contemporains. Courbet est bien le peintre d'Ornans, du paysage d'Ornans, des paysans de Flagey. C'est ce qui fait sa force. C'est par là aussi qu'il est le railleur impitoyable de la bourgeoisie de son temps et des mœurs parisiennes.

En littérature, il faut revenir au style franc, net, vif, simple, précis, sobre de figures, sobre de couleurs, dépouillé de verbiage, de pompe inutile, de magnificence charlatanesque et de luxe vénal; au style analytique, démonstratif et français par excellence, ennemi de la rhétorique, de l'hyperbole, des antithèses.

L'artiste, comme l'écrivain, est un créateur synthétique qui doit traiter avec un égal succès toutes les parties de l'art; et bien loin de s'abandonner à celle où il excelle, il doit sans cesse lutter pour se mettre lui-même en équilibre, à moins qu'il ne travaille en collectivité, sous une direction unique. Dans ce cas, l'union de facultés également supérieures peut devenir un moyen de perfection pour les œuvres d'art; mais ce sera toujours au détriment de l'artiste servant.

Au reste, nous n'empêchons pas que chacun, s'associant à son voisin pour une œuvre commune, travaille selon ses moyens; ce que nous demandons, c'est que l'égalité soit respectée dans toutes les parties d'une œuvre. C'est faire une représentation boiteuse que de donner la supériorité soit au dessin, soit à la couleur. Ce qui importe ici est donc 1° qu'une œuvre ne soit pas boiteuse : 2° qu'il se forme une pensée nouvelle, commune, qui entretienne le génie, développe, crée une tradition, et multiplie, sans plus déchoir, les chefs-d'œuvre.

Il faut que les artistes, s'ils travaillent seuls, développent également en eux-mêmes toutes leurs facultés, ou qu'ils les complètent en s'associant.

Il faut de plus que, par la méditation des principes et des règles, par leur observation, par l'étude des sujets, par l'esprit nouveau dont ils doivent se pénétrer, il se forme entre eux une pensée, un génie en quelque sorte commun, une tradition, une foi, une virtualité qui élèvent le talent de chacun au-dessus de ce qu'il serait dans la solitude.

L'ancien monde gréco-romain fut, à un moment, peuplé de statues. En telle ville il y en avait autant que de citoyens, et presque toutes étaient des chefs-d'œuvre. Ce qui nous semble aujourd'hui extraordinaire résultait de la communion des artistes, du critère qu'ils suivaient fidèlement.

L'artiste doit être en communion d'idées et de principes non-seulement avec ses confrères, mais avec tous ses contemporains; il doit encore se pénétrer de cette pensée, qu'il n'y a pas de différence entre la création artistique et la création industrielle. L'artiste, en effet, ne produit rien du néant; il ne fait que saisir des rapports, analyser des figures, combiner des traits, les représenter : c'est là ce qui constitue sa création. Or, de même que l'industrieux, ou le savant, ou le philosophe, — plus il observe, plus il découvre, — et plus il a découvert, mieux il applique et produit; — de même l'artiste, mieux il a vu, plus il se met en état de représenter : l'inspiration est en lui proportionnelle à l'observation. C'est pourquoi, chez le véritable artiste, comme chez le véritable écrivain, chez le philosophe, l'inspiration, on peut le dire, ne faiblit jamais ; elle est constante, elle est à commandement. Elle ne s'en va que lorsqu'il abandonne l'étude ; lorsque, par présomption ou paresse, il ne produit plus que de l'abondance de ses spéculations ou de ses souvenirs. Celui qui a l'intelligence vide a l'imagination vide aussi[1] ; mais ce terme de création, commun à l'industrieux, au philosophe, à l'écrivain et à l'artiste, acquiert une signification bien plus élevée si nous l'envisageons au point de vue de la société et de la morale.

L'humanité, telle est la croyance moderne, révolutionnaire, possède de son fonds la justice, et elle développe ce contenu de sa conscience par son énergie propre. Elle est ainsi sa propre éducatrice ; c'est elle qui opère sa justification, ou, en autres termes, sa *création*, de même que l'être absolu de Spinoza ; et par

1. Comment a-t-on pu méconnaître que l'art de réflexion, de haute expression, analytique, synthétique, critique, accuse nécessairement une liberté supérieure ? Comment a-t-on pu voir dans l'étude et la méditation la mort de l'art ? Les artistes qui honorent le plus notre époque, les Delacroix, les Corot, les Huguenin, les Barye, sont tous des hommes de profonde observation, de longue étude, de patientes recherches. Courbet, dont la spontanéité est si riche, l'indépendance si fougueuse, médite longtemps ses ouvrages ; il les contemple dans son imagination, et tout à coup il les produit, avec fougue, en quelques journées.

l'influence réciproque du moral et du physique dans l'homme, on peut dire que cette création de nous-mêmes, commencée dans la conscience, finit par embrasser le corps. L'artiste est un des principaux agents de cette création ; il la pressent, la devine, la provoque, la devance ; il est d'autant plus créateur qu'il a mieux lu au fond de l'âme universelle, et qu'il l'a mieux révélée par ses œuvres.

Que la bohème et l'Académie se scandalisent de mes propositions ; les esprits droits comprendront la grande pensée de mon livre : *réconcilier l'art avec le juste et l'utile.* Jusqu'ici, en effet, l'art demeurait dans une sphère mystique, transcendantale ; les artistes formaient un monde à part, en dehors de la vie humaine, en dehors de la raison pratique, des affaires et des mœurs. On s'indignait à la seule pensée d'un but, d'une fin, d'une utilité quelconque de l'art. Ceux qui s'y dévouaient semblaient être d'une autre espèce que le commun des mortels, dont les lois ne semblaient pas faites pour eux ; ils avaient leurs mœurs à part. Aussi, tandis que les gens d'art et de lettres méprisaient le monde des industrieux, bourgeois et autres, ils en étaient méprisés à leur tour : la qualité d'artiste était presque devenue un titre à la mésestime, à la déconsidération.

Tout cela maintenant est fini. Un artiste sera désormais un citoyen, un homme comme un autre ; il suivra les mêmes règles, obéira aux mêmes principes, respectera les mêmes convenances, parlera la même langue, exercera les mêmes droits, remplira les mêmes devoirs. Jugé par des hommes qui ne seront pas de sa profession, il n'en sera pas moins jugé par ses pairs; s'il ne rencontre plus d'idolâtrie, si des honneurs excessifs ne viennent plus le trouver, il ne connaîtra pas non plus d'ostracisme, et se sentira en famille. De même que le comédien et le chanteur, l'artiste devra être avant tout honnête homme, d'autant plus honnête homme qu'il sera plus artiste.

CHAPITRE XXV

Conclusion.

De tout ce qui précède, de ce rapide coup d'œil jeté sur les différents caractères de l'art chez les Égyptiens, les Grecs, les chrétiens du moyen âge et de la Renaissance, les réformés hollandais; enfin de l'examen des œuvres des peintres contemporains et de quelques tableaux de Courbet, résulte, pour nous public, un ensemble de notions, de principes et de règles que nous pouvons considérer comme la théorie la plus complète de l'art.

Nous avons de quoi comparer, juger, classer; de quoi motiver nos préférences, imposer nos idées, tracer une direction, indiquer un but et marquer la condition de nos suffrages.

Toute création de l'art, comme de l'industrie ou de la politique, a nécessairement une destination; elle est faite pour un but. Il est absurde de supposer que quelque chose se produise dans la société, — pourquoi ne dirions-nous pas dans l'univers? — à seule fin de se produire.

Ce principe incontestable posé, il ne reste pour l'art que deux alternatives :

Ou la peinture aura pour effet, dans l'ensemble de ses œuvres, les plus sérieuses comme les plus légères, les plus savantes et les plus capricieuses, d'exprimer la vie humaine, d'en représenter les sentiments, les passions, les vertus et les vices, les travaux, les préjugés, les ridicules, les enthousiasmes, les grandeurs et les hontes, toutes les mœurs bonnes ou mauvaises, en un mot les *formes*, d'après leurs manifestations typiques, individuelles et collectives, et le tout en vue du perfectionnement physique, intellectuel et moral de l'humanité, de sa justification par elle-même, et finalement de sa glorification.

Ou bien, sous prétexte de liberté, d'indépendance de l'art, de génie, d'idéal, de révélation, d'inspiration, de rêverie, de fantaisie, elle se mettra au service, soit de l'idéalisme religieux, de l'illuminisme, du fanatisme et du quiétisme ; soit du désœuvrement, du luxe et des voluptés ou de l'épicurisme : ce qui veut dire que, pour n'avoir pas voulu d'une mission hautement morale, pratique et positive, l'école de l'art pour l'art s'en donnera une parfaitement irrationnelle, chimérique et immorale.

Cela est fatal, et les faits le prouvent.

De cette définition primordiale de l'art et de sa fin, il suit :

1° Que dans toute œuvre d'art on doit considérer en premier lieu l'idée même de l'œuvre, son but pratique, et en second lieu l'exécution : les EFFETS avant les *moyens ;* le CONTENU avant le *contenant ;* la PENSÉE avant sa *réalisation ;*

2° Que l'idée de l'artiste doit être toujours logique, rationnelle, vraie, et que sous ce rapport l'œuvre tombe sous la critique philosophique ; mais qu'on ne saurait juger de même, avec une égale certitude, du revêtement de l'idée, parce que *de gustibus et coloribus non disputandum ;*

3° Qu'une œuvre d'art se compose donc d'IDÉE et de *représentation*, la première rationnelle, la seconde dépendant du goût et des moyens de l'artiste ; celle-là démontrable, celle-ci non démontrable ;

4° Mais qu'en tout cas il y a ceci en faveur de l'idée : que si tout ce qui est raisonnable n'est pas nécessairement bien dans la représentation, rien de vraiment beau ne peut être irrationnel.

Tels sont les principes de l'art et de la nouvelle critique : principes que je déclare communs à la littérature, à la poésie, à l'architecture, à la musique, à la danse même, aussi bien qu'à la peinture et à la statuaire, et qui régissent tout ici.

Le peintre et le statuaire ayant pour but la représentation de l'humanité dans un but de perfectionnement, la question se pose aussitôt sur les *moyens* à employer pour cette représentation.

Parmi les moyens, on distingue d'abord deux choses : — la *réalité* imitable et *représentable*, réalité presque toujours plus ou moins défectueuse ; — l'imagination, qui, à volonté, redresse, corrige, embellit la réalité, ou la fait grimacer, l'enlaidit, la déforme.

Le réel et l'idéal concourent alternativement, dans des proportions variables, au gré de l'artiste, et selon l'effet à produire ; ils font partie des moyens, c'est-à-dire de l'exécution, non des effets, non du but. C'est ainsi que dans la peinture, la couleur et le dessin concourent à l'œuvre, et font partie des *moyens;* il est absurde d'imaginer un tableau fait tout entier de couleur ou tout entier de lignes ; bien plus absurde encore de faire une spécialité à un peintre de son aptitude à colorier ou à dessiner.

On se plaint, et on a mille fois raison, de la détestable critique actuelle. C'est le fléau des artistes, qu'elle décourage, assassine, quand elle devrait les éclairer ; vrai métier de chantage, d'iniquité. Grâce à cette critique sans principe, pour qui l'idée n'est rien, la *patte* et le *chic* tout, le public en est venu à ne plus se soucier des compositions, qu'il comprend d'autant moins que les artistes eux-mêmes ne se comprennent pas. On s'arrête au portrait et au paysage ; hors de là, néant.

Ainsi, personne ne s'occupe plus de l'idée : on fait au musée comme au théâtre de l'Opéra, où l'on dédaigne les paroles et le drame, pour n'écouter que les instruments et les voix. On laisse de côté les EFFETS pour ne s'occuper que des *moyens*. Sur quoi tout le monde tranche du connaisseur; quant au fond, on ne se connaît à rien, par l'excellente raison que dans le gâchis, il n'y a rien à connaître. On échine l'un, on réclame l'autre, et l'art meurt dans cette cacophonie.

Dernière conséquence, et la plus déplorable de toutes, d'un art en travail, d'une pensée informe et d'une critique aveugle et brutale : la société se sépare de l'art; elle le met hors de la vie réelle; elle s'en fait un moyen de plaisir et d'amusement, un passe-temps, mais auquel elle ne tient pas; c'est du superflu, du luxe, de la vanité, de la débauche, de l'illusion; c'est tout ce que l'on voudra. Ce n'est plus une faculté ni une fonction, une forme de la vie, une partie intégrante et constituante de l'existence.

Quant à nous socialistes révolutionnaires, nous disons aux artistes comme aux littérateurs :

Notre idéal, c'est le droit et la vérité. Si vous ne savez avec cela faire de l'art et du style, arrière! nous n'avons pas besoin de vous. Si vous êtes au service des corrompus, des luxueux, des fainéants, arrière! nous ne voulons pas de vos arts. Si l'aristocratie, le pontificat et la majesté royale vous sont indispensables, arrière toujours! nous proscrivons votre art ainsi que vos personnes.

L'avenir est splendide devant nous.

Nous avons à construire 36,000 maisons communes, autant d'écoles, de salles de réunion, des ateliers, des manufactures, des fabriques, nos gymnases, nos gares, nos entrepôts, nos magasins, nos halles, nos bibliothèques.

Nous avons à créer 40,000 bibliothèques de 6,000 volumes chacune, — 240 millions de volumes, — des observatoires, des cabinets de physique, des laboratoires de chimie, des amphithéâtres d'anatomie, des musées, des belvédères par milliers.

Nous avons à découvrir les modèles d'habitation du paysan et de l'ouvrier, de l'homme de ville et de l'homme des champs; nos villes et nos villages à rebâtir; et en première ligne, le Paris de M. Haussmann.

Nous avons la France à transformer en un vaste jardin mêlé de bosquets, de bois taillis, de hautes futaies, de sources, de ruisseaux, de rochers, où chaque paysage concoure à l'harmonie générale.

Un jour, les merveilles prédites par Fourier seront réalisées.

Les vrais monuments de la République, au rebours de ceux de l'Empire, seront dans la commodité, la salubrité et le bon marché des habitations.

Mais, avant tout, nous avons une dernière bataille à

livrer au mauvais goût, à la fausse littérature, aux mauvaises mœurs, à la politique d'absorption.

Nous avons à instruire le peuple, à lui donner, avec le goût de la science, l'intelligence de l'histoire, de la philosophie, le culte de la justice, les vraies joies du travail et de la société.

Nous avons à enseigner le droit, la liberté, la mutualité, la théorie des contrats; nous avons à exterminer la phraséurgie, le charlatanisme, le chauvinisme, la corruption.

Nous avons à refaire l'éducation des femmes et à leur inculquer les vérités suivantes : — L'ordre et la propreté dans le ménage valent mieux qu'un salon garni de tableaux de maîtres. — Une femme qui sait se vêtir avec goût, propreté, décence, sans luxe, est artiste; celle qui ne sait que se couvrir de bijoux et de dentelles, qui porte sur son corps sa dot, est une femme grossière, dénuée du sentiment du goût et de l'art : elle a beau faire, rien ne la relève; plus elle se montre cossue, plus elle est dégoûtante. — La femme est artiste; c'est justement pour cela que les fonctions du ménage lui ont été départies. S'imagine-t-on par hasard qu'elle va passer son temps à faire des aquarelles ou des pastels?

Avant tout, nous avons nous-mêmes à réformer notre vie, chercher le travail, pratiquer la modestie et la sobriété, suivre les mœurs pythagoriciennes. La table est ruineuse : tant mieux ! Il nous restera, avec l'art de manger proprement les choses, la sobriété.

Il nous faut renoncer à nos habitudes de bohème, faire de longues études, nous immerger pendant dix et quinze ans dans les travaux mécaniques, dans les affaires, avant de nous mettre à parler au public ; garantir notre raison par nos labeurs, produire tard, et ne nous livrer tout à fait à la littérature, à la philosophie ou aux arts qu'après quarante ou quarante-cinq ans révolus.

A ces conditions, nous verrons revenir les grands siècles ; nous serons à notre tour originaux ; nous serons décidément émancipés et affranchis ; l'humanité pourra proclamer sa majorité ; elle sera libre ; et cette longue transition, marquée par la Renaissance, la Réforme et la Révolution française, sera terminée. La régénération sera accomplie, et nous pourrons appliquer à l'esprit nouveau ce qui a été dit de l'esprit ancien ou Saint-Esprit :

Et renovabis faciem terræ.

FIN

TABLE DES MATIÈRES

Pages

CHAPITRE XIII

CHAPITRE XIV

CHAPITRE XV

CHAPITRE XVI

CHAPITRE XVII

CHAPITRE XVIII

CHAPITRE XIX

CHAPITRE XX

IMP. EUGÈNE HEUTTE ET Cᵉ. A SAINT-GERMAIN.

CHEZ LES MÊMES ÉDITEURS

PRINCIPAUX ROMANS
Format grand in-18 jésus (Charpentier)

I. — PRINCIPAUX AUTEURS FRANÇAIS

Victor Hugo. — Les Misérables. 10 vol. ... 35 fr. »
— Les Travailleurs de la mer. 2 vol. ... 7 fr. »
L'Abbé *** — Le Maudit. 3 vol. ... 9 fr. »
— La Religieuse. 2 vol. ... 6 fr. »
— Le Moine. 1 vol. ... 3 fr. »
— Le Curé de campagne. 2 vol. ... 6 fr. »
— Le Jésuite. 2 vol. ... 6 fr. »
— Le Confesseur. 2 vol. ... 6 fr. »
Robert Halt. — La Cure du docteur Pontalais. 1 vol. ... 3 fr. »
— Madame Frainex. 1 vol. ... 3 fr. »
Ponson du Terrail. — La Bohémienne du grand monde. 3 vol. ... 9 fr. »
— La Dame au Collier rouge. 1 vol. ... 3 fr. »
— La Femme immortelle. 2 vol. ... 6 fr. »
— Diane de Lancy. 1 vol. ... 3 fr. »
— Le Page Fleur-de-Mai. 1 vol. ... 3 fr. »
— L'Héritage de la Maltôte. 1 vol. ... 3 fr. »
De Goncourt. — Manette Salomon. 2 vol. ... 6 fr. »
— Charles Demailly. 1 vol. ... 3 fr. »
Aurélien Scholl. — Les Nouveaux mystères de Paris. 3 vol. ... 9 fr. »
André Léo. — Le Divorce. 1 vol. ... 3 fr. »
— Aline Ali. 1 vol. ... 3 fr. »
Gagneur. — Les Forçats du mariage. 1 vol. ... 3 fr. »
Ranc. — Le Roman d'une conspiration. 1 vol. ... 3 fr. »
Emile Zola. — La Confession de Claude. 1 vol. ... 3 fr. »
— Thérèse Raquin. 1 vol. ... 3 fr. »
— Madeleine Férat. 1 vol. ... 3 fr. »
Mallefille. — La Confession du Gaucho. 1 vol. ... 3 fr. »
Eugène Sue. — Œuvres anciennes. 39 volumes à 1 fr. 25 ci. ... 48 fr. 75
— Œuvres posthumes. 5 volumes à 2 fr. ci. ... 10 fr. »
Mme Rattazzi. — Les Mariages de la créole. 2 vol. ... 7 fr. »
— La Chanteuse. 2 vol. ... 7 fr. »
Alexandre Dumas. — Les Crimes célèbres. 4 vol. ... 8 fr. »
Barbara. — Anne-Marie. 1 vol. ... 3 fr. »
— Mademoiselle de Sainte-Luce. 1 vol. ... 3 fr. »
Champfleury. — La Belle Paule. 1 vol. ... 3 fr. »
D'Alton Shée. — Mémoires du vicomte d'Aulnis. 1 vol. ... 3 fr. »
Erckmann-Chatrian. — Maître Daniel Rock. 1 vol. ... 3 fr. »
— L'illustre docteur Mathéus. 1 vol. ... 3 fr. »
Arsène Houssaye. — Le Roman d'une duchesse. 1 vol. ... 3 fr. »
Daudet. — La Succession Chavanet. 2 vol. ... 6 fr. »
— Les 12 danseuses du château de la Mole. 1 vol. ... 3 fr. »
Alf. Assollant. — La Confession de l'abbé Passereau. 1 vol. ... 3 fr. »
Ch. Joliet. — L'Occupation. — La Frontière (Romans patriotiques). 1 v. ... 3 fr. 50
— Romans microscopiques. 1 vol. ... 3 fr. 50
— Le Roman de deux jeunes mariés. 1 vol. ... 3 fr. »
— Les Petits Romans. 1 vol. ... 3 fr. »

II. — PRINCIPAUX AUTEURS ÉTRANGERS (Traductions).

Auerbach. — Au village et à la cour. 2 vol. ... 7 fr. »
Longfellow. — Hypérion. — Kavanagh. 2 vol. ... 6 fr. »
Miss Trollope. — La Petite maison d'Allington. 2 vol. ... 7 fr. »
Ch. Read. — Fatal argent. 2 vol. ... 7 fr. »
Gonzalez y Fernandez. — La Dame de nuit. 2 vol. ... 7 fr. »
Biagio Miraglia. — Cinq nouvelles calabraises. 1 vol. ... 3 fr. 50
Alarcon. — Le Finale de Norma. 1 vol. ... 3 fr. »
Mayne Reid. — La Fête des chasseurs (scènes du bivac). 2 vol. in-32. ... 2 fr. 50

Imprimerie Eugène Heutte et Cie, à Saint-Germain.

riaux les plus récents de l'histoire universelle sont mis en œuvre et où les temps écoulés ressuscitent et repassent devant nos yeux, évoqués par des maîtres dont le nom est devenu illustre.

Ainsi chaque race, chaque littérature a apporté sa part de collaboration à cette grande *Histoire universelle*, chacun pour la portion qu'il a le plus étudiée et où il fait autorité. Car ces historiens sont les premiers de la France, de l'Allemagne, de l'Angleterre, de l'Amérique, et la gloire a consacré leurs œuvres.

Mais ces histoires particulières sont rattachées entre elles par de grandes études synthétiques, dues à d'autres sommités qui donnent ainsi le point de vue spécial de chaque nation sur l'évolution du monde. C'est *Herder*, avec sa PHILOSOPHIE DE L'HISTOIRE DE L'HUMANITÉ; c'est *Kolb*, avec son HISTOIRE DE LA CIVILISATION DE L'HUMANITÉ; c'est *Draper*, avec son HISTOIRE DU DÉVELOPPEMENT INTELLECTUEL DE L'EUROPE; c'est *Buckle*, avec cette admirable HISTOIRE DE LA CIVILISATION; c'est *Laurent*, avec sa grande et si savante HISTOIRE DU DROIT DES GENS, ÉTUDES SUR L'HISTOIRE DE L'HUMANITÉ, *depuis les temps les plus reculés jusqu'à nos jours.*

Le résumé de toutes les recherches de la science la plus moderne, de tous les points de vue les plus divers sur les événements ou leurs causes et leurs lois, l'enchaînement des faits historiques en même temps que leur appréciation, tout se trouve réuni à la fois dans cette vaste collection poursuivie depuis douze ans avec une idée d'ensemble, dans le but de constituer une œuvre monumentale aussi utile et indispensable au public en général, qu'elle est précieuse aux savants, et destinée à servir désormais de base à toute bibliothèque, si l'on ne veut rester étranger à l'histoire même du monde où nous vivons.

D'autres œuvres capitales viendront encore s'ajouter à ce programme et le développeront dans certaines parties de détail. Mais l'ensemble est formé et déjà complet dans le plan actuel. Seuls, les chefs-d'œuvre historiques reconnus y auront place. Les noms qui composent cette collection en sont un garant. C'est la France qui, la première, aura eu l'honneur de mettre au jour et de grouper cette série d'historiens, en ajoutant à ses auteurs originaux les traductions des premiers historiens des autres pays, ses émules.

Pour servir de guide à travers ce vaste et mouvant panorama, il y a l'HISTOIRE UNIVERSELLE de *Weber*, qui suit pas à pas le monde dans son évolution et embrasse la période des siècles, depuis les temps primitifs jusqu'à notre époque même, par ordre chronologique et dans un plan nouveau, plein de méthode et de clarté, s'adressant à la fois à l'élève et au professeur, à l'homme du monde comme à l'érudit.

Imprimerie E. HEUTTE et Cie, à Saint-Germain.

CHEZ LES MÊMES ÉDITEURS

OUVRAGES DE MICHELET.

La Sorcière. 1 volume gr. in-18 jésus 3 50

Nos Fils. 1 volume gr. in-18 jésus 3 50

La Montagne. 1 volume gr. in-18 jésus 3 50

La Bible de l'Humanité. 1 volume gr. in-18 jésus 3 50

Histoire de France. 17 beaux volumes in-8° à 6 francs :

Tomes 1 à 6. Les Celtes. — Les Gaulois. — Les Francs. — Histoire de France durant le moyen âge jusqu'au XVIe siècle. — 6 volumes in-8°.

Tomes 7 à 10. Histoire de France au XVIe siècle :
La Renaissance. 1 vol.
La Réforme. 1 vol.
Les Guerres de religion. 1 vol.
La Ligue et Henri IV. 1 vol.

Tomes 11 à 14. Histoire de France au XVIIe siècle :
Henri IV et Richelieu. 1 vol.
Richelieu et la Fronde. 1 vol.
Louis XIV. 2 vol.

Tomes 15 à 17. Histoire de France au XVIIIe siècle, jusqu'à la Révolution française :
La Régence. 1 vol.
Louis XV et Louis XVI. 2 vol.

Histoire de la Révolution française. 6 beaux vol. in-8°. 36 »

Histoire du XIXe siècle. 3 vol. in-8° . . . . 18 »

Imprimerie Eugène HEUTTE et Cie, à Saint-Germain.

www.ingramcontent.com/pod-product-compliance
Lightning Source LLC
LaVergne TN
LVHW010534100826
845148LV00001B/181

* 9 7 8 2 0 1 2 6 5 8 1 8 9 *